创新与发展：
中国企业数字化转型
典型案例集

牟　晖　欧阳桃花　郑海涛　主　编
王　静　张辉东　　龚　克　副主编

中国财经出版传媒集团

经济科学出版社
Economic Science Press
北京

图书在版编目（CIP）数据

创新与发展：中国企业数字化转型典型案例集／牟晖，欧阳桃花，郑海涛主编；王静，张辉东，龚克副主编． ‑‑ 北京：经济科学出版社，2024. 10. ‑‑ ISBN 978 ‑ 7 ‑ 5218 ‑ 6294 ‑ 2

Ⅰ. F272. 7

中国国家版本馆 CIP 数据核字第 20249P1K07 号

责任编辑：李　建　王红英
责任校对：齐　杰
责任印制：邱　天

创新与发展：中国企业数字化转型典型案例集
CHUANGXIN YU FAZHAN：ZHONGGUO QIYE SHUZIHUA
ZHUANXING DIANXING ANLIJI

牟　晖　欧阳桃花　郑海涛　主　编
王　静　张辉东　龚　克　副主编
经济科学出版社出版、发行　新华书店经销
社址：北京市海淀区阜成路甲 28 号　邮编：100142
总编部电话：010 ‑ 88191217　发行部电话：010 ‑ 88191522
网址：www. esp. com. cn
电子邮箱：esp@ esp. com. cn
天猫网店：经济科学出版社旗舰店
网址：http：//jjkxcbs. tmall. com
固安华明印业有限公司印装
710×1000　16 开　15.25 印张　250000 字
2024 年 10 月第 1 版　2024 年 10 月第 1 次印刷
ISBN 978 ‑ 7 ‑ 5218 ‑ 6294 ‑ 2　定价：58.00 元
（图书出现印装问题，本社负责调换。电话：010 ‑ 88191545）
（版权所有　侵权必究　打击盗版　举报热线：010 ‑ 88191661
QQ：2242791300　营销中心电话：010 ‑ 88191537
电子邮箱：dbts@ esp. com. cn）

序　言

现代企业正面临着前所未有的市场竞争和技术革新压力，如何通过数字化手段提升竞争力和创新能力，已经成为企业决策者们亟待解决的问题。数字化转型不仅是数字技术的更新迭代，更是经营思维、经营模式、增长模式的跃迁与质变。通过数字化手段，企业能够实现业务流程优化、成本降低、效率提升，同时还可以开拓新市场、创新商业模式，最终实现可持续发展。

然而，数字化转型是一个复杂且动态的过程，涵盖了产品与服务的创新、组织结构与运营模式的改革，以及市场与客户关系的重构等多个方面。企业在数字化转型过程中，不仅要关注技术的先进性和适用性，还需要全面考虑组织内部的协调和外部市场的变化。

在数字化时代，产品和服务的创新成为企业在超动态竞争环境中寻求产品与市场匹配难以绕开的一道必解之题。人工智能、大数据、物联网、云计算等新兴技术融于企业的价值链，为企业产品和服务的数字化创新更精准地对接市场，提供了前所未有的机遇。通过数字化手段，企业不仅可以提升产品的智能化水平和用户体验，还可以实现服务模式的创新和价值链的延伸。在数字化产品和服务创新过程中，企业需要充分利用新兴技术，提升产品的智能化和用户体验。同时，企业更要重视品牌建设，不仅是企业品牌，还包含企业家品牌。"网红"经济中，企业家肩负了更多企业品牌传播获取圈层用户的责任。企业家也需要善于运用数字化手段，管理自身品牌影响力，为企业创造价值。尤为重要的是，企业需要构建开放的创新生态系统，积极与外部合作伙伴进行协同创新，共同推动产业链的升级和发展。

在数字化时代，企业需要通过组织结构调整和运营模式创新，提升内部运作效率和灵活性，以应对快速变化的市场环境和日益激烈的竞争。企业综合采用优化业务流程、重新定义岗位职责、建立跨部门的协作机制等手段，能够提升内部运作效率、增强市场竞争力。同时，企业在进行组织结构调整和运营模式创新时，要充分考虑技术创新和业务发展的平衡，确保技术和业务的协同推进。

在数字化时代，市场环境和客户需求发生了深刻变化，企业需要通过数字化手段重新构建市场与客户关系，以提升市场竞争力和客户满意度。数字化技术为企业提供了更多了解客户需求、提升客户体验的工具和手段，使企业能够更加精准地进行市场营销和客户服务。在进行客户与市场关系的重构过程中，企业要思考：在数字化时代应如何通过灵活的市场定位提升市场竞争力？如何通过数字化手段提升客户体验而不是让客户感受到因机器人客服的使用带来的繁复沟通流程？企业希望建构开放、共演、合作的商业生态，然而如何能平衡好各方的利益以及保障系统的安全？

企业需要充分地运用好一系列的组织学习手段，在实践中持续复盘、优化、反思、提炼、探索。企业需要结合自身实际、对标标杆，从经营绩效和产品特征出发，实现数字化转型服务企业价值提升的目标；企业需要在保持敏捷性的基础上，保持数字化转型战略的定力，面向未来、面向价值、面向市场、面向增长。总之，数字化转型是现代企业发展的"华山之路"，企业只有善用数字化手段，才能够提升自身的动态竞争能力，从"打下江山"到"基业长青"。

　　本书精选了十个数字化转型浪潮下企业案例。首先，这些案例不仅涵盖了高科技数字产业，还包括传统制造业以及金融服务业等，体现了数字化思维和技术赋能百业，融合共生的特点；其次，这些案例包含了在产品与服务创新、组织结构调整、市场与客户关系重构等方面的实践，描述出企业数字化转型具有复杂性、系统性、整体性的特性。通过对多个企业实景案例的复盘与分析，本书希望能够勾勒出企业数字化转型的立体化图景，帮助企业在数字化转型的道路上不再山重水复，更多柳暗花明。通过不断地实践和创新，企业可以实现从技术驱动到战略引领的全面数字化转型，最终实现业务的快速增长和持续创新。

目　录

第一章

数字化转型的策略与挑战

数字化转型是当前企业实现持续发展和竞争力提升的重要途径之一。在信息技术快速发展的今天，企业面临的市场环境和竞争格局正在发生深刻变化。数字化转型不仅是技术上的升级改造，更是企业"战略－组织－流程－资源"等多维的系统化变革。许多企业在数字化转型过程中，既积累了丰富的经验，也面临着诸多挑战。这些挑战既包括技术层面的实现问题，也涉及组织文化、管理方式等深层次的变革。本章精选的三个具有代表性的企业数字化转型案例，分别来自通信、传统食品制造和金融科技行业。

案例呈现出企业在数字化转型浪潮的不同阶段中，面对不同的挑战，见招拆招，采取多样化的应对策略。海博网络有限公司的案例展示了通信行业企业在数字化浪潮中应对挑战，抓住机遇，提供构建企业数字化基础建设产品。然而该公司精通技术的领导者也面临着如何理顺管理机制，有效释放团队效能，以能响应市场动态变化的生存困惑；拥有悠久历史文化的清真食品制造企业"月盛斋"，直面的挑战是一个历史悠久的品牌如何利用互联网平台来重塑其形象并扩大市场影响力。月盛斋在电商领域的探索为一系列传统企业破解"如何通过积极融入数字化浪潮，探寻新的市场机遇，生存空间"这一产业典型问题时提供参考。金融科技领域中的 HC 公司则阐释了数据驱动对于业务创新和监管适应的核心价值。该公司通过深入的数据分析，精准把握客户需求，不断优化服务流程，并在遵守监管规定的前提下，推动了业务的创新。其实践证实了数据不仅是企业的重要资产，更是促进企业创新和适应监管环境变化的关键力量。

综上，企业推动数字化转型策略要充分考虑三个维度。一是战略维度。数字化转型必须与企业的整体战略紧密结合，明确转型目标、价值、愿景，避免盲目的跟风和短视行为。二是业务维度。技术是转型的核心驱动力，但更重要的是如何将技术与业务深度融合，实现技术赋能业务。三是创新维度。数字化转型是需要持续创新和不断调整，以多维度的创新，适应外部环境的变化。

海博网络：通信行业一株璀璨绚丽的昙花*

 案例正文

一、引言

按下"发送"键，一封宣告"海博"最终去向的邮件发向全体员工，一切都结束了；李海东关上电脑，看着眼前波涛汹涌的大海，陷入了沉思……

"海博网络"，这个承载了李海东壮怀激烈的创业梦想的企业就这样结束了。短暂的六年，曾经的踌躇满志，曾经的风云突变，一幕幕浮现在眼前。也许这个公司从一开始就注定了它昙花一现般的命运。

二、梦开始的地方

时间拉回到2000年的初冬，李海东当时还是国内某大型通信企业W公司中最年轻的副总裁。当时通信行业风起云涌，W公司也面临组织转型，许多员工都在这种契机下开始了自主创业的历程。李海东和一批与他同样年轻而又充满激情的战友也经过一番斟酌之后，终于下定决心北上京城，怀揣着对未来的无限憧憬，创办了海博网络。最初他们做的是老东家的代理商。

"凭借我们过往的合作关系，我们将很快会接到一笔江西移动的订单，预计100多万元；还有宁波移动、山东联通……按照这样的销售预测，咱们这点库存可以维持七八个月，今后我们还要继续做老东家的代理吗？"主创团队负责销售和市场的公司副总易总在例会上如是说。说是公司副总，此时公司成员也不过是主创团队几个有共同想法、愿意为梦想一搏的热血同志，曾经共同奋斗，而后仍愿意一同作战的志同道合者。

　　＊ 本案例中人名、公司名均做了修饰性处理。本案例由武欣、杨梅英、梁晶晶、欧阳桃花撰写。案例来源：中国管理案例共享中心，并经案例作者同意授权引用。作者或版权方无意说明企业成败及其管理措施的对错。

"我们当然不能满足于做代理，我们要有自己的品牌、自己的产品，就叫 Harbor 吧，老张，你明天就去注册商标—'海博网络'；我们就做自己最熟悉、最擅长的业务，必须尽快完成自己的产品开发，开局……研发部说说你们的产品开发计划。"一把宽大的座椅里忽然传来铿锵的声音。发言者正是公司的发起人 CEO 李总—李海东，这个富有技术天赋并早早崭露头角的年轻人希望拥有真正属于自己的天空，他更相信成功要趁早，时间不等人。

负责带队研发部的蓝总，一副江南书生模样，只见他缓缓地说："以技术难度、产品规格及开发周期等方面，我们还是先从数据通信低端产品入手，先做 μHarbor 系列吧，产品分别提供 24 个接口和 48 个接口两种，并分别支持交流和直流，这样我们的产品可以在 20 天内完成设计，1 个半月内完成首批样品试制，4 个月左右启动小批量生产，5 个月左右供开局使用……"就这样，在几名元老级人物的磋商中海博网络成立了，专注于从事宽带网络通信技术和产品的研发、生产、销售和服务，业务触角遍及全球。

不知道做最熟悉最擅长的事，到底是对还是错，恐怕谁也没料想到后来事态的发展及演变的结局吧。

三、梦想照进现实

"老蓝，你的研发团队在做什么？这个进度怎么行？人不够招人，测试仪器不够可以先租，把你的需求提出来，我们现在已经开始跟投资方对赌了，磨磨蹭蹭哪行！"在向高管通告产品进度的会议上，李总又是这样不顾听者的年龄、身份、职务高低及场合，劈头盖脸地批评下来，散会后蓝总双手背在身后，面无表情地走出会议室。这已经数不清是第几次被老板当众训斥了，最近的市场拓展和公司发展需求的压力很大部分转化到了研发团队，老蓝心想：我的那些小弟兄们，虽然马不停蹄地赶进度，刚连续加班 70 多天完成 Harbor10000 机架式新产品发布工作，还没顾上让大家度个周末，老板的板子又打下来；哎，看来这周末要安排加班面试招人了。

这一幕发生在 2002 年 10 月某一个周四。蓝总回到办公室，其实只是半层楼面积的开放式办公间的一角。公司的业务才刚刚有起色，还没有自己的办公大楼，像老蓝这样负责公司内部运营的一级高管们为了节约资金还没有自己独立的办公室，所有的资源都要集中用在团队的扩张、新产品的研制等重要事项上，公司里也只有 CEO、负责市场业务的副总等需要门面或机要的一级高管或部门有相对封闭又独立的办公室。坐在办公桌前，老蓝拿起了桌面的日历看了看，心里盘算着招人的工作如何加快进度？虽然已经是每周都有十来个人入职，但这样的进度远远赶不上公司的发展速度。

"小王，你到我这来一下。"老蓝很快拨通了研发部秘书的电话，自始至终老蓝只是和他团队的北京成员共用一个秘书，没有自己的专职秘书，同时，由于业务部门更知道技术团队需要什么样的人，所以，秘书们（以及后来的秘书科）始终承担了本该是公司人力资源部应该做的诸如招聘相关工作、入职手续办理、员工薪酬福利、新员工培训等一些工作。由于秘书并不是专业的人力资源科班出身，虽然有时候也不能令老蓝满意，但是考虑到公司现在的状况、发展需要，以及她们的工作量和工作态度，很多时候老蓝也就没那么较真了。

"小王，最近要你安排招的人，也就按计划进来了 1/4 吧，通知各产品线经理、项目经理等各环节面试相关人员本周末加班面试；这周国展有招聘会吧？去问下人力资源部有没有报名参展？我们要一张桌，你排一份国展招人的现场值班表，把面试官分成两部分，一部分去展会上招揽人，一部分在家里面试，合适的当场录用。另外，各大招聘网站都有我们的招聘广告吧？抓紧时间也筛选出一些候选人来，安排到周末面试。"

"啊？可是蓝总，现在恐怕来不及了，招聘会周六开始，今天已经周四了，要向人力资源部申请，要约人，恐怕时间有点紧；还有 Harbor10000 那个项目组刚刚连续 2 个多月地加班，软件部也连续加班工作 1 个多月了，他们都想着这周末好好休息休息，陪陪家人呢，不知道能有几个领导来配合招聘。"

"你去发通知，安排好相关的事情，顺便在邮件里写上，谁要请假直接到我这来，没我的批示不能请假。"

"那好吧！"就这样，小王悻悻地回到自己的座位上，眼见着午餐时间过半个小时了，看来这顿中饭又只能凑合一下了，要做的工作太多，需要加个秘书来分担我的一些工作，小王心里一边盘算，一边敲击键盘写邮件。

一转眼周六到了，按照事先排好的，招聘会、公司内部几轮面试同时进行着，虽然时间有点紧，还真是来了不少的人，这一上午仅公司里来参加笔试、面试的就有 100 多人。

四、我有订单，我怕谁

"我的代理商已经传真 Order 过来，80 万美元呢，什么时候能交那 200 套 Op2000？客户要求 8 月必须发到!!!" 2003 年的一天，阿桑娜焦急万分地问负责销售管理的闪宁，面部器官几乎集合成一个点。

"大姐，现在都 4 月末了，后天就五一放假了，每个月都有例行的备货需求收集，您又不提前备货，您这个单都跟了快半年，早干什么去了？Op2000 产品的核心芯片购货周期是 4 个月，您要 8 月货到泰国，还这么大的量，又要改制，根本来不及。" 闪宁没好气地回答。

"也不知道公司是怎么回事，我是挣钱养大家的，这些支撑部门的员工不做事，交货还要我着急。客户要求 8 月货到，我该怎么办啊？" 阿桑娜突然发狂一般地双脚离地半米高，并反复边跺脚边说。

而闪宁此时并没有停下手里工作的意思，眼睛仍盯着电脑屏幕继续写着手里的报告，不紧不慢地说："我能理解你的心情，不过你之前备的那 100 套货也不够你的需求啊，收到订单第一时间就供应链确认过了，他们现在的库存确实不够你用的，只有 120 套的料可供加工，还有啊大姐，您要 A 货却备 B 料，真令人无语；而且他们正在力保最近咱们部门白桑的大项目，这项目已提到公司级了，恐怕一时半刻也没有多余资源给其他项目用，再说没有物料，人家也是巧妇难为无米之炊啊，我是没办法了。"

"那我找老大去！" 阿桑娜试图搬出领导来压闪宁。

以前这种情况，闪宁都会耐心解释或者一同去跟领导解释、协商解决方案，但这一次闪宁没有这样做，而是继续不急不缓地回答："那你去吧！我手上有赶着交的报告，对不起我就不陪你去了。"

每月月初的例行备货需求收集工作，有点全局意识的销售还不错，很重视，可是有些销售，根本不当回事随便报个数上来，还经常发生备料的型号不是客户需求的型号，更别提量备不足的情况了，然后等到客户的订单来时，又猴急猴急地催着交货，都说自己的项目、订单有多么多么重要，需要优先保证……头疼的是供应链的保障工作，备货要根据需求、芯片供给等综合确定，不可能多做，也不可能少做，谁事先提需求了供货才有保证的，每次面对这种没事先备货的突发的大量交货需求，都很无奈；谁也不愿到手的生意不做，可是也不能搞一大堆库存积压在那等着订单来。

五、欲挽狂澜

又到了向投资方汇报公司经营状况的时刻，李总双手背在身后，在他宽大的办公室里踱来踱去。2005年这个春节不好过啊，以往这个时候，他都是很轻松，甚至有点兴奋的心情，期待能早点汇报佳绩，因为过往两年的业绩都是每年100%以上的增长率，如今却大不同了，过去的一年，业绩只是持平，没有实现增长，要不是国际市场的业务做起来了，恐怕连持平都难保。国内市场的厮杀越来越惨烈，只要有公司参与的项目，竞争对手似乎不惜血本地赠送，这让市场有点举步维艰。

资本家，就是资本家，一想到那"对赌协议"，李总的耳边嗡嗡作响、头剧烈地疼痛，这一次该怎么来汇报，能够保住我和团队对公司的控制权？如何来说服投资方再给我们一次机会？本来对于财务报表外泄、第二次的NASDAQ上市未果，资方已经很不满意了，再加上业绩的增长没有达到预期的目标，李总已经能想象资方代表孙经理的那张脸将浮现的表情了。

回想2002年，那时是多好的光景，投资方对我们的看好几乎溢于言表，更在媒体上公开发表："如果国内在这个行业，还能有所作为的话，也就是这支团队了"。对于李总本人的评价也是褒奖有加："他（指李）的'单飞'对整个电信设备制造业会形成很大的挑战。"这是何等的看重啊。

现如今，李总却分明感觉到投资方的热情在慢慢减退，取而代之的是越来越大的压力和越来越快速的盈利要求，甚至有点怕见到资方，沟通似乎遇到了很大的阻力，资方开始质疑我们的团队组合……要尽快扭转这种局面才是。

"在过去的一年，买地、新建办公大楼花去了我们大笔的资金；还有原材料已经占到总支出的X%；目前员工数量2000多人，与之相关的薪酬、福利、办公支出占到了Y%……"在李总的办公室，CFO一项项地向李总解释着。

"你组织准备一份支出削减方案，以便我们提高利润；还有约一下投资代表孙经理，看看近期他们何时方便过来参加董事会？"李总吩咐道。

"在过去的一年里，我们竭尽全力开拓业务，尤其是国际市场取得了喜人的成绩，这支仅有20多人的团队为公司贡献了约3亿元的销售业绩……我们的研发团队推出数款具有竞争力的新产品，比如，SuperHarbor系列，作为高端路由产品，这是业内目前性价比最高的城域网设备……我们克服重重困难按期完成了新办公楼的建设，并已投入使用，该园区的建成大幅增加了企业形象、合作伙伴的认可度，为我们创造了更多的合作机会，比如，法国第二大电信设备制造商已提出在本园区跟我方合资建厂的合资意向。但是，很遗憾，我们的整体销售业绩由于受到竞争对手的强烈打压等原因，在过去的一年里没有显著的增长，不过请各位股东放心，为了保证各位的利益，我们已作出一个艰难的决定——裁员50%和削减各环节预算和支出，以保证公司承诺的利润增长目标……"李总沉痛地在董事会上向各位股东汇报着公司的经营状况。

会后，各一级部门高管召开了秘密会议，紧接着周末的加班裁员工作就开始了。

六、无力回天

"既然准备上市，把你们的财报拿来给我们评估一下。"投资方负责该项目的林经理在电话里跟李总说。

"小李啊，你们的财报怎么这么乱啊？这个样子怎么能行呢？"第二天，林经理又打来电话，"必须整改，我帮你们请德勤的专业人员去弄。"

"老林，专业的审计公司我们已经请了，是国内的一家，德勤的费用太高了，我们现在的情况哪请得起他们啊！你放心，我们会尽快搞好的。"

"李总，以我过往的经验和我们公司现在的状况看，如果要在NASDAQ上市，恐怕审批很严，时间很长，最重要的是未必能审核通过，成功上市；而如果在香港或深圳证交所上市的话，可能性很大，实际上，在国内上市后的融资能力并不弱。"在美国华尔街工作10多年的CFO正在为老板分析各个证交所上市的利弊。

但是，拥有雄心壮志、一心想做番大事业的李总，此时哪里听得进去这些话，只见他斩钉截铁地说："不，我们只考虑NASDAQ上，连新浪、搜狐那样的公司都能在NASDAQ上市，我们为什么不能？我们不但要上，而且上市价格决不能低于他们。"

愿望总是美好的,现实总是残酷的,几经整理的财务数据递交到 NAS-DAQ 后,等来的却是不合格,不被通过的结果;但是噩耗并没有令李总和海博人屈服;这一次,公司决定花重金,聘请有经验和影响力的德勤来做审计工作,以提高证交所的审核通过率。

经过大半年的准备,满心欢喜地又一次向 NASDAQ 递交了申请;此时,美国爆发了"安然事件",这一丑闻使得华尔街本就审慎的态度,更加谨慎了,"宁可错失一千,不可误放一个"成了纽交所的审批潜规则。在 NAS-DAQ 上市的梦想再一次破灭,而此时的员工们心中开始打起小鼓来:手中那几万、几十万甚至上百万期权的价值何在?如此艰辛、苦熬的努力出路何在?没有了上市,投资方的吸引力何在?公司又将何去何从?

七、梦破碎的地方

2005 年 10 月的某一天……

"听说了吗?深圳研发语音产品线那边 NJ 项目组成员全员离职了。"一向包打听的小鹿面带神秘地在国际部内部公布了这条消息。此言一出,立刻引起小部门全员的骚动,眼尖的人赶紧关上了部门办公室的门,大多数人一脸的惊讶。

"真的假的?怎么可能呢?他们才发了那么高奖金呢?""他们不是刚完成 NJ 项目的现场调试,才从东京旅游回来吗?我们自己接的项目都没去过日本,把机会留给了他们呢?""真的全部离职吗?为什么啊?""听说是被竞争对手 3000 万元给端了……""听说竞争对手的人就在公司办公所在的大厦楼下候着呢……""是全部产品线的人都闪了吗?""应该不是全部人员,不过骨干可能都撤得差不多了"大家七嘴八舌、你一言我一嘴地讨论着此事,这应该是本年度最大的新闻了。

热论过后,国际部的小办公室趋于片刻的宁静,大家开始各干各的事。闪宁想起 TD 项目的流程审批单,打开电脑里 Lotus 软件,找到那个审批单看了看,拿起桌上的电话按了几下,听到电话那头有人接起电话,问:"小王,蓝总在吗?TD 项目的需求审批停在他那 2 天了,需要他批一下,能帮我催催吗?""蓝总昨天出差去深圳了,不知道哪天回呢?你要不急的话,等他回来我告诉他吧。"听到小王的回答，闪宁意识到看来刚才热议的事情并非空穴来风，想到这闪宁接着问："蓝总说何时回来了吗？只是例行地去那检查工作吧？""哦，这个，还真不知道他们什么时候回，昨天临时走的，一同去的还有老板、古经理和龙经理，帮他们订票费了我好大的劲儿，差点没订上……"

听到这里，基本可以确定此事十有八九是真的了，古经理是蓝总的助理，分管研发部的综合管理业务，包括项目管理、流程管理、费用管理、与市场部门对接、资料开发等业务。而龙经理是研发干部部负责人，行使着公司人力资源部在研发部分部的各项工作，况且连老板都出动了，看来这动静儿还真不小。

和许多公司一样，研发部因为负责产品的开发工作，所以也重产品开发、重技术研究，资源也相对往技术口倾斜，包括龙经理本人，也曾是带过技术团队出身的人，所以业务部门下属的职能部门，如研发干部部，团队成员均是由研发部的秘书们组成，并且仍一直承担秘书工作。

整个研发团队，除语音和光传输 2 个系列产品的研发基地设在了深圳，其他均设在北京。其中光传输产品线是 2004 年并购过来，两家公司的融合需要时间，短期内还只是各自为政。对于这两支团队的管理，实际上更多的是依托于各自产品线的负责人。他们拥有各自团队成员的甄选、聘用、绩效考核、任免、薪酬、财务审批等诸多方面的管理权。对于整个研发部的产品管理、人事管理等工作，总部的做法是提供管理政策、执行标准和扶持，但不参与细节管理，只要行事不过于怪异、突出，都还在容忍范围内，有点类似一个大部门两套机制的感觉。遗憾的是这样的放权式管理并没有换来当事团队的感激之情，相反，时而传来抱怨的声音，抱怨公司这里不完善、那里关心不周到，还频频离职。

NJ 项目对于公司的战略意义溢于言表，NJ 项目的合作成功意味着公司有幸能成为日本最大的电信运营商 NTT DOMOCO（类似我们的中国移动）的供应商之一；同时，也实现了与日方多年合作以来的突破性进展，不再只局限于数据通信产品，拓宽到语音产品的合作；同时，价值 2600 万美元的合同额，不仅是国际市场，还创造了公司成立以来的单笔销售最大订单的纪录。有关于这个项目的各项实施，从老板到最基层员工都一路开绿灯，甚至还委派了供应链的老总亲自操刀负责项目的生产、调试、测试等工作；到了设备发客户现场调试阶段，公司更是史无前例地派出了整个语音产品线的研发骨干成员前往，一来是保证出现问题研发人员能够现场解决，省掉售后部门再将信息传回研发的环节，二来也是给这些辛苦多年的骨干们一次免费旅游的机会，作为奖励。

可是有谁会想到：当我们的团队出发前往东京时，竞争对手也派出了一队人马紧随其后到达当地，当功臣们凯旋，举公司上下为之庆祝时，却发生了前述戏剧性的一幕：这批派往客户所在地的骨干员工集体离职。

下面来介绍一下作为团队老大的小余同志。称其为小余，是因为这位年轻的语音产品线总经理年仅 27 岁，当年某数字程控交换系统及技术手册的开发人，该交换系统是以后的大型设备建立的基础。该生幼年就是个"神童"，两岁时从象棋上的字识起，4 岁半读一年级并且成绩全班第一，记忆力特好，8 岁半考进初中，11 岁半考进重点高中，小学中学连获三好学生，14 岁半考取南京大学计算机科学系……如果说，在这个 2000 多人的公司，1000 多人的研发部里，有谁能像李总一样具有技术天赋和传奇色彩，那么就当属这位小余同志了。当年为了扶他坐上研发部副总经理、语音产品线总经理这把交椅，李总不惜换掉元老级人物老刘。为了安排老刘的位置，给小余更舒适的发展空间，李总和蓝总不惜创出一个"总体办"，名义上说是研究前瞻性的技术，为公司的发展提供技术战略保障，但是李总和蓝总心里都明白，老刘不做技术很多年了，对于技术的把握，实在是有点牵强，可又有什么办法呢？深研所是老刘一手创办的，没有他，也就没有语音产品这条线，那么公司的产品就只能单一局限在交换机和路由器等数通产品中；面对这样一位功臣，又怎能做出过河拆桥的事呢。

让李总和蓝总头疼的是，小余也是典型的重技术轻管理的人，对于综合管理部提出的许多管理规范要求、流程要求，也都是能敷衍就敷衍了，连老古这个久经沙场的老江湖碍于职级没有人家高也无可奈何；而这位龙经理，光是北京的事情就够他头疼了，更别说深圳鞭长莫及了。

由于无法拿出 1000 万元来挽留住小余，李总同意了他的离职。

八、尾声

坏消息总是插着翅膀飞的，虽然北京距离深圳隔着 2500 多公里，但是网络真给力，缩短了全世界的距离，更何况还是一家网络设备厂商呢？从此，不断传来各种各样的小道消息，人心也开始不断地浮动起来，员工们各显神通，各种渠道为自己投简历，频繁与猎头接洽，还有跟公司组团谈判的……总之，未来何去何从，才是此刻上上下下最为关心的。沸沸扬扬半年后，大家终于收到了李总发来的邮件：我们被并购了，还是老板的老东家。

 案例分析

一、海博网络所处的企业生命周期阶段

美国学者伊查克·爱迪斯提出企业生命周期理论，认为处于不同生命周期阶段的企业找到能够与其特点相适应，并能不断促其发展延续的特定组织结构形式，使得企业可以从内部管理方面找到一个相对较优的模式来保持企业的发展能力，在每个生命周期阶段内充分发挥特色优势，进而延长企业的生命周期，帮助企业实现自身的可持续发展，在激烈的竞争中立于不败之地。生命周期是一种非常有用的工具，企业的生命周期大致可分为四个阶段：创业期、成长期或扩张期、成熟期，最后是衰退期或企业再造期（见图1）。

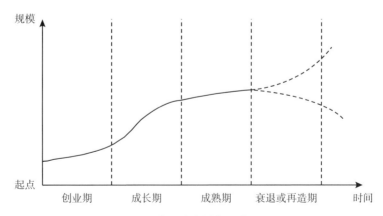

图 1　企业生命周期示意图

处于不同发展阶段的企业，决定其发展的关键因素也各不相同。在初创阶段，持有科技成果的科技人员和风险投资的"种子"基金是最重要的因素。而在成长成熟期，企业的管理要走向制度化、正规化，完善内部管理的结构与流程，提高人员的能力，形成企业共享价值观。

海博网络从注册运营到被兼并，历时不足 6 年。成立仅 7 个月就推出第一款自有品牌的产品，同时放弃当时唯一的利润来源—代理销售业务。2001年 2 个亿的销售收入中，只有不足 5000 万元来自自有品牌的销售。海博在通信市场还根本没有地位，海博自有品牌的大力推广实际上是在 2002 年。VDSL 产品是海博最早推出的产品，该产品与新兴电信运营商小网通的产品形态非常接近，当时海博为避开强有力的竞争对手，制定了"聚焦小网通"的策略。2002 年 4 月，公司在宁波网通信息港宽带城域网等项目上中标，成为上半年海博最大的销售订单，占 2002 年上半年销售收入的 40%。2002年 7 月，李海东判断 ADSL 技术会有很大的市场，公司的客户群也扩大到传统电信运营商和企业网用户。李海东还发现，只提供部分产品，其他产品由其他厂商提供，这种销售模式理论上可行，但实际很难操作，会带来货物交付、系统维护等一系列问题。海博必须要有全线产品和完整的解决方案。经过一系列的努力，2002 年公司销售规模达到 4.5 亿元，其中 3 亿元来自下半年调整后的销售，海博在市场上崭露头角。从零销售收入，到第一年的 2亿元销售收入，再到第二年 4.5 亿元销售收入，这样完美的成绩迅速使得海博完成了初创后的华美转身，按照爱迪斯的生命周期理论，可推断海博网络处在从创业期向成长期过渡的阶段。

二、企业被并购的原因

从企业生命周期来看，海博网络正处在从创业期向成长期过渡的阶段。这一阶段应该是企业逐渐走向制度化、正规化的时期。海博作为一家创业企业，在初创期的优势是具有明显的技术专长，管理团队有激情和活力，员工有士气，但是这家企业从一开始创立就具有先天的不足，主要体现在管理团队特别是最高管理者重技术、轻管理，而且整个企业的发展缺乏有效的战略指引。在公司初创之时，最高管理层只是提出"要有自己的品牌、自己的产品"，并没有系统地对企业内外环境的分析，形成清晰的战略布局，更没有围绕战略建立和完善内部管理的系统思考。

随着企业进一步发展，在管理上的先天不足导致内部管理问题日益凸显。例如，人力资源难以支持业务的发展、公司内部的管理流程混乱，等等。这一切归根到底是由于企业的最高领导者没有清晰地认识到企业生命周期中不同阶段面临的关键发展任务，从而没有采用适当的管理措施来应对。

造成该企业走向被并购的命运可以说是内外部原因共同作用的结果。从内部来讲，组织、人事、业务协调等各种问题交织在一起，使得管理者捉襟见肘；从外部来讲，上市的失败、投资方的压力更是雪上加霜。在内外交困之下，企业最终无力回天。但是，从根本上来讲，企业失败还是主要来自内部原因，从管理上没有走向正规化和成熟。

三、企业家能力

从创业企业家的能力角度进行分析，创业企业家面临感知并评价创业机会、整合资源以创立新企业以及谋求新企业生存和成长三项关键任务，而创业企业家需要具有机会相关能力、组织相关能力、战略相关能力、关系相关能力、概念相关能力、承诺相关能力（杨俊，2005）。

美国学者迈克尔·塔什曼（Michael Tushman）曾提出，成功企业及企业家易患上一种"成功综合征"，即企业成功容易产生结构惰性和文化惰性。科特（1988）从企业领导力的角度分析了企业成功综合征对企业家素质的具体影响，指出惰性最终抑制了企业家的创新能力，导致企业家领导创新的素质的下降。我国的创业企业家，职业理想与发展底蕴相对不足，创业初获成功后，更易罹患"成功综合征"，表现为现代企业制度建设跟不上经营规模、人治大于法治、崇尚企业主个人英雄主义，等等。中国创业企业兴起30多年来，从稍远的流星企业爱多、巨人、三株，到近些年垮掉的"德隆系"、风光减退的"顺驰"等，这些创业企业一度兴盛后成长受阻甚至失败，原因各异，但都与其掌舵人即企业家的"成功综合征"有关。

任务和环境日趋复杂和动荡，稳定的环境频频被打破。麦肯锡公司2008年11月针对经济环境的全球调查结果就表明：由于经济动荡，相当多的高管很难对以下问题做出令人满意的预测，认为销售情况难以预测的高管占被访问人数的55%。对于其他问题分别由多到少排序是：用户偏好

（30%）、资金可获得性/资金成本（28%）、竞争对手行动（24%）、政府监管行动（24%）。对企业战略决策者而言，在环境经常大幅度变革的环境下，积极保护自己的成功做法只是在既定思维模式指导下简单重复的外延式扩张，只会加剧企业核心能力和成功做法的刚性，从而阻碍企业变革、核心能力更新和重建甚至驱动企业走向衰败。战略决策者的消极行为惰性尤其令人关注。有研究表明，受过良好教育或被认为在核心业务领域一直卓有成就的专家特别容易触发和强化防御性思维和消极行为惰性。

从海博的 CEO 和高管团队的领导力特点上来看，他们具有非常强的技术能力，但是识别和把握机会的机会相关能力比较弱，以致陷入四面楚歌的境地。另外，尤其缺乏的是组织相关能力、战略相关能力、关系相关能力、概念相关能力、承诺相关能力，从而无法帮助企业顺利地从初创期向发展期过渡。

公司的快速发展、快速成长，竞争对手的奋力反击，都使得海博及海博的管理层处在不断变化的环境之中；当环境发生变化时，尤其是从 2004 年起，来自竞争对手的长期、重力打压下，企业如何留住人才？如何提升员工忠诚度、增加企业凝聚力？如何开展制度先行、实现企业不同阶段的转型管理？这些都是威胁企业命运的严峻问题。但是，事实上，海博的管理团队（尤其决策者）的思维转型、应对策略转变还是比现实所需要的速度慢了半拍，商场如战场，恰恰是这稍缓的半拍，带来了后来企业发展的一系列内部问题，如核心研发团队成员的集体辞职，并非有外力吸引就一定会触发这样的事件，当内在发生改变时（心生去意）配合外力的吸引，才会促使事情的发生。作为企业经营的重要决策者，李海东本人拥有很好的学习能力，对技术发展趋势、基于技术的市场空间判断，有很敏锐的判断力，但是从案例本身的故事中，我们能够看出这个技术出身的 CEO 并不擅长人员的管理、企业文化的建设，以及内部整体控制和平衡。一方面，由于事务缠身没有足够的时间和精力来判断企业的发展阶段、提升管理思路的转型，这一点从职能部门在公司的话语权非常有限可以看得出来；另一方面，非常顺利的企业前期发展也使得这位 CEO 自信于过往的那些管理方法和手段，也犯了"成功综合征"。

虽然，企业经营要求企业领头人具有综合、全面的技能和素质，但并不要求他们是个十全十美的人；他们身上所缺乏的技能完全可以通过聘请合适的职业经理人或合作伙伴来补充。海博的早期团队是一个高度同质化的、技术导向的团队，如果他们能够早些想到聘请擅长管理的人才加盟高管团队，建立和完善内部管理，那么这个故事的结局可能会被改写。

李海东作为企业的 CEO，他本身是一个技术导向、任务导向的管理者，在组织管理、人力资源管理方面存在欠缺。在海博创立之后到发展的过程中，他没有及时有效地建立起规范化的内部管理流程和制度，并且没能重视企业文化的建设，没有能够形成团队凝聚力。在面临内部的管理问题时，企业管理者采取的往往是头痛医头、脚痛医脚的应对式策略，而不是系统的解决方案。例如，当企业面临人手短缺的时候，就赶紧去招人，缺少系统的人力资源规划。当企业中销售部门和支持部门存在协调问题，相关人员往往用"那我找老大去"的方式来解决，而李总这个"老大"屡次协调问题过程中并没有吸取教训进行系统地解决。企业文化和凝聚力的建设更是没有跟上企业发展的步伐。李总作为最高管理者，对其他高层管理者当众呵斥，对关键员工和团队出走没有掌握任何事先的蛛丝马迹，这些都与企业内部的人力资源管理方面的欠缺不无关系。

四、创业企业成败的关键因素

麦肯锡 7S 模型（见图 2）指出了企业在发展过程中必须全面地考虑各方面的情况，包括结构（Structure）、制度（Systems）、风格（Style）、员工（Staff）、技能（Skills）、战略（Strategy）、共同价值观（Shared Values）。在模型中，战略、结构和制度被认为是企业成功的"硬件"，风格、人员、技能和共同价值观被认为是企业成功经营的"软件"。麦肯锡的 7S 模型提醒世界各国的经理们，软件和硬件同样重要，而且从某种意义上来讲，软件比硬件更加重要。风靡世界的畅销书《追求卓越》的作者托马斯·J. 彼得斯（Thomas J. Peters）和小罗伯特·H. 沃特曼（Robert H. Waterman），这两位斯坦福大学的管理硕士、长期服务于美国著名的麦肯锡管理顾问公司的学者，访问了美国历史悠久、最优秀的 62 家大公司，又以获利能力和成长的速度为准则，挑出了 43 家杰出的模范公司，其中包括 IBM、德州仪器、惠普、麦当劳、柯达、杜邦等各行业中的翘楚。他们指出，各公司长期以来忽略的人性，如非理性、固执、直觉、喜欢非正式的组织等，其实都可以加以管理，这与各公司的成败息息相关，绝不能忽略。

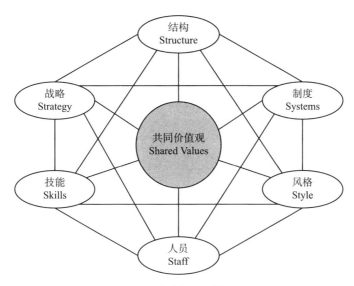

图 2　麦肯锡 7S 模型

从海博的案例中可以看出，这家企业在发展过程中在这几个方面都存在不同程度的缺陷。尤其是缺乏对企业的"共同价值观"的塑造及企业文化的建设。战略发展方向不够清晰。在内部管理方面，制度和结构都存在缺失。而企业的软件更是比较弱，人力资源的配置、人员的能力和管理风格都不能与企业发展面临的任务相匹配。任何一家创业企业如果想要成为永续经营的企业，必须经历从创立到走向正规化、成熟化的阶段。创业者的热情、技术或其他资源的优势，可以使一家创业企业成为市场上一颗闪亮的新星，可以在创业初期使企业迅速在市场上显露出来。但是如果不能有效地解决内部管理规范化的问题、不能形成有凝聚力的企业文化，就可能会面临挫折，难以抵御外部市场压力，最终走向失败。要想系统地解决企业的内部管理问题以及适应外部市场，应该注重一些关键的要素，例如，战略、组织结构、制度和流程、领导者能力、人力资源管理和企业文化建设，最核心的问题是形成企业的核心价值观。而海博网络的失败就是由于这些原因。管理者没有重视战略管理以及建立规范化的制度流程，企业文化建设缺失，没有形成核心价值观。

五、主要参考文献

［1］侯仕军．防御性思维与行为惰性视角析企业失败成因［J］．商业经济与管理，2009（7）：44 – 51．

［2］汤姆·彼得斯．追求卓越［M］．北京：中信出版社，2006．

［3］杨俊．基于创业行为的企业家能力研究——一个基本分析框架［J］．外国经济与管理，2005，27（4）：28 – 35．

［4］伊查克·爱迪斯．企业生命周期［M］．北京：中国社会科学出版社，1997．

月盛斋："百年老字号"的互联网转型之路[*]

案例正文

南顶路一条窄窄的巷子里，坐落着一家百年老字号——北京月盛斋清真食品有限公司（以下简称月盛斋）。总经理周志超站在大门前，目及之处是几栋不高的厂房和办公楼。办公楼一楼大厅里月盛斋的名号从右向左书写，下面有两行小字，一行是"中华老字号"，另一行是"中国非物质文化遗产"，默默地展现着自己的历史。

打开月盛斋煮制间的大门，肉香扑鼻而来，11 口能放得下 300 公斤生肉的不锈钢大锅里，正咕嘟咕嘟地煮着牛羊肉。工人们看着锅，不时地用长柄笊篱翻动一下锅里的肉。而生鲜加工车间里，穿戴严实的工人们正忙碌地把大块大块的牛羊肉搬到机器中去切割，一包包刚包装好的牛羊肉食品在流水线上逐渐成形。看着眼前一派忙碌却井然有序的生产景象，周志超不禁回忆起了过去这几年时间里公司经历的互联网转型之路……

一、百年老字号，渊源恒流长

月盛斋是生产清真牛羊肉的食品老字号，始于清乾隆四十年，也就是公元 1775 年，距今已有 240 多年的历史。其定位高端优质，是宫廷养生御用品，在北京甚至全国都家喻户晓。月盛斋到现在经历了 7 代的传承，所有制形式以及企业性质在岁月激荡中发生了数次变化，大致可分为 5 个阶段：（1）新中国成立前的家族私营月盛斋；（2）1953 年，月盛斋由于在新中国成立前欠债过多和当时兼营餐馆亏损等原因破产；（3）1956 年，在政府的

＊　本案例中人名均做了修饰性处理。本案例笔者根据月盛斋公司提供的资料编写。本案例由牟晖、欧阳桃花、田迪、陈典编写完成。本案例正文收录于清华经管学院·中国工商管理案例库，版权归清华大学经济管理学院所有。作者或版权方无意说明企业成败及其管理措施的对错。

扶持政策发展下，月盛斋实现了公私合营；（4）1991 年，经北京市政府同意成立了北京清真食品公司，但在 1993～2001 年连续九年亏损累计 6000 万元，企业已资不抵债；（5）2001 年在北京二商集团支持下，实行企业改制，实现了从计划体制下的国有独资企业向市场经济体制下的国有控股企业的历史性转变。2003 年，北京月盛斋清真食品有限公司正式成立。

2004～2012 年，月盛斋累计实现销售收入 11.2 亿元，销售收入平均每年递增 24%；公司资产总额从 0.8 亿元增加到 2.9 亿元，增长了 262.5%；员工收入明显增长，2012 年员工人均年收入与 2004 年同期相比上升了 90%。多年来，面对市场的不断变化和激烈挑战，月盛斋秉承着"承百年基业，创民族品牌"的理念，在清真食品生产经营过程中，一直以京韵浓香、兼容并融为己任，立足行业，抢抓机遇，诠释了"至清至真，至诚至信"的庄严承诺，不断适应社会发展、时代变迁和市场变化，为发展民族经济、繁荣清真食品市场续写了新的辉煌。

二、产品至上，传统模式需思量

作为一家老字号食品企业，月盛斋历经几度变革，其产品的销售区域目前主要覆盖京津冀及其周边地区，在全国范围内品牌推广比较少。其产品定位为做"高品质的大众消费品"，在北京清真类食品销量中位居首位。月盛斋的传统商业模式是坚持线下销售及商超合作的方式，并凭借自己多年的口碑为大型国际会议以及相关餐饮公司提供清真食品。此时月盛斋的经营模式主要以产品为导向，追求产品的品质，讲究"慢工出细活"，生产出什么产品，就销售什么产品，在商超里面，月盛斋供应什么产品超市就销售什么产品。产品主要以传统风味的"两酱两烧"和生鲜为核心，其他产品种类较少。

在这样的商业模式下，月盛斋的经营状况一度出现问题。20 世纪末，随着各类熟食企业的发展，以及竞争对手的新型经营模式，月盛斋营业额开始下降，面临着极大的挑战。到了 21 世纪初，互联网浪潮席卷而来，大家开始更多地使用这种快捷方便的传播媒介。互联网大大拓展了客户的购买空间，能给客户带来时尚、品味等全新体验的产品和服务，更受到主流消费群体，尤其是年轻人的青睐。而月盛斋的产品和服务中缺少这些元素。随着互联网的日益成熟，经济一体化和经济全球化程度明显提高，展现在消费者面前的产品和服务更加异彩纷呈，品牌越来越多，产品越来越新，类似月盛斋清真食品的"替代品"越来越多。更为深刻地改变体现在互联网技术方面，现代科技日新月异，技术更新速度加快，带来产品更新换代速度提高和市场生命周期缩短。而月盛斋仍然坚持着传统的"慢工出细活"的生产技术，在生产效率和产品创新方面都跟不上互联网时代的节奏。互联网时代带来的巨大冲击是月盛斋总经理周志超没有预料到的。

虽然有原本的商业名誉及清真品质坐镇，但是月盛斋还是走到了亏本这一步。前门大街上的中央店铺因销量无法达到预期且支付不起高额的租金而不得已撤店。看着承载了几代人记忆的"月盛斋"牌匾被拆除，原本熙熙攘攘的店铺里如今堆满的却是一大堆装修工具和要搬走的物资，周志超不禁黯然神伤。5 日前，他刚刚收到了董事会的通知，要在 5 日内尽快撤店，搬离前门大街。与月盛斋同一命运的还有内联升、盛锡福、大北照相馆等老字号。曾经代表着老北京文化的大街眼见要被 ZARA、李宁等时尚品牌取代，月盛斋这个曾经响当当的名号也渐渐不为年轻的一代人所知。

三、互联网探索，从无到有

（一）踏入互联网的第一步

2007 年，在互联网大势的滚滚浪潮下，在一波波新型清真食品和高效商业节奏的冲击下，老字号们难以抵挡时代的倾轧。面对着月盛斋当前艰难的处境，周志超不愿坐以待毙。他对公司下一步的发展方向进行了深度思考：作为百年老字号，是坚持传统的经营特色，还是去大胆尝试新的互联网模式？

此时的月盛斋内部，高管们正在商讨是否要进行互联网变革。周志超刚刚提出自己的想法，副总经理王琪首先跳出来反对，认为公司现在需要解决的重点是产品。市场部张军伟提出异议，认为产品再好，没有人知道，无法销售出去，不加入互联网，现在的年轻人无从知道。王琪也不甘示弱，补充道，现在应该踏实下来调研市场，改良产品。

周志超眉头紧锁，内心早已掀起千层浪。副总说得固然没错，公司现在今不如昔，人力、财力各个方面的资源都十分紧缺，但是市场部提出了关键问题，没有顾客知道又如何能够销售产品呢？周志超决定相信自己的判断，于是他站在了变革的这一方。他安抚住激动的高管们，表示互联网时代已经彻底改变了传统的经营模式和客户消费途径，如若不变，很可能是一场没有胜利的战争，变了，还有出路可言，风险的背后往往藏着巨大的收益。副总经理皱着眉头，最终点了点头。

本次会议一结束，月盛斋就迅速组建了自己的电商团队，周志超将这件事交给了自己最信任的崔浩负责。电商团队打造了一个可以展示品牌形象，并且方便客户和经销商了解和熟知月盛斋及其产品的官网平台。这个时候的官网平台还只是单纯的宣传平台，但月盛斋已经算是百年老字号中进军电商的先行者，为消费者打开了一个了解月盛斋的窗口。后来月盛斋不仅将官网作为一个展示宣传的平台，还开始在网站上融入了商业元素，将一些产品放到官网上进行销售，开辟了第一条网上销售的道路。

（二）全面互联网背景下的新动作

1. 出师不利：B2C 模式遭遇滑铁卢

月盛斋官网建起来后，对于公司生产环境、产品、文化的介绍一应俱全，并且附带销售商品的功能。但是事实并不遂人愿。官网的维护与更新本就是一件难事，员工中还有吃不了苦的，有的没培训完就跑了，有的刚刚能接手工作就待不住了。这不仅使得电商团队运营的成本耗费巨大，而且人员流动过于频繁，导致"军"心不稳。此外，由于在产品的图片文字宣传和文案的设计上，自己团队做出的东西相比于平台上其他的店铺来说，不够优秀，不太专业化，这就导致官网的访问量少，点击量少，购买率不高。对此，周志超又一次召开了会议讨论公司下一步该何去何从。会上，他表示公司可以进一步接触各大电商平台来进行产品销售。

月盛斋在选择合作的电商平台时慎之又慎，首先会对列入范围的电商平台进行评估，然后从中选出好的可行性高的平台进行合作。根据中国电子商务研究中心发布的《2013 年中国网络零售市场十强榜单》数据显示，截至2013 年 12 月，中国网络零售市场，排名第一的是天猫商城，占比 50.1%；京东名列第二，占比 22.4%。月盛斋在最后选择了当时持续稳定经营并且具有一定影响力和客流量的两大电商平台天猫和京东进行合作，这次合作标志着月盛斋与互联网的真正接轨。

月盛斋在天猫和京东两个平台各自开了一个旗舰店。入驻平台的第一年，月盛斋的销售额仅有 10 万元，这个结果是令人始料未及的。公司内部的质疑声也纷纷出现。甚至一些曾经支持互联网转型的人也纷纷倒戈。

2. 痛定思痛：背靠网络改进产品

经过几日的思考，周志超突然意识到天猫等电商平台不只是一个销售渠道，更是月盛斋与消费者交流的窗口！背靠天猫大数据，月盛斋第一次学会了将粉丝画像具化，通过大数据分析，月盛斋可以清楚地看到，自己的用户群体年龄分布如何，喜欢吃什么口味，最佳价位是什么……由于线上销售模式的开启，客户群体以及客户的种类越来越多，现有的产品已经不能满足线上销售的需求。所以月盛斋决定利用百年老字号的品牌优势研发和创新一些新的延伸产品来应对遇到的问题，迎合消费者的需求。

公司在遵循市场规律和对消费者习惯研究的基础上致力于产品创新，在保证传统产品质量的同时自主创新，改进、调整传统生产工艺，先后完成了 10 个研发项目 32 种产品的研制开发和改进工作。其中，牛肉松、鸡肉松、牛肉干的上市填补了清真休闲类产品空白；鸡柳、牛柳、骨肉相连等系列产品的推出丰富了速冻产品货架；清真烤鸭、八珍烤鸡的上市增添了清真禽类产品的品项；牛肉培根、双色里昂纳、维也纳肠等不同档次的西式产品更是引领了清真西式产品的市场，满足了五湖四海顾客的不同的需求。并且新研发的清真食品能够有较长的保质期，在互联网平台下单订购后能保证送到顾客手中的产品还是会有很好的口感。

2015 年，产品的研发和创新使月盛斋在线下保持销售额稳定的同时，线上销量额呈几何倍数增长。仅天猫旗舰店一年销售额就在 30 万元左右，2016 年增长到 200 万元左右。数十年，甚至上百年未曾改变的老字号，在电商平台上进行了一次脱胎换骨的改造。与电商平台的合作算是化险为夷，初尝胜利的成果。

3. 量体裁衣：走上外包之路

在决定与互联网接轨后，月盛斋就专门组建了自己的电商团队，想培养出自己的电商人才，来对线上店铺进行操作和设计。但是这条路却走得格外艰辛，从初次建立自己的官网结果点击率不高，到不了解线上操作两眼一抹黑，走了许多冤枉路，并且培养电商人才的成本太高。

2017年7月，周志超正和其他企业的老总开会，席间休息时与一向和他有合作关系的王总闲聊时得知电商运营可以交给专业的外包团队来做。回去以后，周志超就找了专业的外包公司来负责自己线上店铺的运营。外包公司具有专业的人才和服务团队，在店铺运营、产品设计、图文宣传方面与月盛斋进行了积极地沟通。月盛斋在自己的实操过程中也发现，电商平台引流的第一波就是要让客户有购买的欲望。在生鲜产品板块，产品常常因为太过真实而美观度不高，所以仅仅真实地展现产品并不能吸引顾客，如何利用逼真且舒适的产品展示，配上吸引人的产品介绍才是激发顾客购买欲望的关键。外包公司反映的情况月盛斋都一一跟进解决，积极配合第三方给出宣传模板，再由第三方进行整理与包装，这才有了成效。通过两边的不断磨合和沟通，最终呈现在旗舰店里的月盛斋产品丰富，美工设计优良，宣传文案紧跟潮流，十分抓人眼球。此外还专门为部分产品设计了30秒的短片进行放映，更加生动形象地展示了产品。这之后月盛斋在旗舰店的销售额上有了很大的提高，访问量与点击量也升了上去。采用外包的方式，与专业的第三方进行合作，不仅费用适合，并且节省了自己建设团队的时间精力和人力资源成本，能够把更多的重心放在改善产品品质上，促进产品回购率的提高，这样的举措可谓实现了共赢。

官网和B2C旗舰店的运行逐步稳定，但月盛斋的团队们在庆祝阶段性胜利的同时，还不知互联网已经掀起了新的浪潮，月盛斋也面临了新的挑战。

4. 把握机会：选择每日优鲜

2015年，中国互联网的发展进入有史以来的最繁荣阶段，中国网民已经达到1.37亿人，形成了史无前例的庞大市场。搜索引擎、WEB2.0等技术及应用的出现，也极大地促进了互联网信息的生产速度和传播速度。互联网已经愈加深刻地嵌入每一个人的生活，人们已经无法离开互联网的世界。庞大的用户群体，多元的用户需求，给互联网企业带来了一波又一波创新的动力。

传统制造业时代，商品要到达消费者手中，需要经过层层代理、分销商和渠道商，流通环节会造成高昂的成本。而进入移动互联网时代，人们习惯通过移动端实现消费者与商家的直接对接，取消了传统商业模式的中间环节。尤其是人们对于生鲜类产品的需求，催生了移动互联平台的发展繁荣，盒马鲜生、每日优鲜等 O2O 平台崛起，创新了互联网零售的又一模式。

而月盛斋自从接触 B2C 电商平台以来，虽然在休闲类及速冻类产品的销量上实现了质的飞跃，但在生鲜产品的销售上，却陷入了"瓶颈"。月盛斋的核心产品之一是生鲜类产品，且生鲜品质一直是月盛斋引以为傲的地方。生鲜产品的运输特点就是对物流要求高、保质期短。线下商超及零售的生鲜产品都可实现消费者即买即用的目的，但是 B2C 平台的仓库一般都设在京郊，最快也要一天的时间，经过较长时间的运输后产品的质量和消费者的口感都会大大降低，这就减少了消费者的购买需求。因此月盛斋内部一直也在争议到底是经营线上 B2C 平台还是开展物流配送业务。

开展物流配送业务意味着月盛斋要在市内各个区域布仓，这样才能比较全面地覆盖市内线上生鲜产品的订单需求。但是这样一来就与之前建设电商团队时所需要面对的问题一样，可能是一个较重的负担。各类移动互联平台的兴起让周志超看到了曙光，这正好契合公司当前的需要。但是移动互联平台的更新换代实在是太快了，相比于规模巨大的电商平台而言，移动互联平台规模小，不稳定性也高。周志超苦于不知道该选择哪个平台进行合作。正当周志超一筹莫展之际，一位好友为他推荐了每日优鲜的平台。有信用背书，又有每日优鲜 2 小时速达的运输模式，解决生鲜类产品的运输问题。周志超当即决定与每日优鲜平台进行合作。

2016 年 9 月，生鲜电商"每日优鲜"与月盛斋签署战略合作协议，每日优鲜成为月盛斋生鲜类产品最为重要的线上销售渠道。由于每日优鲜与月盛斋是深度的战略合作伙伴，每日优鲜不仅保证了月盛斋生鲜产品的配送，还为其销售作出了战略指导。每日优鲜以快速、保证新鲜为宗旨，利用自己完善的物流系统，使月盛斋的生鲜产品在 2 小时内就能送到顾客手中，能够让顾客最大限度地体会到产品最原始的口味，这大大地提高了客户体验，为客户提供了方便、快捷的服务，使得月盛斋生鲜类产品的销售额出现了质的飞跃。同时每日优鲜会根据自己的数据系统，定时向月盛斋反馈，让月盛斋能够第一时间了解到消费者想要什么，月盛斋根据反馈的结果，改进产品的包装形式和产品的规格等，吸引了更多的消费群体的购买。

四、客户为王，全方位布局下的新气象

互联网时代一切都发展得太过迅速，消费端的"每日优鲜"作为移动平台，数据更新十分迅速，而作为生产端的"月盛斋"则在调整方面就会慢上一拍。月盛斋虽然会根据反馈和需求来进行调整，但生产端相比于消费端，做一个微小的调整流程烦琐，需要考虑到整个公司的经营产品线，同时满足线上线下的顾客需求，并且被迫调整的成本非常高。这是快速变化的市场给月盛斋抛来的又一个难题。

面对着日新月异的互联网市场及层出不穷的问题，总经理周志超在经过深思熟虑以后，决定从客户出发，树立客户为王的理念，重新梳理企业的产品生产线，更加全面地布局互联网销售渠道，做到线上线下两手抓，创新研发来当家。

通过行业分析、市场调研以及企业座谈发现，随着消费者反馈的扩大以及对产品需求的增加，老字号必须要不断研发新的产品来适应消费者的变化。为此，2017年月盛斋专门成立了"产品委员会"小组，下设技术委员会和营销委员会，营销委员会通过调研及分析把产品行情以及消费者消费习惯的改变反馈给技术部门，技术部门会对产品进行调整或者研发新的产品。首先在原材料上酱选肉一定要选用上等牛羊，宰杀也很讲究，并且严禁与其他肉一起存放、运输和买卖。在研发后，产品也不是立即投放市场，而是要先对研发的产品进行盲测，测试人看不到任何的产品信息，只能靠舌头去品尝。通过反馈的数据，产品委员会才会决定何时投放新的产品。在保证产品口味的基础上，再对产品的其他方面进行新一轮的更新，例如，在包装上进行了变动，将传统的食品换上了现代化元素的包装；在口味上更加多种多样，针对不同的客户群体开发出不同的口味，上海更喜好甜，西南更喜欢辣，北京喜好传统的五香酱牛肉等，但其传统的工艺、选料、用料和秘方都不会改变；在规格上，将一些大的规格换为小的规格。品质是实现营销的基础，品质好营销才有保证。

在做好产品品质的基础之上，月盛斋对各个营销渠道进行了集中整合与定位。官网作为网上营销的首个平台，仅做展示，不再销售商品，为天猫、京东等旗舰店引流，而这几家旗舰店则作为熟食的主要销售渠道，每日优鲜

则作为生鲜产品的主要销售端，线下商超的销售也配备物流服务，顾客可以从离自己最近的商超内获取最为迅速的服务，进一步扩大了月盛斋的销售范围，提升了销售质量。

与此同时，月盛斋在市场推广方面也进行了创新，其战略布局已经从"区域性"走向了"全国性"，不再局限于京津冀地区，开始向华东市场迈进，并且着力发展自己的餐饮业。从 2017 年 11 月开始先后在济南西高铁站、郑州东高铁站建立自己品牌的清真餐饮店，不到半年就实现了盈利。接下来月盛斋陆续会在南京南等高铁站进行布局，在拓宽企业的销售渠道方面向前迈了一大步……

五、尾声

月盛斋在互联网浪潮的席卷背景下，积极探索互联网转型之路，经历了从无到有的探索。月盛斋从搭建自己的公司官网平台和电商团队，到与天猫、京东等平台合作，在数次失败中不断提高认识，逐步实现互联网的深入融合，充分运用互联网思维和资源了解用户偏好，实现多方位的创新。在移动终端技术发展时期，月盛斋更是把握机会与每日优鲜开展合作，实现第三次互联网商业模式的升级，也为月盛斋进一步拓宽市场，带来更大的发展空间。但是，随着互联网技术的发展和生活方式的变化，如何更精准地判断客户需求，更合理地配置组织结构，更前瞻地制定公司战略，这些，都是下一步企业面临的挑战。月盛斋的互联网融合转型之路，如何与老字号的传统优势相结合，走出一条特色之路，还有待进一步探索和创新！

 **案例分析**

一、电子商务模式

现有的电子商务模式主要有 5 种，B2B、B2C、C2B、C2C、O2O。具体而言，B2B 模式（Business to Business）为企业与企业之间的电子商务，B2C 模式（Business to Customer）为企业对消费者的电子商务，C2C 模式（Customer to Customer）为个体卖家对消费者，C2B 模式（Customer to Business）为消费者对企业，O2O（Online to Offline）为线上线下结合。本案例介绍了 B2C 和 O2O 两种模式。

1. B2C 电商模式

B2C 模式是指通过网络实现企业与消费者之间的各类商务活动。相比于传统的面对面营销模式，参与经济活动的双方可以不受时空的限制实现交易。一方面节约了交易过程中的人力和物力资源，节约了企业的经营成本，为企业更高效分配资源提供便利；另一方面突破了时空的限制，企业可以借助网络平台更直观全面地介绍产品，消费者也可以更便捷地了解企业相关信息，随时随地进行交易，实现企业销售额的迅速增长。

2. O2O 移动互联模式

O2O 即 Online To Offline，即线上引流，线下消费。O2O 的核心理念就是通过线上平台吸引用户，将用户引导到实体店铺中，并通过在线支付，提供优质服务，并实时统计消费数据提供给商家，再把商家的商品信息准确推送给消费者。

这种模式对于服务型尤其是体验型的产品将是最佳的方式，与传统电子商务的概念有较大差别。传统电子商务依靠网络，完成产品购买到最后使用，缺少了商户的参与。O2O 依靠线上推广交易引擎带动线下交易，以加大商户的参与和用户的体验感，促进了商户与用户之间的信息融合化。而基于该基础上的数据分析更是为持续发展提供了不竭动力。电子商务主要由信息流、资金流、物流和商流组成。O2O 的特点是只把信息流、资金流放在线上进行，而把物流和商流放在线下。

电子商务模式的优点有以下 4 个方面。

（1）全新时空优势：传统的商务是以固定不变的销售地点（即商店）和固定不变的销售时间为特征的店铺式销售。互联网的销售通过以信息库为特征的网上商店进行，所以它的销售空间随网络体系的延伸而延伸。没有任何地理障碍，它的零售时间是由消费者即网上用户自己决定。

（2）大数据优势：互联网作为工具使得企业有能力积累超大规模的客户市场及客户行为等信息，这些信息将成为企业最核心的资源及竞争优势来源。企业可根据大数据分析与挖掘实现服务供给与消费者需求的匹配，同时也可借助其精准定位市场与消费者偏好，制定完善市场战略，最终实现企业竞争的优势。

（3）减少中间环节，降低交易费用的优势：电子商务重新定义了传统的流通模式，减少了中间环节，使得生产者和消费者的直接交易成为可能，从而在一定程度上改变了整个社会经济运行的方式。

（4）密切用户关系，加深用户了解的优势：由于互联网的实时互动式沟通，以及没有任何外界因素干扰，使得产品或服务的消费者更易表达出自己对产品或服务的评价，这种评价使网上的零售商们可以更深入了解用户的内在需求。

二、互联网思维

互联网思维是指，在（移动）互联网、大数据等科技不断发展的背景下，市场用户、产品乃至整个商业生态进行重新审视的思考方式，这种思维可以嵌入产品、生产、服务、销售及战略等各个环节。互联网思维包括 9 个方面：用户思维、大数据思维、跨界思维、简约思维、极致思维、迭代思维、平台思维、社会化思维及流量思维。

本案例主要突出表明其中两个方面。（1）用户思维：互联网思维的核心是用户，其在组织商业运作与价值链中起到举足轻重的作用。互联网时代下，若公司想要赢得顾客偏好，就必须以用户导向为核心，站在用户角度考虑产品创新、服务流程、品牌营销等问题。（2）大数据思维：互联网作为工具使得企业有能力积累超大规模的客户市场及客户行为等信息，这些信息将成为企业最核心的资源及竞争优势来源。企业可根据大数据分析与挖掘实现服务供给与消费者需求的匹配，同时也可借助其精准定位市场与消费者偏好，制定完善市场战略，最终实现企业竞争的优势。

三、百年老字号企业的特点

"中华老字号"是指在长期的生产经营活动中，沿袭和继承了中华民族优秀的文化传统，具有鲜明的地域文化特征和历史痕迹、具有独特的工艺和经营特色，取得了社会广泛认同和良好商业信誉的企业名称和产品品牌。

月盛斋有着"五香羊肉供皇室，四道腰牌显至尊"的宫廷御膳的文化内涵，而且有着"吸纳波斯香料沁，融合中华药理源"的中阿合璧的民族渊源，蕴含着浓浓的京味和传奇的色彩，凝练了自身独有的产品特色，形成了"月蕴馨香，卓尔不群；盛誉垂清，遐迩闻名"的品牌盛誉。其酱烧牛羊肉的传统制造工艺在几代人的努力与探索中，逐渐完备，"两酱两烧"被评为"国家非物质文化遗产"。月盛斋继承了中华饮食文化的精髓，凝练了自身独有的产品特色，形成了民族饮食文化中极具特色的传统手工艺，在北京市 175 家老字号企业中位列第 43 名。

老字号企业的特点包括：拥有商标所有权或使用权；品牌创立于 1956 年（含）以前；有传承独特的产品、技艺或服务；有传承中华民族优秀传统的企业文化；具有中华民族特色和鲜明的北京地区传统文化特征，具有历史价值和文化价值；具有良好信誉，得到广泛的社会认同和赞誉；国内资本及港澳台地区资本相对控股，经营状况良好，且具有较强的可持续发展能力。

四、商业模式转变的原因及优势

1. 原因

20 世纪初，随着各类熟食企业的发展，以及竞争对手的新型经营模式，月盛斋营业额开始下降，面临着极大的挑战。（1）在需求方面：能给人们带来时尚、品味等全新体验的产品和服务，更受到主流消费群体，尤其是年轻人的青睐。而老字号产品和服务中往往缺少这些元素。（2）在竞争方面：市场经济的蓬勃发展和经济全球化程度的提高，展现在消费者面前的产品和服务异彩纷呈，五光十色，品牌云集且层次分明，老字号产品和服务的"替代品"越来越多。（3）在科技方面：现代科技日新月异，技术更新速度加快，带来产品更新换代速度提高和市场生命周期缩短。老字号企业多固守某种传统工艺，缺少技术创新，有很大局限性。实际上，有些老字号的没落就是从工艺技术被淘汰开始的，工艺技术被淘汰了，老字号就只剩下空壳。

并且随着互联网应用的不断拓展，网络零售迅速崛起。传统零售业的百年老字号正处于进退两难的尴尬阶段，一边承受着互联网零售带来的巨大冲击，一边面对着社会消费品的巨大市场。为寻找新的竞争优势，月盛斋决定利用互联网寻求企业的转型。

2. 优势

传统商业模式下，商品到达消费者过程中，需要经过层层代理、分销商和渠道商，流通环节造成高昂的成本。而进入互联网时代，人们习惯通过网络实现消费者与商家的直接沟通，取消了传统商业模式的中间环节。互联网已经深度嵌入每个人的生活，人们已经无法离开互联网的世界。庞大的用户群体，多元的用户需求，给互联网企业的发展带来了传统企业无法企及的天然优势。

成立自己的官网后，月盛斋拥有对外宣传的平台与新的销售渠道，在官网上有新品介绍、工艺介绍，以及传统食品文化的相关资讯，既能直观全面地展示产品，又能丰富企业形象，突出传统文化特色。相比于传统的销售模式更加高效，能够及时有效地更新产品动态，也能实时监控点击率，针对产品做出相应的调整。

五、月盛斋与电商平台的合作

1. 进行 B2C 模式探索

2014 年，互联网已经从萌芽到蓬勃生长发展了十余年，并且几大电商品牌已经做出了规模和品牌，很多企业都在借助其他电商平台来开展自己新的探索和发展。月盛斋在此时选择了与当时持续稳定经营并且具有一定影响力和客流的两大电商平台天猫和京东进行合作，并在这两个大的电商平台开设了月盛斋的旗舰店。月盛斋这次与天猫、京东平台的合作标志着月盛斋与互联网的真正接轨。并且通过两大电商平台使得月盛斋的客户群体和客户种类越来越多，2015 年，产品的研发和创新让月盛斋在线下保持销售额稳定的同时，线上销量额呈几何倍数增长。仅天猫旗舰店一年销售额就在 30 万元左右，2016 年增长到 200 万元左右。

2. 遇到的问题

（1）首年月盛斋销售惨淡，"互联网＋"的转型决策一度受到质疑。月盛斋在入驻天猫和京东平台的第一年，销售额仅有 10 万元，并未达到预期。为了进行战略转型，公司内部资源纷纷向线上平台集中，但并未达到与资源投入相匹配的回报。

（2）自有电商团队专业人才稀缺，线上运营经验匮乏且成本极高。在决定与互联网真正接轨后，月盛斋就专门组建了自己的电商团队，意图培养自己的专业电商人才，但线上运营与线下运营模式相差较大，组建团队之路坎坷，投入一个月后未见有效回报。在自有电商团队的运营中，在经营方面，团队并没有真正地和平台接轨，反应速度和运营速度都相对较慢。在结算方式方面，传统的线下结算是一手交钱一手交货，而线上平台的结算方式多采用月结，且其满减优惠、运费项目、活动优惠等使得月盛斋自己的经营团队一头雾水。在产品的图片和文字宣传以及文案的设计方面，自己团队做出的东西相比于平台上其他的店铺来说，不够优秀，不太专业化，这就导致旗舰店的访问量少，点击量少，购买率不高。

3. 针对 B2C 模式的改进方案

（1）通过大数据描绘粉丝画像，紧握核心技术进行产品创新，走多元化发展之路。月盛斋背靠天猫大数据，将粉丝画像具化，通过大数据分析捕捉用户群体年龄分布、口味偏好等；月盛斋利用百年老字号的品牌优势研发和创新一些新的延伸产品，在保证传统产品质量的同时自主创新，改进、调整传统生产工艺，先后完成了 10 个研发项目 32 种产品的研制开发和改进工作。

（2）将电商运营外包，节省成本且最大价值化利用公司资源。月盛斋将电商团队外包，委托更加专业的团队管理。在生鲜产品板块，月盛斋积极配合第三方给出宣传模板，再由第三方整理与包装，经过一次次的沟通，最终呈现在旗舰店里的月盛斋产品丰富，美工设计优良，宣传文案紧跟潮流，抓人眼球。此外还专门为部分产品设计了 30 秒的短片进行放映，更加生动形象地展示了产品，店铺销售额有大幅提升。月盛斋采用与专业的第三方进行合作的方式，节省了建设团队的时间精力和人力资源成本，并且能够把更多的重心放在改善产品品质上，实现了共赢。

六、月盛斋与每日优鲜的合作

O2O 即 Online To Offline，是指将线下的商务机会与互联网结合，让互联网成为线下交易的前台，这个概念最早来源于美国。O2O 的概念非常广泛，只要产业链中既可涉及线上，又可涉及线下，就可通称为 O2O。O2O 电子商务模式需具备五大要素：独立网上商城、国家级权威行业可信网站认证、在线网络广告营销推广、全面社交媒体与客户在线互动、线上线下一体化的会员营销系统。案例中的 O2O 平台即为每日优鲜。

1. 月盛斋选择和每日优鲜合作原因

月盛斋的核心产品生鲜类对物流要求高、保质期短，而由于电商销售运输时间多为 2~3 天，且运输成本较高，生鲜类产品并不适合电商平台的销售模式。B2C 平台的仓库一般都设在京郊，最快也要一天的时间，这会大大降低消费者的购买需求，消费者可能会转向线下商超及零售柜台购买商品，从而实现即买即用的目的。而每日优鲜是一个围绕着老百姓餐桌的生鲜O2O 电商平台，覆盖了水果蔬菜、海鲜肉禽、牛奶零食等全品类，每日优鲜在主要城市建立起"城市分选中心 + 社区配送中心"的极速达冷链物流体系，为用户提供全球生鲜产品"2 小时送货上门"的极速达冷链配送服务，这种快速运输服务恰好可以解决月盛斋生鲜产品面临的电商困境。

2. 为公司带来的发展机会

（1）提高月盛斋品牌口碑和知名度。与每日优鲜的合作为公司提供了机遇，越来越多的消费者通过每日优鲜知道了月盛斋这个品牌。

（2）增强消费者满意度，提升产品销售额。每日优鲜以快速、保证新鲜为宗旨，利用自己完善的物流系统，使月盛斋的生鲜产品在 2 小时内就能送到顾客手中，能够让顾客最大限度地体会到产品最原始的口味，这大大地提高了客户体验，为客户提供了方便、快捷的服务，使得月盛斋生鲜类产品的销售额出现了质的飞跃。

（3）O2O 平台为公司提供大数据支持，月盛斋可根据信息了解消费者需求动态。每日优鲜会根据自己的数据系统，定时向月盛斋反馈，让月盛斋能够第一时间了解到消费者想要什么，月盛斋根据反馈的结果，改进产品的包装形式和产品的规格等，吸引了更多的消费群体的购买。

七、如何促进月盛斋的发展

月盛斋与互联网的融合初见成效，在传统老字号逐渐没落之时扭转颓势，不仅实现了商业模式的转变，通过大数据描述用户画像，以需求为导向改进产品；同时还借助网络营销外包的方式实现品牌营销，奠定了在传统食品加工行业的地位。

但对于月盛斋未来的发展而言，还需将互联网思维融入更多的业务流程。以互联网思维下品牌营销为例，对于百年老字号而言，品牌既是优势，也是劣势。优势在于有长期的工艺提升和用户信赖，劣势在于品牌形象僵化，难以随着时代创新。对于月盛斋而言，其品牌在转型前存在以下 3 个问题。

（1）品牌识别不清。品牌识别是消费者对品牌的第一概念，也是消费者在众多同类产品中能够瞬间识别该品牌，它具备简单独特、持续恒定、联想感知等特征，能够使消费者在接触该品牌识别之后，就能够联想起由此品牌带来的心理归属感和满足感。转型前的月盛斋对于消费者而言品牌形象老化，活力不足。认知人群以 30 岁以上北京市内消费人群为主，30 岁以下人群的认知度呈明显下降趋势。

（2）品牌形象老化。月盛斋百年老字号历史悠久，但由于一直处于较封闭的状态，长期以来导致了品牌老化，再加上原有的销售模式造成的通路不畅，使消费者逐渐远离。

（3）品牌推广手段单一。月盛斋的品牌推广多数是有选择地选取一些地区的电视台及部分报纸作为传播途径，范围过窄，手段单一，不能有效满足人们对于老字号品牌的认知要求。

为了重振百年老字号，月盛斋加大品牌营销力度，采取了以下 3 种措施。

（1）确立品牌营销目标，合理调整品牌定位。为振兴百年老字号企业品牌，月盛斋将企业品牌营销的整体目标确定为：进一步提升老字号品牌的形象，不断创新工艺、改良口味、创设新的环境，在愈演愈烈的市场竞争中，迎合现代人的口味和需求，在变中求发展。月盛斋通过电商平台的数据反馈以及市场调研和平时的交流观察中发现，随着消费者反馈的扩大以及对产品需求的增加，老字号必须要不断研发新的产品来适应消费者的变化。2018 年月盛斋已经完成了产品的一轮更新换代。在包装上进行了变动，将传统的食品换上了现代化元素的包装；在口味上更加多种多样，针对不同的客户群体开发出不同的口味；在规格上，将一些大的规格换为小的规格，吸引了更多的消费群体。

（2）创新运营模式，提高品牌形象。月盛斋在运营初期，组建了自己的电商团队，并创建公司官网，用于宣传公司品牌文化与产品。这一方式虽然适应当前形势，但收效甚微。公司综合考虑资源、成本、效果等方面因素后，决定进行网络营销外包。这个外包团队通过和月盛斋的磨合商量中，通过讲故事的方式，将月盛斋的老字号优势展现出来，制作设计了 30 秒的短片，从介绍原材料开始到最后成品的整个过程，使月盛斋百年悠久的工艺传承与文化底蕴深入人心。月盛斋发现把网络营销外包后，旗舰店的销售额有了很大的提高。这样的与专业第三方进行合作的模式，不仅费用适合，并且节省了时间精力和人力资源。

（3）建立长效品牌推广策略。月盛斋在发展的过程中，发现自己的消费者群体种类通过互联网的途径已经有了增长，但产品的主要销售区域是北京和周边津冀地区，在全国范围内品牌推广比较少。所以月盛斋在品牌宣传和推广方面也有了动作。在市场推广方面，月盛斋准备从"区域性"走向"全国性"，不局限于京津冀地区，开始向华东市场开启线下布局，并且着力发展自己的餐饮业。并且月盛斋对各个营销渠道进行了集中整合与定位。天猫、京东、1 号店等电商平台旗舰店则作为熟食制品的主要销售渠道，每日优鲜则作为生鲜产品的主要线上销售端。自有官网仅做展示，为天猫、京东、1 号店等旗舰店引流，不再销售商品。同时线上线下销售结合，商超的销售也配备物流服务，顾客可以从离自己最近的商超内获取最为迅速的服务，进一步扩大月盛斋的销售范围，提升销售质量。

八、背景信息

继与天猫、京东、每日优鲜等电商平台进行合作之后，月盛斋在2017 年又与天猫合作"天字号"计划，实行"线上与线下"相结合的新零售方式，不断跟进互联网时代的步伐，提高销售业绩的同时，也在不断扩大品牌影响力。同时，在传统销售渠道上，月盛斋也在继续探索前店后厂的新模式，通过工厂生产、直供前店等方式，为消费者提供最新鲜、最优质的食材。并通过现场体验的方式，让消费者对月盛斋的产品有最直观的感受，从而增加客户满意度和忠诚度，为企业与消费者建立最直接而紧密的连接。

老字号企业拥有悠久的历史文化和良好的口碑质量，但大多因线下发展缓慢、渠道区域化等问题面临发展困境，而如何顺应电商趋势，开辟新的互联网市场则成为老字号们的发力重点。企业在与电商平台的合作中，也在不断寻找企业特色发展道路，既传承老字号的匠心品质，也适应新的消费变革，从而延续百年老店的辉煌。

HC 公司：数据驱动的数字化转型之路 *

 **案例正文**

一、引言

2018 年 12 月 21 日，HC 技术负责人王力受邀出席年会并做主题演讲，详细阐释了 HC 的金融科技的发展战略和以互联网金融平台为依托，以七大科技，即大数据、云计算、深度学习、知识图谱、声纹识别、智能交互和人脸识别领航打造的业界领先的智能风控平台。回想起这几年的发展，王力思绪万千……

二、互联网金融——秩序在重建

互联网金融在中国发展比较快，从 2007 年 6 月国内首家网贷平台成立，截至 2015 年底，网贷行业正常运营平台数量大幅度增至 3433 家，2015 年网贷成交量也突破了万亿元大关。同时，部分网贷企业通过不正当手段获利，损害了投资人和借款人的利益，带来了不好的社会影响。2018 年爆雷网贷平台超过 850 家，金额总计超八千亿元，截至 2019 年 4 月，中国网贷新增问题平台超 280 家，约占总体的 21.8%。

金融在全球都处于强监管、严监管的背景下，欧美发达市场一直处于强监管，印度尼西亚、越南等东南亚国家也在强化监管，国内也越来越趋向严监管，随着互联网金融行业专项整治的推进，互联网金融企业也承受着较大的政策风险、行业风险和市场风险。HC 所在地北京的所有互联网金融平台正在经历"三查"（平台自查、行业自律检查以及监管核查）和"三降"

---

* 本案例中人名、公司名均做了修饰性处理。本案例由牟晖、徐振华、田迪、陈典、欧阳桃花撰写。案例来源：中国金融专业学位教学案例中心，并经案例作者同意授权引用。作者或版权方无意说明企业成败及其管理措施的对错。

（降出借人人数、降业务规模、降借款人人数），同时由于 2019 年的央视
"3·15"晚会曝光了"714 高炮"高息现金贷等业务乱象，3 月 19 日中国
互联网金融协会在北京组织召开专题座谈会，重申监管政策及行业自律相关
要求。

三、数字化拉开序幕——万事开头难

HC 于 2011 年 6 月 15 日成立，总部位于北京，是一家互联网金融中介
公司，主要为客户提供信息收集、信息公布、资信评估等服务。成立后的 6
年时间里，HC 服务的客户群体遍及全国 20 多个省、自治区、直辖市，300
多座城市，为客户提供了行之有效的资金解决方案。截至 2017 年 6 月 15
日，HC 累计撮合金额已经突破 288 亿元。

挑战与机遇并存。行业快速发展的同时，风险也快速增加。2015 年爆
发了负面影响巨大的"E 租宝事件"，行业监管加强。由于早期扩张比较
快，管理粗放，同期 HC 在绍兴的一家分公司因为理财产品违规遭受监管部
门审查的同时，又遭到媒体扩大化和竞争对手恶意竞争，突发的负面新闻引
发了用户挤兑，业绩出现了断崖式下滑。伴随着业绩下滑，行业不景气，员
工纷纷离职，其中包括很多工作三年以上的老员工和高管，在职员工也是人
心惶惶，并开始寻找出路。2015 年 6 月，为了应对当前危机，公司召开专
门的高管会，请大家献计献策帮助公司渡过难关。经过激烈讨论，最后决定
由王力总体负责，各部门全力配合力争六个月内完成线上化。

四、线上化——从线下到线上

线上化战略确定之后，王力召集相关负责人在技术中心召开了项目启动
会，会议目的是收集需求和制订实施计划。

1. 获取业务全流程数据

在启动会之后的一个月，技术中心根据普惠业务的要求开发了两款
App，一款 App 是 HC 理财师，是专门为普惠理财师开发的一站式服务平
台，为理财师提供学习和展业的平台，联合了多家知名合作伙伴，帮助理财
师为客户提供科学的财富管理咨询服务，让理财师展业更加便捷和高效。在
前期推广中，HC 债权充足资金可以快速出借，HC 理财师吸引了大量借款

用户。另一款 App 是 HC 普惠，是为借款用户开发的移动借贷产品智选 App，利用移动互联网等前沿技术，将海量丰富的各类互联网金融业务模式得以简单、直观地呈现给用户，为客户提供信息收集、信息公布、资信评估等服务，以互联网为主要渠道促成借贷关系。

这两款 App 使 HC 的业务更方便地触达用户，且通过良好的用户体验实现了较高的用户留存，用户在使用 App 的同时，也为 HC 提供了全流程的业务数据，随着线上化的不断推进，数据在不断积累。

2. 线上线下数据打通

启动会之后，风控中心在陈飞的带领下，根据线上化的要求，结合自身的业务特色，形成了一套独特的"平台 + 服务网点"的 O2O 风控体系。在线下，利用营业网点的支持，与客户进行面对面地沟通，对其身份进行验证，将客户相关资料上传到线上进行中央信审，针对大额借款的客户还会通过外访对其个人资料进行实地考察；在线上，利用业内先进的系统和完整的数据，有效保证风控的力度和精准度。借助"平台 + 服务网点"的 O2O 风控体系，结合数据交叉验证，以及在风控全流程把控节点的风控模式设置，保证整个风控流程的安全、稳定。

风控体系也是随着技术的发展不断改进，后续风控中心又研发了远程面审，将部分面审从线下搬到线上，通过远程面审，客户可以在任何时间、任何地点进行面审，提高效率，降低欺诈的可能，特别降低内外勾结的欺诈。另外过去借款人需要到门店去办理信息审核，效率比较低，使用远程面审后效率大幅提升。同时，风控中心根据线上和线下两个面审渠道客户的逾期等表现评价风控模型，打通了线上和线下数据，不断改进风控模型。

3. 历史数据线上化

历史数据的线上化首先从信审开始，因为风控中心下属的电催网点需要使用信审数据进行催收。2015 年 9 月，催收部门开始操作 M4 - M6 账龄阶段的案件，委外公司操作 M7 + 的逾期客户，由于这些账户本人联系方式大部分都是失联状态，为了更多地回收欠款，催收部门需要调取客户进件时候的通话详单、征信报告等进件资料，用于深度挖掘失联客户，经过和信审沟通后信审部门配合提供这些客户的进件资料。催收部门反馈当前资料共 100T，分散保存在 24 块移动硬盘上，如果催收部门用移动硬盘拷贝的话存在不合规和信息泄露的问题，希望可以统一存储，并导入 CRM 系统方便检索查询。

一周之后，风控中心、合规中心和技术中心负责人召开沟通会，技术中心王力提出 3 个可选方案，采购公有云存储、采购商业存储和自建存储。经过紧张讨论，大家最终确定采用自建存储的方案。一个月之后，系统上线，催收部开始使用。技术中心在完成了信审部门的需求后，逐步推进和完成催收、客服、固资、人力和财务等相关部门的历史数据线上化。2015 年 11 月，历经 5 个月的线上化提前完成。不光时间提前了一个月，而且效果也非常好，HC 员工数量大幅减少，从之前的 5 万人减少到 2 万人，营销转型为线上化，既满足了监管的要求又大幅提升了营销能力，获得了大量用户。

五、云化——从传统 IT 到云化

业务转型线上化之后，王力开始不断收到项目团队的抱怨，有的抱怨用户越来越多，系统对服务器的压力越来越大，需要尽快增加服务器，但采购服务器需要一两个月的时间，根本无法满足需求；有的抱怨客户的需求越来越多，根本忙不过来，新需求无法排期；另外，合规负责人张明在高管会上提过，根据监管目前的要求看，网贷平台必须实现应用级灾备的监管要求会在近期落地，技术中心要早做准备。梳理了这些信息之后，王力开始推进云计算。

1. 完善数据基础设施

作为互联网公司，运营推广做活动是常态。2015 年 11 月 11 日，运营团队为 HC 普惠 App 策划了两个月并投入大额的推广费用做了一个拉新的活动，活动效果很好，但由于当天流量超过了平时的 20 倍，网站无法正常访问。针对此问题，徐小华提出"半年建成私有云，建云上云两步走"的方案，获得了王力的认可。建云首先建设数据中心，云平台在北京建立了 TN 和 PBS 两个同城数据中心，在武汉建立了 PBS 异地数据中心，按银行的金融体系要求实现了"两地三中心"，可以在地震、施工挖断光缆等重大灾难发生时保证系统依然可用，同时满足监管对互联网金融企业灾备的要求。

数据中心建设完成之后，开始搭建上层的云服务平台，云平台综合评估了外采和自建两种方式，外采系统建设周期短，但成本高、可控性差、变更和支持响应慢，从技术长远发展的角度出发，选择自建私有云。2016 年 4

月，云平台建设完成，前后共花了四个月时间，比之前规划的半年时间大幅提前。云建设完成之后，上云横向按照从测试到生产、从非核心系统到核心系统的顺序进行，纵向按照从应用到数据进行。

云平台积极和业务沟通，打消他们最关心的稳定性担忧，同时私有云的零故障运行坚定了业务的信心，在技术产品和固资、财务、合规、采购等支持部门的共同努力下完成 HC 所有子公司的上云，支撑了财富、普惠、基金、保险、小贷、信托、保理和企业信息化等所有业务。从使用传统物理服务器转型为使用虚拟化的云主机，从使用传统存储转型为使用云存储，资源利用率大幅提升，光服务器就为公司节省了上亿元的成本，且云主机可以秒级扩容，轻松解决之前 HC 普惠 App 进行"双十一"类似的活动推广时出现的流量激增问题。

2. 建设数据中台

上云只是第一步，利用云快速创新满足业务和监管才是王力最关心的。

王力参考阿里"大中台、小前台"的大中台架构，调整了技术中心的组织架构，使核心逻辑下沉，共享中台业务能力和数据能力。大中台包括业务中台和数据中台，在"业务中台"模式下，前端业务部门可以像搭积木一样调用平台上的产品技术模块，从而快速搭建新业务场景。而"数据中台"打破了不同业务部门之间的烟囱式 IT 架构，从而打通了数据孤岛，实现了"一切业务数据化"的目标，带来持续的高效创新。通过架构调整，最终达到快速支持前台业务创新和流程重组，同时保证了前台的一线业务更敏捷，可以更快速适应瞬息万变的市场和不断变化的监管需求，而中台则能够整合整个企业的数据能力和产品技术能力，对各个前台业务形成强有力的支撑。

3. 能力输出以交换数据

催收是风控核心的一环，很多中小信贷企业由于催收能力不足而倒闭，HC 在持续的运营中，积累了许多催收的经验，希望通过催收云对外输出金融科技，赋能中小型金融企业。在催收云的立项会议上，王力建议服务免费开放，只要用户授权使用数据就可以，HC 可以利用这些数据完善自身的催收，继续提升催收能力和风控能力。在催收云服务之后，HC 陆续提供了聚合支付、征信和记账等公有云 SaaS 服务，核心的目的都是获取更多的数据。

六、数据化——从经验决策到数据决策

完成线上化和云化之后，王力认为数据化的时机已经成熟，线上化和云化为大数据的发展提供了必需的计算资源和数据资源，HC 需要建设大数据提升风控能力，并驱动管理决策从之前的经验决策到数据决策。

1. 艰难的数据收集

大数据首先数据要"大"，仅仅依靠自有数据是不够的，还要通过各种手段获取外部数据。如在信贷流程中，反欺诈是重要的一环，用户体提交了人行征信报告、社保记录和信用卡等信息，信审人员很难通过用户提交的纸质材料辨别真伪。

数据的获取是一个基础辛苦的工作，如信用卡需要对接几十个银行的接口，社保、公积金和电信等要对接各个省市上百个接口。大数据部人数不多，高峰时一半以上的人在做数据获取工作，许多员工由于工作强度高，个人成长有限陆续离职，造成人力严重不足，技术中心要求每个部门必须抽调人力支持数据获取。除此之外，HC 也通过与专业的数据供应商进行合作，对平台现有的数据进行补充，加强平台的判断能力，先后与益博睿、同盾科技等企业达成战略合作，与这些企业的反欺诈数据库进行对接，完善整体数据体系。

2. 数据归属之争

经过大数据团队的努力，HC 积累了大量的数据，接下来开始计划如何利用数据和发掘数据价值。但是，HC 和数据相关的团队有三个，技术中心的大数据部和研究院，风控中心的数据架构部。三个部门都负责数据相关的工作，都有非常强的意愿做数据挖掘。

大数据部认为所有数据相关的工作都应该由大数据部做，数据是大数据部积累起来的，脏活和累活是大数据部干，有价值和有潜力的也应该大数据部干；研究院和普惠端业务合作比较多，认为数据是业务端带来的，业务团队建议由研究院分析，研究院擅长算法，可以把数据的价值最大化；数据架构部认为金融的核心是风控，他们对风控最了解，理应他们做。另外，部分风控相关的系统产生的数据保留在风控中心，并没有推送给技术中心，风控

中心却一直要求技术中心把风控相关的数据推送给他们。王力认为数据的场景很多，大数据部侧重工程，研究院侧重算法。技术中心内部相对好解决一些，技术中心和风控中心涉及跨中心，协调和沟通困难得多，在多次争论后，在战略中心的协调下勉强达成了一致，双方数据共享。

3. 数据模型之争

数据模型之争是数据归属之争的延续，只是故事的主角由三个变成了两个，分别是风控中心的数据架构部和技术中心的研究院，背后是两个中心之争，是主导权之争，互联网金融公司是代表互联网的技术中心主导，还是代表金融的风控中心主导？

以简单的信审为例，用户借款是否审核通过和审批多少额度应该用哪个中心的数据模型确定？风控中心负责人陈飞从事风控 20 多年，在美国多家大型银行担任过高管，推崇传统金融机构的风控模型，模型成熟稳定，且解释性强，有利于监管机构监管。技术中心负责人王力比较年轻，曾在百度等国内大型互联网企业担任过高管，推崇技术驱动的风控模型，尤其是通过机器学习不断学习和优化的模型。

目前风控相关业务的审批权限在风控中心，陈飞认为技术中心的模型需要长周期地运行和观察才能慢慢推广，风控中心需要谨慎审批。王力则认为，风控中心批贷数据太少，观察周期又长，短时间根本无法发挥技术的价值。最后，在高管会上决定，从行业环境分析，为了满足监管需求和保持业务稳定，目前以风控中心的模型为主，但先给技术中心的模型导入一批实际数据用于模型改进。

4. 数据应用开花结果

虽然一直纷争不断，但在王力和陈飞的推动下，各部门仍然在持续推进，取得了很多成果，大数据部依靠强大的工程能力建立了大数据征信，研究院凭借算法优势做出了大数据防"羊毛党"，数据架构部发挥风控特长完成了大数据反欺诈。

（1）大数据征信。从接触网贷行业开始，王力就一直认为征信是网贷行业发展的必需品。目前个人征信还处于初级发展阶段，征信体系以央行征信为主，截至 2017 年 11 月底，央行征信中心收录自然人信息 9.5 亿人，有贷款记录的约 4.8 亿人，央行个人征信的覆盖率在 50% 左右。征信是围绕数据展开，HC 尝试着通过自建和与同行共建两种方式建设征信。首先，HC 通过整合数据自建征信，数据包括用户的个人央行征信报告、信用卡、社保、电信等，通过大数据提升数据的多元性；其次，HC 和信贷行业同行共同构建基于区块链的联盟链，一期完成了黑名单的上链，通过数据共享提升反欺诈能力，并降低各自成本。

（2）大数据防"羊毛党"。随着互联网金融的飞速发展，催生了专门针对互联网金融平台的"羊毛党"，并且已经形成了完整的"黑色"产业链，他们掌握着大量互联网金融平台身份认证需要的身份证、手机号和银行卡等信息，发现有做活动的互联网金融平台就一起"薅羊毛"，平台投入了高额的推广费用，却没有带来真正的客户，许多互联网金融平台因此倒闭。面对日益猖獗的"羊毛党"，研究院利用大数据开发了防火墙，通过对每个用户的投放渠道、投放的转化率、复投率等指标进行综合分析，再根据用户是否反复更换手机和银行卡注册用户等信息识别"羊毛党"，从而有效打击了"羊毛党"。

（3）大数据反欺诈。现阶段，金融欺诈事件频发，很重要的原因就是现在金融机构所存储的账户信息是相互孤立的，难以进行有效地深度分析。风控中心引入了知识图谱解决欺诈问题，知识图谱作为关系的整合、联通以及表达解析方式，可以深入挖掘数据背后的关系用于反欺诈。比如说上百个用户使用同一个邮箱或者电话号码进行账户注册，知识图谱可以迅速有效地分析和发现这些复杂关系中存在的潜在风险。此外知识图谱还用于失联修复。

七、智能化——从人工到智能

云计算是基础设施、大数据是燃料、人工智能是发动机，联合驱动着"互联网的物理化"，将数字世界的互联网技术和商业模式又送回到物理世界，全面改变社会。

2018 年 1 月，HC 成立了聚焦前沿技术的研究院，王力亲自担任院长。在研究院的成立仪式上，王力特别强调了 ABCD 战略中的人工智能战略，研究院在人工智能等前沿技术的研究必须围绕金融场景展开，且必须是能落地的和有价值的探索，通用技术领域的图像识别、语音识别等方向优先使用第三方技术。

1. 数据驱动智能风控

风控中心的信审团队向陈飞反馈，通过数据分析发现，近期大部分欺诈来自中介，由于风控中心不断改进系统，普通人造假骗贷是很难通过信审的，但中介对各个网贷平台的流程和漏洞都比较熟悉，他们有专业的应对话术及包装，甚至形成了成熟的产业链。中介识别是个很有挑战的技术难题，陈飞希望技术中心王力给予支持，这个任务理所当然地又落到了研究院头上。研究院接到任务后立即对中介识别关键的声纹识别进行技术攻关，经过7天7夜的连续奋战，实现了 1∶50 万的声纹比对和异常模式挖掘在分钟级完成，准确性也达到了工业级的实用水平。

在声纹识别的基础上，研究院研发了智能信审，并将其他生物特征识别技术也应用于反欺诈，通过声纹识别判断是不是同一个人，通过活体识别判断是不是真实存在的客户，并引入微表情识别技术，通过远程视频实时抓取客户微小的表情变化，智能判断并提示欺诈风险，HC 也成为国内首家使用声纹识别有效打击不良中介的企业。

信审和催收是风控两个最重要的环节，智能信审上线之后，研究院又为风控中心研发了智能催收。王力介绍说，催收首先选择催收对象，通过智能催收系统的系统评分可以直观判断回款的难易程度，1～10 分的评分区间，1 最容易，10 最难，然后再通过人工反馈不断优化。HC 有 1000 人左右的催收团队，按每人每天打 200 通电话计算，每天就会有 20 万条的反馈数据，人和机器不断地交互，模型就会不断迭代，效果会越来越好。其次催收要提升效率，可以使用智能催收的自动外呼代替人工呼叫。

2. 数据驱动智能合规

2018 年下半年，伴随着经济下行和行业监管加剧，网贷行业剧烈震荡，许多大型平台出现违约，监管部门在北京海淀的西二旗召集北京的所有网贷公司开会，会上要求所有公司必须一周之内将所有的用户、债券和逾期等信息全部通过接口的形式上报国家信息安全中心，上报机构对数据的完整性和准确性负责，监管会通过大数据等监管科技进行核查，漏报、错报、超时都会被认定为不合规。

HC 依靠强大的数据能力和智能的检查算法，及时将数据上报国家安全中心，在合规检查的总结会议上，监管对 HC 的合规比较认可，与会的合规负责人张明也向监管汇报了内部合规的管理和监管科技的运用现状，特别汇报了技术中心开发的智能质检系统，智能质检可以分析客服和客户的聊天记录，一旦有暴力催收、禁言、透露公司相关信息等违规通话，公司会立即发现并采取相应措施。

同期随着网贷企业在美国上市，HC 的上市工作也进入了加速期。HC 上市是由 CFO 刘艳负责推进，美国资本市场的监管非常严格，刘艳协调了会计师事务所和律师事务所辅助公司上市，两家机构都提出了非常苛刻的内控要求，要求的数据非常多、非常细。刘艳尝试着将需求输入 ERP 系统，惊喜得到了大多数想要的数据和报表，两家机构对 HC 完备的数据非常惊讶也非常满意，得益于强大的数据能力，HC 的上市准备非常顺利，目前已经完成各项准备工作，等待资本的窗口期。

3. 数据驱动智能营销

同期，随着许多大型平台出现违约，投资人对网贷平台的信心直线下滑，出现了罕见的资金荒。这一幕对普惠负责人郝刚太熟悉了，感觉 2016 年的资金热仿佛就在昨天，当时 HC 每天只有约 2000 万元的资产额度，但每天新增的计划投资资金都过亿元，显然只有少数客户可以抢标成功。用户在抱怨，营销员工也在抱怨，最后把矛头都对准了技术中心，认为程序有问题，是技术中心利用规则在作弊。另外，淘宝上针对 HC 的抢标软件也是水涨船高，从 50 元一路卖到了 1000 元以上，后续技术中心使用了公开摇号程序，问题才有所缓解。

然今非昔比，普惠端和技术中心前不久合作上线了智能营销，可以利用数据预测动态调整业绩指标，实现资产和资金的智能匹配。除了智能匹配，智能营销系统在渠道和用户拓展方面效果也非常不错。

在渠道拓展方面，郝刚和王力亲自参加了大型渠道的商业沟通，合作的企业大大小小加起来超过 500 家，利用智能营销系统根据客户的转化以及逾期等数据对所有渠道进行量化评分，以此筛选出好的渠道。在用户拓展方面，智能营销系统利用大数据建立了用户画像，通过精准营销实现智能获客，并通过不断洞察用户习惯，优化改善用户体验，提高用户黏性及活跃度。

4. 数据驱动智能运营

同期，监管部门对网贷平台提出了降低业务规模、降低出借人人数和降低借款人人数的"三降"要求。在"三降"的背景下，财务负责人刘艳提出，不惜一切降低成本，在业务许可的情况下加大智能运营系统的使用。智能运营系统可以显著降低人工成本。以高度相关的客服和质检工作为例，运用智能客服和智能质检之后，替代了之前大量的人工工作，大幅降低了成本。除了节省成本外，智能客服和智能质检等智能程序都可以不断自我学习、自我迭代、越用越聪明。

智能运营系统还可以优化资源配置。以电销为例，智能运营系统机会为电销人员智能推送任务，缺资金时会优先推送投资销售任务，缺资产时会优先推送信贷销售任务，回款压力大时，"电销"直接变"电催"，实现柔性工作。

八、尾声

数字化是发展普惠金融的壁垒性竞争力，也是普惠金融的必经之路，跨越时间和空间的限制，降低金融服务的门槛，最终将普惠金融的包容性发挥得淋漓尽致。经历线上化、云化、数据化和智能化四个阶段实现数字化转型之后，HC的数据日趋完善，人员结构得到优化，风控能力、营销能力和运营能力大幅提升，创新和满足监管的能力也在增强。然而，行业监管越来越严，同时市场竞争也更加白热化，人工智能技术的运用提升了效率，但同时带来了新的监管问题，人工智能存在决策黑盒，有些场景无法满足监管的可解释性要求。HC如何继续推进数字化进程，实现科技引领，王力又陷入了新的思考中……

案例分析

一、HC 公司进行数字化转型的行业背景和公司背景

金融科技是指技术带来的金融创新，其基于大数据、云计算、人工智能、区块链等一系列技术创新，已经全面应用于支付清算、借贷融资、财富

管理、零售银行、保险、交易结算等六大金融领域，是金融业未来的主流趋势。它能创造新的模式、业务、流程与产品，既可以包括前端产业也包含后台技术。以大数据、云计算、人工智能、区块链以及移动互联为引领的新的工业革命与科技革命，导致金融学科的边界、研究范式不断被打破和被重构。科技深刻地改变了金融业态，并开始成为未来金融发展的制高点。

互联网金融是指借助于互联网技术、移动通信技术实现资金融通、支付和信息中介等业务的新兴金融模式，既不同于商业银行间接融资，也不同于资本市场直接融资的融资模式。互联网金融包括三种基本的企业组织形式：网络小贷公司、第三方支付公司以及金融中介公司。当前商业银行普遍推广的电子银行、网上银行、手机银行等也属于此类范畴。互联网金融是传统金融行业与互联网精神相结合的新兴领域。其发展速度快和人们的生活息息相关。互联网金融与传统金融的区别不仅仅在于金融业务所采用的媒介不同，更重要的在于金融参与者通过互联网、移动互联网等工具，使得传统金融业务具备透明度更强、参与度更高、协作性更好、中间成本更低、操作上更便捷等一系列特征。

当前我国金融科技主要包括互联网和移动支付、网络信贷、智能金融理财服务以及区块链技术等四个方面。本案例中的 HC 公司是一家互联网金融中介公司，主要为客户提供信息收集、信息公布、资信评估等服务，透明度高，操作性强。作为新金融的实践者，HC 公司不断进行金融创新，并取得了很多创新性的成果，包括利用人脸识别、语音识别等技术打击网络欺诈行为；利用并行计算和大规模流式计算技术提高数据指标分析效率，节约时间成本等。

二、HC 公司进行数字化转型的原因

在动态化和复杂化的经营环境下，企业的战略变化已成为应对内外部条件变化，获得持续发展能力的重要手段。企业战略转型是变化程度最大的战略变化。企业战略转型是指企业长期经营方向、运营模式及其相应的组织方式、资源配置方式的整体性转变，是企业重新塑造竞争优势、提升社会价值，达到新的企业形态的过程。企业的战略发展过程就是不断对内外条件变化进行动态平衡的过程。当企业外部环境尤其是所从事行业的业态发生较大

变化时，或当企业步入新的成长阶段需要对生产经营与管理模式进行战略调整时，或以上两者兼有时，企业必须对内外条件的变化进行战略平衡，选择新的生存与成长模式，即推动企业发展模式的战略转型。

企业战略转型主要包括以下内容：（1）战略转型方向识别。战略转型方向的识别包括业务方向的识别和业务运作战略的制定。其中业务方向的识别是指，基于产业的吸引力和企业自身的资源优势选择适合自己的业务领域。业务运作战略则包括三种截然不同的战略制定方式：产业或行业定位型战略；基于资源或者关键资源或能力的战略；以迅速和有效把握市场机会为目的的战略。（2）企业战略转型时机。企业战略转型时机分为两大类，即非危机状态下的转型和危机状态下的转型。非危机状态下的转型，又称前瞻性转型。它指环境的变化虽然暂时没有危及企业的生存，但却造成了潜在的、严重的危机，在此形势下企业提前进行的战略转型。危机状态下的转型，是指企业经营业绩急剧下降，或者因财务岌岌可危，企业已经存在有形的可感觉到的危机，或面临严重危机，在此形势下，企业被迫进行的战略转型。

传统金融企业要结合行业背景和自身特征，发挥自身优势，选择适合自己的战略路径，以应对金融发展的挑战。HC公司作为互联网金融领域的龙头企业，抓住早期市场爆发的机遇，快速开拓线下店面，取得了较好的成果。但因经营不善导致业绩下滑，公司处境十分困难。行业背景和公司特征联合决定了HC公司要想实现更加长足的发展，必须依靠技术，金融需要通过科技来提升能力。因此HC公司决定实施科技化战略。数字化转型是科技化战略的必然结果。因此实行数字化转型是基于产业或行业定位型战略，是业务运作战略的制定。

目前全球金融都处在强监管、严监管背景下，国内随着互联网金融行业专项整治的推进，互联网金融企业也承受着较大的政策风险、行业风险和市场风险。行业快速发展的同时，风险也快速增加。2015年12月8日爆发了负面影响巨大的"E租宝事件"，行业监管加强，自2016年6月以来，全国正常运营网贷平台数量呈下降趋势，截至2017年10月底，网贷行业正常运营平台数量下降1874家，从2014年到2016年，广东省每年就有一百多家网贷平台退出行业。

HC 公司在遭遇监管部门审查和经营不善等导致业绩断崖式下降的时期选择实施科技化战略进行数字化转型，这属于危机状态下的战略转型。

三、HC 公司在数字化转型中的资源和核心能力

资源能力理论是指通过分析企业的资源和能力制定并实施战略，使企业获得持续的竞争优势。其中，资源方面参考资源观的 VRIO 模型。该理论最早由杰恩·巴尼（1991）提出，其核心思想是企业的竞争优势的获取不仅受到企业外部经营环境的影响，更依赖于企业如何识别利用内部独特的资源。管理人员对资源能力的识别基于以下 4 个维度，即 VRIO 模型。（1）有价值性（Valuable），只有资源能使企业构建或实施改善其效率和效果的战略，且有助于企业利用机会或平衡风险，它们才是有价值的；（2）稀缺性（Rare），即只有当一个企业在实施价值创造战略，而同时其他许多企业无法采取此战略才能带来竞争优势；（3）不完全模仿性（Imperfectly imitate）和不可替代性（Non-substitutable），由于独特的历史条件、原因不明、社会复杂性等原因而导致竞争对手无法模仿，以及不易被相似的资源，或者极大差异性的企业资源所替代；（4）组织（Organization），其他企业政策和程序也是为支持企业利用有价值的、稀缺的、难以模仿的资源而组织。

能力方面基于普拉哈拉德和哈默（1990）提出的"核心能力"理论。他们认为，核心能力是使企业提供附加价值给客户的一组独特的技能和基础。企业识别核心能力有以下 3 个标准：（1）一种核心能力提供进入许多产品市场的可能性；（2）一种核心能力对终端产品的顾客提供明显的使用价值；（3）应该使竞争者难以模仿，竞争者可能会获得构成核心能力的某些技术，但却难以复制有关组织内部的协调和学习的整体形势。由此可见，核心能力并不是个别的技术，而是把一个组织所拥有的各种技术和能力协调、整合的能力，具有动态色彩。

HC 公司作为互联网金融企业，在"互联网＋"的行业背景下开展信息收集、信息公布、信息交互等业务，并取得不小的成果。这些业务为 HC 公司积累了丰富的数据资源，是 HC 公司区别于其他企业的重要优势，也为 HC 公司的数字化转型进行铺垫。HC 公司的数字化转型经历了四个阶段，分别是：线上化、云化、数据化和智能化。这四个阶段在数据资源的驱动下

层层推进，提升营销、风控、运营等能力，最终成功实现数字化转型，帮助公司摆脱困境。四个阶段之间的关系如图1所示。

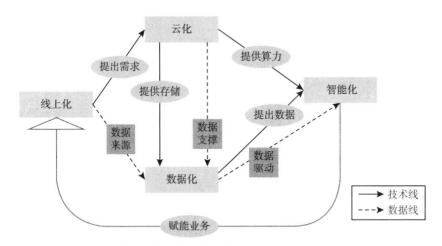

图1　数字化转型过程中各阶段内在关系

在线上化阶段，HC公司从线下到线上转型，利用App获取了业务流程全数据，将线上数据和线下数据打通，形成了一套独特的"平台+服务网点"的O2O风控体系，并且将历史数据也线上化，既为积累数据资源奠定了良好的基础，也为HC公司和客户带来了更多便利，促进了营销能力的提升。

在云化阶段，HC公司实现了从传统IT向云转型，通过建设数据中心和数据中台打通数据壁垒，并且通过自有云平台建设使传统的物理服务器转型为使用虚拟化的云主机和云存储，资源利用率和效率大幅提升。在业务上，云化之后需求响应比较快，可以应对突发流量以满足推广需要，大大提升了运营能力。

线上化和云化为数据资源更好地发挥作用提供了必要的计算资源和硬件基础，也驱动着管理决策从之前的经验决策到数据决策。数据化包括数据收集、数据处理和数据应用三部分，业务上通过主观经验判断到凭借数据资源决策的深层转型，促使运营能力大幅提升；从数据共享到数据应用，数据成为企业的核心资源，大数据征信、大数据防"羊毛党"、大数据反欺诈使得

HC 公司通过大数据风控大幅提升了风控能力。

在智能化阶段，数据资源的优势更为明显。之前的云化和数据化为智能化提供了必要条件，云化和数据化之后，HC 尝试业务全流程的智能化，开始使用人脸识别、语音识别、智能信审、智能质检等技术提升业务的安全性，同时通过研发业务机器人在许多业务环节上取代人工，全面提升了公司的营销能力、运营能力和风控能力。

综上所述，HC 公司数字化转型的四个阶段结合 VRIO 模型，HC 公司的数据资源为数字化转型提供基础，提升了公司能力，符合有价值性；数据资源作为核心资源，是企业长期业务积累的成果，相对于其他企业具有优势，符合稀缺性；数字化的不同阶段分别侧重不同的方面，但循序渐进，环环相扣，全面提升了该公司的营销、运营和风控能力，同时保证 HC 公司在强监管环境下平稳运行，符合组织性，且难以被其他企业模仿。

四、HC 公司实施数字化转型的过程和影响

数字化转型是指利用云计算、大数据、物联网、移动互联和人工智能等新一代信息技术，构建数据采集、传输、存储、处理和反馈的闭环，打通不同层级与不同行业间的数据壁垒，提高行业整体的运行效率，构建全新的数字经济体系。数字化转型应用将使 IT 系统快速迭代，优化了生产过程、提高了服务质量和效率、增加了传统产业的价值。具体而言，数字化转型带来的业务升级包括以下 3 个方面。（1）"转换"：从传统的信息技术承载的数字转变成"新一代 IT 技术"的数字，实现技术应用的升级；（2）"融合"：从实体状态的过程转变成信息系统中的数字、从物理形态的数字转变成虚拟形态的数字，打通全方位、全过程、全领域的数据实时流动与共享，实现信息技术与业务管理的真正融合；（3）"重构"：适应互联网时代和智能时代的需要，基于数字化实现精准运营的基础上，加快传统业态下的设计、研发、生产、运营、管理等过程的变革与重构。

HC 公司数字化转型之路主要分为四个阶段：线上化、云化、数据化和智能化（见图 2）。

从图 2 可以看出，线上化创造流量、云计算是基础设施、大数据是燃料、人工智能是发动机，在四项数字化转型的举措下，HC 公司实现了"物

理世界的网络化"，又驱动着"互联网的物理化"，将数字世界的互联网技术和商业模式与物理世界的生产、经营、运营、管理等全面融合，推动互联网金融企业朝着更加高层次的方向迈进。

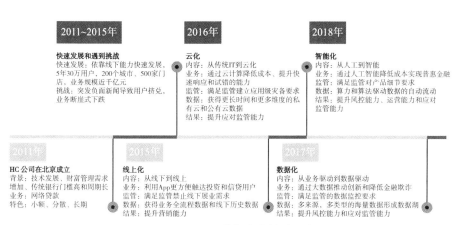

图2 HC公司的数字化转型之路

五、政府监管对 HC 公司的数字化转型的作用

金融风险控制论源自"金融不稳定假说"，认为银行的利润最大化目标促使其系统内增加有风险的活动，导致系统内的内在不稳定性。这种不稳定性来源于银行的高负债经营、借短放长和部分准备金制度。银行经营的是金融资产，这使得各金融机构之间的联系非常密切，而各种金融资产的可流通性又使得银行体系有着系统风险和风险的传导性，"多米诺骨牌效应"容易在金融体系中出现，所以金融业比其他行业具有更大的脆弱性和不稳定性。因此，通过金融监管控制金融体系系统风险显得异常重要。

在互联网金融领域，监管从无到有，一直在不断变化中，而且趋向于强监管。随着以大数据、云计算、人工智能、区块链技术为代表的新兴信息科技的迅猛发展，科技已经开始向社会生产、公众生活的各个领域渗透。当科技（Technology）与金融监管（Financial Regulation）深度融合时，监管科技（RegTech）开始逐渐进入金融监管机构和金融机构的视野。不同机构对于监管科技的定义基本达成一致共识，即通过科技手段，服务监管需求、提高监管效率。在本案例中，监管要求伴随着 HC 公司数字化转型的每一个阶段，如表 1 所示。

表 1 监管要求及应对措施一览表

阶段	监管要求	应对方案
线上化	监管要求不得在线下开展业务	（1）组织架构调整，加强线上运营和推广团队，从以前依靠线下门店人员推广获得理财和借款用户，变为依靠线上推广获客，线下不开展业务，只提供咨询。（2）业务流程线上化。（3）为投资借款用户和公司内部研发 App
云化	监管要求建立应用级灾备，核心数据保存 10 年以上	技术上，从传统 IT 向云转型，建立自有云，从传统的使用物理服务器转型为使用虚拟化的云主机和云存储，所有数据存储到云空间
数据化	金融安全要求	（1）获取数据。数据获取有自有数据、合作数据和公开数据。（2）运用数据。通过大数据平台和知识图谱提供给外部系统和用户使用。通过大数据推动金融创新和降低金融欺诈
智能化	在监管完全落地之前，限制交易规模和人数	（1）通过人工智能提升运营能力。研发机器人，完成客服、贷后管理、质检等工作，之前许多需要人工完成的工作逐渐使用人工智能技术替代，实现智能化。（2）通过人工智能提升风控能力。通过人脸识别、语言识别、语音识别、微表情识别提高生物识别能力。（3）通过人工智能提升营销能力。通过大数据建立用户画像，应用标签传播、数据发现等，通过用户之间的网络关系，以及相关性和关键节点定位潜在客户，相应地进行精准营销实现智能获客。另外，还可通过洞察用户习惯，优化改善用户体验，提高用户黏性及活跃度

六、互联网环境下，推动金融企业数字化转型的可持续发展措施

目前各个行业都受到科技创新的冲击。在技术进步、数据爆炸、行业监管日益严格等因素的共同作用下，数据资源对于各个公司的重要性不言而喻，因此数字化转型是许多金融企业都必须选择的发展方向。

金融企业要实现可持续发展需要做到以下 3 点。（1）把合规放在首位。首先提前为合规做准备，需要深入理解监管对行业的要求，合规越早，成本越低；其次要处理好创新和监管的矛盾，和用户、监管机构等一起合作，在充分考虑经济风险和社会风险的前提下进行风险可控的创新。（2）科技化

持续进行。企业需要结合自身实际情况，引入新技术，保持技术的先进性，推动企业的数字化进程。（3）持续获取数据资源。企业的数字化进程要牢牢立足于数据资源这个独一无二的企业优势，然后通过相应的措施持续提升核心能力，从而保障企业的可持续健康发展。

产品与服务的数字化创新

在数字经济时代，产品和服务的数字化创新成为企业竞争的关键。通过数字化技术，企业可以实现产品的智能化和服务的个性化，提升客户体验和市场竞争力。物联网、大数据、人工智能等技术的发展，为产品和服务的创新，实现动态、高效的产品与市场匹配提供了新的思路、方法、工具。企业如何利用这些技术，实现产品和服务的创新，以把握市场新趋势，成为许多企业赢得竞争的"关键一击"。

本书第二章精选了两个具有代表性的企业案例，分别展示了不同类型企业在产品和服务数字化创新方面的成功实践：小米公司案例探讨了如何通过物联网技术构建智能产品生态系统，实现产品的智能互联，通过数字技术，企业可以构建智能产品生态系统，实现产品的互联互通，提升用户体验；LD酒业案例分析了企业家由个人品牌打造转化的企业服务如何为企业创造商业价值，推动企业的数字化营销。一系列创新的企业服务可以为企业的数字化营销带来巨大的商业价值，增强市场竞争力。

面对多变的竞争环境，企业必须持续探索新产品和新服务。企业一方面希望能生产标准化的成熟产品以减少相关成本，另一方面又需要应对客户越来越多样化的个性化新需求。数字技术是推动产品和服务创新，解决这一悖论难题的关键因素。其不仅能够增强现有产品和服务的竞争力，还能为企业开拓新的产品和服务机会，从而支撑企业的长期可持续发展。

小米公司：物联网时代，如何
实现生态链产品的智能互联*

 **案例正文**

伴随数字技术、人工智能、物联网等新一代技术革命，产品这一商业社会最基本元素正在被重新定义，由机械和电子部件组成的传统产品，已进化为由硬件、传感器、软件和微处理器组成的产品复杂系统，借助数据与连接装置的迷你化技术创新，开启了"智能互联产品"的竞争新时代。

智能互联产品是物联网时代的产物，在物理连接和虚拟连接的数量上呈现爆发性增长，正引领人类社会走向全面连接的新世界。创立于 2010 年的北京小米科技有限责任公司（以下简称小米）在首届（2017 年）小米物联网（Internet of Things，IoT）开发者大会上宣布："小米 IoT 平台联网设备超过 8500 万台，日活设备超过 1000 万台，成为全球最大的智能互联硬件 IoT 平台"。截至 2021 年，小米成为全球第二大智能手机制造商，以手机为核心向外辐射孵化超 290 家生态链企业，合作伙伴超 400 家，拥有全球最大的消费级 IoT 平台。

在物联网时代，小米是如何定义手机产品的？又是如何让生态链产品之间智能互联的？小米构建的智能互联产品体系，一方面呈现一幅产品互联、人机共存的和谐画面；另一方面，长大后的生态链企业也存在着自建品牌、独立单飞，并与小米生态链产品竞争的现象，小米又该如何管理智能互联产品体系呢？

一、定义产品，为发烧友而生

2007 年，iPhone、HTC、三星等企业的迅速崛起，拉开了传统互联网向

---

* 本案例笔者根据小米公司提供的资料编写。本案例由欧阳桃花、曹鑫、龚克、黄江明编写完成。本案例正文收录于清华经管学院·中国工商管理案例库，版权归清华大学经济管理学院所有。作者或版权方无意说明企业成败及其管理措施的对错。

移动互联网转型、功能手机向智能手机转型的序幕。2010 年，国内智能手机市场主要有两种生态：一是高价格高性能，如苹果和三星；二是低价格低性能，如酷派等国产安卓机以及众多山寨机。iPhone4 的流行开始把 3.5 英寸屏幕的风潮吹向中国，然而市面上可选择的触屏类智能手机并不多，庞大的市场缺口下，需要有企业去填补。对此，2010 年 4 月 6 日，8 位联合创始人一起正式成立小米，目标群体定位于手机极客发烧友。

小米进入手机市场前，着力研发基于安卓系统的 MIUI 手机操作系统。2011 年 7 月，基于 MIUI 用户基础，小米发布了第一款手机—MI1。之后，又推出了 MI2 和 MI3 机型，并基于手机开发出了米聊 App，搭建了电商平台。2014 年小米手机销量位居全国第一，实现营收 743 亿元。MIUI、手机、米聊 App 和电商成为小米的四大主营业务。

二、"高性价比"产品定位遭遇挑战

2015 年成为小米发展的分水岭。小米高性价比、低利润率的产品策略与互联网销售模式，遇到了瓶颈。VIVO、OPPO 等主要竞争对手，也采用低价竞争策略，同时模仿小米的互联网营销和粉丝模式，再凭借其密集的线下渠道与网点，迅速占领三、四线的市场。小米所擅长的互联网营销模式遭遇正面挑战，再加上小米供应链不完善，导致新机型供货延迟，大量"米粉"转购其他品牌手机。2015 年小米手机仅销售 7000 万台，没有达到 8000 万至 1 亿台的计划目标。2016 年小米手机销量进一步下滑至 4150 万台，同比下降 36%，全国销量排名从第一落至第五。

由此，小米手机引以为豪的"高性价比"产品定位陷入僵局。

三、寻求突破，MIX 问世

面对僵局，小米开始研发高端手机产品，寻求占领中高端市场。小米采用"两条腿走路、小步快跑"的策略。一方面，在数字系列产品开发上，小步快跑、迭代创新，如发布了 MI4、MI5、MI6 等机型，通过规模化保持市场占有率；另一方面，探索 MIX 全新产品系列，发布了小米 MIX、MIX2 等先进机型，彰显科技公司定位，进军高端市场。

2016 年秋季，小米正式发布 MIX。2017 年 4 月，小米发布 MI6。2018

年 3 月，小米 MIX 2S 发布，将小米旗下的人工智能语音虚拟助手"小爱同学"融入小米手机，实现用户语音控制产品。2018 年 5 月，小米推出了众多黑科技加持的 MI8，尤其在屏幕、拍照功能上进行升级，给用户带来智能化体验。2020 年，小米成立十周年，推出"MI10"和"MI10Pro"。

四、智能产品互联：构建生态链

1. 小米模式，路在何方

智能手机市场经历了几年高速增长后开始停滞不前，而物联网领域经过数年的培育，开始呈现繁荣迹象。智能硬件万物互联是大势所趋，雷军认为小米需要丰富产品种类。2014 年 1 月，小米成立生态链部门，以"投资 + 孵化"模式布局生态链产品，从手机等核心产品逐渐形成三个产品圈层：（1）手机周边产品圈层，如耳机、移动电源等；（2）智能硬件圈层，如无人机、电饭煲、平衡车等产品；（3）基于"米粉"发展的生活耗材圈，满足消费升级需求。

为了提高"投资 + 孵化"模式的成功概率，小米将在手机产品研发中积累的打造"爆品"经验和方法论复制到生态链产品的孵化上，主要聚焦以下三点。（1）大众产品高质化。如孵化小米插线板产品，传统插线板里松松垮垮的飞线，降低了用户安全感，小米插线板内部则用一次铸成的铜带，节省内部空间，外观简洁精致，均匀分配的插孔和凸显质感的白色主体摆在桌上如艺术品一般。（2）80% - 80% 原则。如孵化小米手环，产品经理只保留 80% 用户最看重的 80% 功能即计步、监测睡眠、计算卡路里、来电提醒等刚需，再通过解锁手机的功能提高用户黏性，使小众产品大众化。（3）战略寓于产品之中。如小米移动电源，通过低价占领市场，再开发移动电源附加产品，即插在移动电源上的小电扇和 LED 灯，实现产品间的引流，从而赚取利润。小米使移动电源成为元产品，具有更强的连接性和衍生性。

2. 万物可联，如何连接

小米以"投资 + 孵化"的生态链模式，进入众多的智能硬件产品领域。"连接和智能"成为智能硬件产品的发展方向，小米如何让庞大的产品种类之间产生连接并智能呢？小米面临以下三个方面挑战。（1）传统产品功能有限，难以产生用户数据。（2）大量数据难以储存、分析和管理。（3）产品之间无法连接，数据无法流动与形成闭环。

面对上述难题，互联网企业与智能硬件企业都没有一个清晰的破解思路。小米自 2013 年起，虽然致力于解决智能硬件之间的连接问题，但是万物互联的本质是什么？小米是开发智能硬件的互联产品还是构建 IoT 平台？

2014 年初，曾在腾讯工作的小米路由器部门负责人高主任在无数次试错后，发现物联网不应该做硬件本身，而是做一个平台，通过开放平台入口，将标准应用于现有的硬件厂商。顺着这个思路，高主任团队调研了众多家电厂商，发现厂商在硬件领域有深厚的积累，但软件和系统方面没有基因，这更加坚定了高主任"做一套系统，让硬件厂商直接使用，通过这套系统实现万物互联"的决心。经过反复测试后，他成功地实现将用户数据报协议（User Datagram Protocol，UDP）的操作系统写入芯片上，智能硬件嵌入该芯片就可以实现万物互联。

在 2014 年 3 月，高主任和 5 名工程师成立 IoT 部门，开始了 IoT 商业合作的探索。最终选择小米生态链智米空气净化器作为第一家嵌入 IoT 模组的产品。小米生态链部门也要求，生态链企业能联网的一定要联网。更进一步，小米开发"米家 App"作为智能互联产品的控制中枢，用户通过手机便实现统一控制，并根据数据对用户进行画像，从而构建从产品智能化接入、众筹孵化、电商接入、触达用户、控制分享的完整生态闭环。由此，初步实现了生态链产品的智能互联，具体体现为：

首先，产品开发与连接。一方面，小米已经通过生态链的方式对硬件进行投资，并开发了近百种产品，扩大产品范围。另一方面，小米相继推出了标准化 Wi-Fi 模组、蓝牙模组以及 Zigbee 等连接模组，并将价格降至 9.9 元，智能硬件通过嵌入模组，实现万物互联。

其次，储存与共享数据。IoT 模组的嵌入实现产品连接和数据流动，为了储存数据，2014 年 11 月，上线小米生态云，企业或开发者通过自身智能硬件嵌入小米的连接模组或者以自有云接入小米生态云的两种方式，接入小米 IoT 平台，与其他产品互联互动。大量智能设备的接入，促进小米与生态链企业储存和共享各个产品生成的所有数据。

最后，优化产品功能。2014 年，小米投资绿米开发智能家居智能模块套装，以小米多功能网关为中心，通过 Zigbee 协议及 Wi-Fi 网络，搭配人体传感器、门窗传感器和无线开关进行智能控制，嵌入该模块不仅可以实现产品智能化还可以与其他智能设备联通。2019 年 4 月，小米投资的松果电子分拆组建新公司南京大鱼半导体，专注 AI 和 IoT 芯片，实现产品智能化。如"华米"手环嵌入 IoT 芯片与小米手机配合使用，可以收集用户脉搏和步数等数据，并将数据发送到小米手机中，从而监测用户行为并形成相关用户服务方案。

截至 2017 年 11 月，小米 IoT 平台已接入智能硬件 8500 万台，5 个设备以上用户超过 300 万人，成为全球最大的智能硬件平台。这阶段形成的智能互联产品系统，不仅打造智能互联产品，还通过单品连接和物物联动的方式，将离散产品的功能扩展到一系列解决方案的系统集成，以优化整体性能，从而满足用户更广泛的潜在需求。

3. 智能互联，新的场景

2018 年前后，各大互联网领军企业开始深入布局 AIoT 业务。AIoT 即"AI 人工智能 + IoT 物联网"，是人工智能和物联网应用的融合。在小米设想的智能互联场景中，从 IoT 到 AIoT 的变革重点包括三个层面：首先，交互方式由传统的按键、触屏升级为声音、动作等更贴近人类交互的方式；其次，智能硬件由单个设备向多个智能设备联动升级；最后，由物物相联升级为以人为中心的智能场景互联。

然而，以手机为核心连接产品的小米却面临诸多挑战：第一，手机有形载体和触屏方式已逐渐被淘汰，急需更加便捷的控制方式；第二，生态链产品范围有限，无法覆盖用户全部生活所需，需要丰富产品品类；第三，相较于深耕多年的专业化人工智能公司，小米人工智能技术仅局限于手机应用场景，研发新的应用场景技术又要耗费巨大的人力物力；第四，随着智能家居体系的完善，To C 领域产品已经相对饱和，需要企业跨领域寻找新的增长点。

为了应对 AIoT 时代的挑战，探索出更多新的产品应用场景，小米有了以下行动。

（1）探索新的物联网入口的应用场景。2017 年 7 月，为了进一步解放用户双手，小米发布首款人工智能战略级产品——小米 AI 音箱（也被称为

"小爱同学"），作为虚拟智能设备控制中心，与小米产品构成小米智能家居生态网。

（2）内部资源的开放。2017 年 11 月，雷军宣布了小米物联网开发者计划，决定 AI 赋能平台，与其他企业合作打造庞大的物联网体系。于是，小米全面开放智能硬件接入、智能硬件控制、自动化场景、AI 技术和新零售渠道等小米特色资源，推出了 Wi-Fi 模组、蓝牙模组以及蓝牙 + Wi-Fi 双模模组，帮助第三方品牌产品与小米 IoT 产品实现联动融合。此外，小米专门成立了人工智能部、大数据部、云平台部，加强数据间的内在联系，保证数据的独立性、完整性和安全性，减少冗余数据，提高了数据共享程度和数据管理效率。

（3）AI 战略合作伙伴的引入。2018 年，小米宣布"手机 + AIoT"双引擎战略，与百度达成战略合作，探索人工智能产品新形态。两者一拍即合，强强联合，在语音技术、深度学习技术、自然语言交互、计算机视觉等展开深度合作，把场景连接得更好，从而给用户带来更多的体验创新。

小米在 AIoT 布局后，积极探索从 To C 到 To B 的应用场景，寻找新的增长点。2018 年 12 月，小米与宜家合作，宜家的全系智能照明产品将接入小米 IoT 平台，通过米家 App 以及智能音箱"小爱同学"控制，就此开始了小米智能互联产品进军 To B 领域的新篇章。2018 年 12 月，小米和全季酒店合作推出智慧酒店，采用全套小米 AIoT 设备，通过"小爱同学"控制场景联动。除了房间场景外，小米还开始进军汽车领域，与理想 ONE 汽车合作，"小爱同学"打造车内语音交互环境，实现人机交互、物物联动，如乘客可以在车里继续看昨晚在家看的电视剧，实现车和家的连接。

2020 年，小米 AIoT 平台已连接设备数达到 3.25 亿台，拥有五件及以上 IoT 产品使用者数量增加至 620 万人。小米通过与生态链企业以及合作企业产品的万物智联，实现各个生活场景联动。

五、生态链企业产品的嵌入

小米生态链企业贝医生创建于 2016 年，专注为用户提供高品质的口腔类护理产品。创始人章总原为联想集团的主任设计师，曾主持设计 2008 年北京奥运火炬。2016 年他决定借助小米生态链平台创业，组建了跨界的 4

人创业团队。团队成员分别来自联想、富士康、飞利浦、联合利华，分别从事 IT、手机、小家电与日化等不同专业领域。

1. 赛道再定义

伴随消费升级，大家一定会重视口腔护理。贝医生通过市场分析，发现口腔产品的市场由三部分构成：①传统的存量市场，比如手动牙刷、牙膏，全国有近 400 亿元的规模。其中，手动牙刷 100 亿元，牙膏 300 亿元。②增量市场，以电动牙刷为代表产品。中国电动牙刷市场渗透率不到 5%，而欧美高达 40%～50%。③市场潜力巨大的口腔医疗保健市场。

章总以手动牙刷为切入点，重新定义产品。他遵循小米的产品定义方法，即小众产品大众化，大众产品品质化，回到产品的原点创新。章总通过与用户的沟通调研，发现 80% 以上的用户关注的是刷丝，刷丝是牙刷的核心。很多厂商选用较低成本的尼龙丝做刷丝，对牙刷的开发理解为好看的外观和造型。而贝医生用准医疗的态度，选用日本东丽的超细软毛作为刷丝，尖端细达 0.01 毫米，可深入牙龈沟、清除牙菌斑。产品研发阶段，贝医生遵循大众产品精品化的原则，关注细节。产品雏形用户测试阶段，贝医生用"米粉"的资源，做了七轮用户测试，并对造型、刷毛布局进行七次大的调整，中间小的调整不计其数。请用户参与产品研发测试、体验过程。产品批量生产阶段，贝医生选择国际知名的并有同样价值观的生产商进行代工生产。面向"米粉"群，贝医生通过"小米之家"的线下实体店和"小米有品"等线上渠道进行市场投放，七天卖了 24 万支。第一款电动牙刷 2018 年众筹上市，两周卖出 10 万支，成为当年销量第一的小米众筹产品。

2019 年，贝医生成立 DR. BEI 口腔研究实验室，建立亚洲口腔数据中心，并与中国家电协会一起制定电动牙刷行业性能标准，成为电动牙刷行业标准制定单位之一。成立 4 年间，贝医生手动牙刷累计销售超过 2000 万支，电动牙刷超过 300 万支，公司营收以每年 3～4 倍的速度在增长。

2. AI 音箱与贝医生牙刷的互联

随着人工智能时代的到来，硬件智能化、连接化成为大势所趋。贝医生发现市场上很多电动牙刷都有 App，但通过后台数据分析，这些 App 打开率非常低，第一次可能有百分之几，第二次仅有百分之零点几，第三次几乎没有用户打开。章总通过调研发现，标准电动刷牙需要 2 分半到 3 分钟，大家在刷牙的两三分钟时间内是非常枯燥无聊的。于是，贝医生决定与小米 AI 音箱联合开发一款电动儿童牙刷。牙刷底座不仅可以无线充电，还是一款 AI 音箱，能够远程连接"小爱同学"。小朋友可以一边刷牙一边听故事。这样既为产品提供增值体验，也为第三方—内容提供方创造应用机会。在此基础上，贝医生把此功能复制与延伸到成人电动刷牙的场景。用户早晨刷牙，可以根据需要，收听一段天气预报、新闻、音乐等。由此，用户、智能产品、小米平台、内容提供方连接到一起成为智能互联产品体系。目前，贝医生与凯叔讲故事、喜马拉雅等内容提供方达成合作，致力于提供用户所需要的内容。

六、小米生态链模式成效与挑战

小米依托"投资＋孵化"生态链模式，经过几年的快速发展，小米生态链企业超过 290 家，总市值超过 1000 亿元。小米虽然投资了众多生态链企业，却不拥有控制权，各公司都是独立的个体，小米和生态链企业更多是利益上的合作关系。小米通过生态链企业所生产的消费类产品接入小米的物联网平台，将更多产品变成其平台的终端；而小米生态链企业则"背靠大树好乘凉"，分享小米品牌的用户流量、外观设计、供应链体系以及线上线下渠道等。

小米生态链模式一路高歌猛进的同时，也面临一些挑战。首先，一荣俱荣、一损俱损。小米通过创新的生态链打法，搭建了一套互通共用的物联网平台，并且开放了自己的渠道、品牌、产品设计等资源，数年间扶持了数百个生态链企业，推出了手环、电源、笔记本、平衡车等产品，共同组成了小米智能互联产品生态。伴随生态链企业数量与规模扩大后，低毛利这种打法在产品品类到达一定数量后，可能诱发产品质量问题的发生。

其次，长大后的生态链企业渴望独立单飞。一般来说，当单一产品到达中等规模和实现比较高的市场占有率后，生态链公司一般会自建品牌。

例如，2013 年底小米投资孵化的华米科技，通过嵌入小米平台，其营收和净利润保持高速增长，并于 2018 年成功登陆纽交所，2020 年成为全球前五大穿戴企业。然而，随着小米 IoT 布局的不断拓展，小米的生态链产品也与华米科技的产品重合度不断加深，同时，面对智能可穿戴市场的红海，为了提升品牌竞争力，华米于 2015 年 9 月发布了新品牌 Amazfit 和新品 Amazfit 手环。目前，华米一方面生产小米手环，另一方面又自建手环品牌，而华米生产的小米手环和自有 Amazfit 手环，在市场成为竞争产品。无独有偶，2014 年成立的石头科技，借助智能家居产业东风、小米资源和初期算法优势，在扫地机器人产品领域占有一席之地，并于 2020 年上市。早期，石头科技主要以代工的方式为小米生产扫地机器人，而小米则利用自身的流量进行贴牌销售，2014 年米家定制品牌产品实现的销售收入占石头科技营业收入 98.58%。然而小米"高性价比"模式，削弱了生态链企业的盈利能力，石头科技开始自建品牌寻求新的增长点。目前，石头科技推出了一系列自有品牌产品"石头""小瓦"，根据石头科技 2020 年半年报，2020年 1～6 月，公司自有品牌扫地机器人实现销售收入占比已经提升至83.62%。面对石头科技的渐行渐远，小米也成立项目组正式研发仿生四足机器人……

　　未来，小米作为智能互联产品生态系统的架构者，该如何管理智能互联系统，并与智能互联产品生态的物种协同发展呢？

一、小米对手机产品和生态链产品的定义

1. 定义手机产品

杰西·詹姆斯·加勒特（Jesse James Garret）在其《用户体验要素：以用户为中心的产品设计》一书中，基于 Web 产品设计实践，提炼出了一套系统定义产品的方法论。具体而言，从战略层、范围层、结构层、框架层和表现层五个层面，从抽象到具体，系统定义设计产品。该套方法被广泛应用于除软件产品设计之外的各类产品设计领域。产品是指人们通过购买而获得的能够满足某种需求和欲望的物品的总和，它既包括具有物质形态的产品实体，又包括非物质形态的利益。产品分为不同层次，每个层次带来不同产品属性。根据现代营销学之父菲利普·科特勒（1994）对产品的概念，一个产品包含五个属性，每个属性都增加更多的用户价值，如表 1 所示。

表1 产品层次理论

类别	维度	内容
产品层次	物理表现层面	指产品的外在造型、图案、颜色、结构、大小等方面，是产品性能的载体，产品质量的有机组成部分
	功能实现层面	指产品总体的功用和使用性能，为用户提供功效
	数据信息层面	指产品数据储存、数据处理、数据输出等，是实现产品功能的要素
	战略范围层面	指产品的目标和价值主张，体现产品和企业的定位以及商业模式
产品属性	核心属性	指消费者购买某种产品时所追求的利益，即用户真正要买的东西，因而在产品整体概念中也是最基本、最主要的部分
	有形属性	指向市场提供的实体和服务的形象，在市场上通常表现为产品质量水平、外观特色、样式、品牌名称和包装等。产品的基本效用必须通过某些具体的形式才得以实现
	附加属性	指用户购买有形产品时所获得的全部附加服务和利益，包括提供信贷、免费送货、质量保证、安装、售后服务等附加产品
	期望属性	指用户期望的功能，如更便捷、更简洁、更智能
	潜在属性	指一个产品最终可能实现的全部附加部分和新增加的功能。潜在产品指出产品可能的演变，也使用户对于产品的期望越来越高，同样为企业衍生新的商业模式奠定基础

资料来源：宋咏梅，孙根年. 科特勒产品层次理论及其消费者价值评价 [J]. 商业时代，2007 (14)：3.

　　小米遵循"从行业痛点出发，做下一代产品，小众产品大众化、大众产品精品化，满足80％人的80％的需求"原则，重新定义产品。80％的用户指大多数的中国老百姓，80％的需求是相对集中普遍的需求即刚需。因此，选择大众市场，标准化程度高、通用的功能性产品具有效率优势。小米对手机产品定义如下。战略范围层：在大众市场和小众市场两个选择中，小米的产品价值主张为"为发烧友而生"，用户群体定位于大众市场，但用高质量、精品的产品满足大众市场的需求；数据信息层：确保数据与信息交互的稳定性；功能实现层：在聚焦核心功能和拓展多元功能两个选择中，小米聚焦核心功能，但对核心功能进行多元改进和迭代。具体来说，小米遵循"少就是多"原则，对MIUI进行优化，精简功能，使MIUI系统流畅便捷，对用户友好。物理表现层：在简洁通用的外观和复杂多元的外观两个选择中，小米针对目标用户群体——发烧友，开发极简风格，以求感动人心。

小米对手机的独特产品定义推动了手机产量与规模的快速增长。但2015年小米手机引以为豪的高性价比的产品策略遇到了竞争对手的模仿与竞争。为应对上述挑战，小米手机进行产品升级，研制高端手机市场，持续做着"下一代产品"的产品定义；与此同时，小米沿着"为发烧友而生"的逻辑，拓展手机周边产品，开发生态链产品。

2. 定义生态链产品

基于"米粉"用户群，小米以手机产品为核心，通过投资＋孵化方式，投资手机周边产品，并复制小米手机的定义逻辑，创造出一系列爆品。小米对生态链产品的定义如下。

战略范围层，小米遵循"战略寓于产品之中"进行生态链产品定义，将手机作为元产品，通过其延伸性和连接性，开发与手机领域相近、与手机功能互补的产品，例如，耳机、音箱等手机周边产品，从而利用小米手机资源和红利，实现一生二、二生三、三生万物。

数据信息层，在生态链初期，渠道流量的数据共享是重点；生态链有一定规模后，通过手机控制其他产品，实现产品之间的数据联通、联动的功能是产品定义的重点，例如，耳机、手环，与手机搭配，为用户带来更好的一致化产品体验。

功能实现层，遵循"小众产品大众化、大众产品高质量化""80% - 80%原则"服务大众市场和用户刚需，极致打造产品核心功能，通过降低成本和提高用户黏性，实现"爆品"。例如，第一代手环最初只具有计步、测睡眠和闹钟3个核心功能。

物理表现层，产品外观方面，小米输出统一的极简产品风格，使生态链产品拥有统一风格的外观，给用户带来一致性体验。产品内部方面，遵循"看不见的地方下功夫"，在保障外观的基础上，优化产品内部结构，满足"米粉"喜欢拆机的诉求，给用户带来额外体验。

3. "下一代产品"的机会点

现代营销学之父菲利普·科特勒（1994）将产品的属性划分为五个圈层，每个圈层的属性会带来不同层面的收益，为用户创造多层次的价值：核心价值、有形价值、附加价值、期望价值、潜在价值等。从产品层次与产品属性，寻找下一代产品的机会点。

下一代产品的机会点，往往隐藏于这代产品属性的非核心价值，即附加价值、期望价值、潜在价值等方面。这些功能虽然并不是核心价值，但却可能成为下一代产品创新迭代的突破口，如强化手机拍照功能，可以实现其附加价值；开发米聊 App，可以实现其期望和潜在价值。另外，基于手机用户使用的生活场景，也存在机会点，可以实现产品期望价值，比如充电、运动，通过与手机的配合使用，提高用户体验。因此，未来机会点，一方面，手机拓展新的功能；另一方面，是基于同一用户群，不同场景的新需求，衍生新产品。

"下一代"产品定义的机会点往往存在于本代产品未被完全满足的产品附加属性、产品期望属性。涉及突破的层次越高（从物理层到战略层），代表产品创新力度越大，所带来的用户价值与创新风险也越大。

二、小米手机的发展与创新

1. 智能互联产品架构

2014 年，迈克尔·波特、詹姆斯·贺普曼在《哈佛商业评论》上发表《物联网时代企业竞争战略》一文指出：在物联网时代，智能互联产品的构成要素与传统产品所具有的物理部件相比，新增了智能部件和连接部件两个核心要素。其中，物理部件，是产品的基本要素，实现产品功能的载体，包含产品外壳及内部零部件。智能部件包括硬件如存储器、传感器和芯片等，也包括软件如操作系统。智能部件用于产生和收集数据，具有监视环境、优化产品操作以及自主学习等作用。智能互联产品体系中，连接部件指的是蓝牙、Wi-Fi 等无线通信模块，实现固定设备、移动设备和网络之间的数据交换，并可以同时连接多产品，实现数据同步，由此，连接部件在传统功能基础上拓展了多产品数据流动功能。

智能互联产品与传统产品、智能产品不同，以小米手机为例，更强调"智能与连接"功能，相较于传统产品，智能互联产品内置传感器、处理器和软件，并与互联网相联，将产品数据和应用程序在产品云中储存并运行。海量产品运行数据让产品的功能和效能都大大提升。波特教授认为，由智能互联产品所构成的物联网，连接不只是一种传递信息的机制，更是打破智能互联产品间信息孤岛效应，建立数据流动的机制。更重要的是，智能产品互联形成的物联网会重塑产业结构，拓展新的行业边界和产品体系。智能互联时代的产业竞争基础将从单一产品（点）转向产品系统（线），从产品系统进化为包含子系统的产品体系（面）直至跨行业的商业生态系统（体）。

2. 从"功能性"到"智能性"：小米手机智能互联产品架构的演变

（1）移动互联网阶段（2010～2014年），强调功能性，优化手机核心功能。小米发布了MI1、MI2、MI3。2011年研发首款智能手机MI1是移动互联网代表性机型。

（2）物联网阶段（2014～2017年），强调连接性，手机开放兼容性提高，并可以产生和传输数据。小米发布了MI4、MI5、小米MIX、MI6、MIX2。2017年推出的MI6以其极高的性价比，广受"米粉"追捧，被称为"神机"，是物联网时代代表性机型。

（3）AIoT阶段（2017年至今），强调智能性，手机功能进一步优化。发布了MI8、小米MIX3、MI9、MI10、MI11、小米MIX4。2020年推出MI10是小米十周年巨作，作为人工智能和5G时代代表性机型。

3. 小米手机智能互联产品架构创新

小米手机经过10代版本的更迭，通过发展智能模块、连接模块，不断强化其功能性、智能性、连接性，不仅具有手机功能，同时成为智能系统的控制终端和数据连接的中心端口。（1）物理部件。即外壳、电池等，不断采用新型材料提高用户使用体验，根据用户喜好和时代潮流进行更新，电池扩充容量提高待机时间。（2）智能部件。即处理器、传感器等硬件以及操作系统软件，不断提高硬件配置，增加各类传感器，并提升软件开放性和智能性，从而提高产品性能。（3）连接部件。即蓝牙等部件，技术不断进步，提高连接效率和稳定性，实现手机作为物联网统一控制中心和流量入口。

三、小米的智能互联产品体系

1. 生态链产品之间的智能互联的特点和面临的难点

相较于传统产品，智能互联产品增加了智能部件的传感器，用于产生用户数据，以及连接部件，用于传输数据。传统产品是独立的、分散的，而智能互联产品是相互连接的、数据可共享。

"连接和智能"是小米发展智能硬件的逻辑，然而，小米发展生态链产品之间的连接遭遇以下3个困难：（1）产品缺少标准化智能模块，无法产生、收集和交互数据；（2）大量数据难以储存、分析和管理；（3）产品之间无法连接，数据无法流动与形成闭环，不利于打造生活场景产品体系。

2. 针对难点的解决办法

针对上述3个难点，小米分别从物理部件、智能部件、连接部件构建生态链产品之间的智能互联体系。

（1）物理部件：形成高品牌认知度以及高效率生产。物理部件对应产品外观，由于智能互联产品体系是由多个单一智能互联产品构成，因此，统一风格的外观和高品牌认知度对于用户体验至关重要，因此，外观设计是物理部件的重要环节。一方面，小米形成通用的设计能力，赋予统一的外观。小米从成立之初就重视工业设计，形成了多个设计部门，满足不同的外观要求。小米负责把控产品设计和产品质量两个环节，通过与生态链企业合作，将工业设计能力复制到生态链产品中。另一方面，构建模块化生产能力，提高生产效率。小米将产品分解成若干标准化模块，小米为生态链背书，通过专业化公司模块化研制，从而提高新产品研制效率。

（2）智能部件：拓展产品功能，解决无法产生、收集和处理数据的问题。

智能部件主要实现产品功能，从而实现产品与用户、产品与产品之间的链接。①开发智能模块，使产品智能化。首先，移动互联网阶段，小米不断优化智能手机操作系统等软件、升级屏幕等硬件，从而提高用户体验。其次，物联网阶段，小米开发智能模块提高产品智能化，拓展产品原有功能。例如，传统冰箱嵌入该模块，变成智能冰箱。②开发芯片，促进产品之间交互，实现产品体系功能。小米开发开放性和统一的智能模块（芯片），推动产品产生标准化数据，促进产品与产品之间的互动，扩大了产品体系，使产品之间信息共享，提高智能互联产品附加价值。③对智能部件产生的数据融合和挖掘，探索未来商机。小米同时布局产品端和平台端，平台端方面，负责储存、分析和管理数据，包括连接管理平台、设备管理平台、云和通用交互板块。首先，小米上线生态云，使设备互联互通共享数据。其次，和百度等企业合作，对海量数据深度挖掘，优化产品功能并揭示未来趋势，从而指导企业发展产品路线。最后，成立了人工智能部、大数据部、云平台部，加强数据间的内在联系，同时保证数据的独立性、安全性和完整性，减少数据冗余，提高了数据共享程度和数据管理效率。

（3）连接部件：产品连接，数据流动和形成闭环。

连接部件主要实现产品之间数据流动与交互，使信息在产品、制造商、供应商、用户之间联通。①开发连接模块，实现产品与产品之间的连接。小米的连接部件包括两类，其一是连接模块，包括蓝牙、Wi-Fi等，其二是连接控制中心，包括手机、智能音箱。小米根据产品的连接距离，嵌入不同类型的连接模块，并通过手机或音箱，实现产品的连接和控制。②开发连接中心，创造数据价值。一方面，统一数据入口端，小米开发米家App，收集分散化产品和用户数据，强化小米主导权；另一方面，拓展数据应用端，通过米家App，构建从产品智能化接入、众筹孵化、电商接入，到触达用户、控制分享的数据完整生态闭环，打造全场景产品体系。还将米家App和"小爱同学"应用于社区物业、酒店、商旅等To B领域。

3. 形成智能互联产品体系，创造数据智能新场景

小米在手机红利消逝以及物联网时代到来的情况下，发展小米生态链。有两大成效：一是从单一的手机智能互联产品演变成智能互联产品体系，为原有的目标人群提供了一个产品集合，创造了更多的产品场景，增加了盈利点，缓释了单一产品的风险；二是针对智能互联产品产生的数据进行分析、挖掘、应用，为下一步创造更多创新产品场景提供了无限可能性。

（1）从单一智能产品到智能互联产品体系。

①移动互联网阶段（2010～2014年），小米由创始成员负责各部门运营，小米首先研发MIUI操作系统进入软件领域，并在MIUI基础上，研发智能手机进入硬件领域，主营业务为MIUI、手机、电商和米聊。通过对MIUI系统和智能手机的更新迭代，吸引众多米粉，小米手机成为整个生态链产品和IoT平台的基石。此阶段形成的智能产品，包含智能产品与其生成的服务以满足单个用户需求的单个解决方案。

②物联网时代（2014～2017年），小米以"投资+孵化"模式，与生态链企业共同开发生态链产品。首先，延伸手机周边产品，与手机连接，实现单品连接，例如，小米智能手环与小米手机的配合使用。其次，基于手机

周边产品，小米进一步扩展智能硬件范围，实现物物联动，例如，加湿器和空调配合，保持环境温度和湿度的适宜。此阶段，形成的智能互联产品系统，不仅打造智能互联产品，还通过单品连接和物物联动的方式，将离散产品的功能扩展到一系列解决方案的系统集成，以优化整体性能，从而满足用户更广泛的潜在需求。

③AIoT 阶段（2017 年至今），小米开放 IoT 平台、开发通用模块，与生态链企业和第三方企业共同合作，进一步扩大小米产品范围。此阶段，形成的智能互联产品体系，将企业边界扩展到一组关联的智能互联场景产品和服务，通过多场景联动，实现小米产品万物智联。

（2）创造数据智能新场景。智能互联产品由产品和互联构成，"产品"是"物"，数据流动即"互联"，小米是为什么以及如何发展数据智能？小米智能互联产品产生产品及用户使用数据，通过云存储数据、通用交互板块分析处理数据，再利用各个场景的连接中心形成数据闭环。可以运用人工智能技术，挖掘积淀下来的产品及用户行为数据，创造出更多新的产品场景。

四、小米生态链企业在智能互联产品体系中的发展

1. 细分市场，重新定义产品

以贝医生为例，将口腔市场分为三部分：（1）海量的存量市场，包括手动牙刷和牙膏，拥有 400 亿元的规模。（2）飞速发展的增量市场，包括电动牙刷和冲牙器等，发展潜力巨大。（3）口腔医疗市场，包括医院诊所和互联网医疗平台，预估 2000 亿元规模。

由于手动牙刷属于口腔行业的主流市场，贝医生遵循"满足 80% 人的 80% 的需求"，选择大众市场，从手动牙刷切入存量市场。首先，贝医生认为该市场品牌忠诚度低、品牌集中度低，产品良莠不齐，可通过高品质手动牙刷建立口碑；通过更多产品和渠道拓展，接触到更大的市场；其次，贝医生推出更有竞争力的产品再切入电动牙刷的增量市场；最后，贝医生通过软件和服务结合，再进入口腔医疗领域。

贝医生作为小米生态链企业，深受小米做产品逻辑和价值观的影响，打造贝医生"爆品"，具体而言：（1）战略范围层：遵循"小众产品大众化、大众产品高质量化"基础上，选择大众产品赛道入手，用户全程参与开发，

追求提升产品各维度的精品价值。（2）数据信息层：开发智能互联产品，实现多方共赢。贝医生从用户痛点出发，以刷牙两三分钟为切入点，拓展产品数据层面。贝医生与小米智能音箱互联、内容商合作，通过硬件产品的载体触达用户。由此，贝医生拓展产品功能、小米扩大产品和平台范围、内容商找到出口触达用户，从而实现三方共赢。（3）功能实现层：回到产品最核心的地方，不是为了创新而创新。贝医生通过与用户沟通，发现用户最关注刷丝，因此，贝医生以专业的准医疗态度做牙刷。贝医生选用行业内最好的原材料，通过中间高两边细柔的布局，增加刷丝韧性，并呵护牙龈。（4）物理表现层：UV 硅涂层、极简设计，继承了小米生态链产品极简之美的设计基因；选用高品质的镍银片将刷丝嵌入牙刷头中，在潮湿的环境中耐腐蚀。

2. 小米生态链产品的发展

（1）小米对生态链企业的支持。第一，设计研发支持：小米平台有大量设计师和工程师团队，小米做产品的逻辑影响和启发了贝医生，并为贝医生提供技术支持。第二，资金支持：2016 年小米投资贝医生，为贝医生提供第一桶金。第三，渠道支持：供应链方面，贝医生与国内领先的台资代工厂合作，或与小米合作生产制造商合作；销售渠道方面，用小米模式做生活消费品，贝医生产品在线上小米商城和线下小米之家售卖，获得小米背书，能够触达更多的用户。第四，用户支持：一方面，在生态链体系内，贝医生有机会接触到小米两亿多注册用户，从而建立品牌和信任，再通过与用户的交互，建立自己的用户；另一方面，借助小米忠实用户，使核心用户参与产品研发中，提出意见和反馈，推动贝医生迭代更新产品。

（2）贝医生牙刷与小米平台、其他产品的智能互联。第一，物理部件方面：小米生态链产品遵循小米对产品定义的基本原则，小米也帮助生态链企业联合定义产品，从而保证生态链产品外观一致性。第二，智能部件方面：首先，利用了小米硬件团队技术资源，帮助贝医生做电动牙刷抢占增量市场；其次，嵌入传感器，提升产品自动化程度和智能化体验；最后，与小米的小爱音箱团队合作，联合开发产品，拓展牙刷产品功能。第三，连接部件方面：嵌入 Wi-Fi 模块，连接米家 App，实现用户远程控制产品。由此，小米生态链产品通过统一设计，借助小米的智能部件和连接部件，连接小米

IoT 平台，发展为智能互联产品体系。

五、小米管理智能互联产品体系的措施

1. 构建智能互联产品体系

吉拉第等（Gulati et al.，2012）首次提出"架构者"概念，描述在生态系统形成和演进过程中关键组织的作用。"架构者"是生态系统基本、显著的特征，"架构者"设定系统目标，协调成员之间相互关系，带领生态系统成员向共同目标协同演进。同时，不同于提高自身竞争优势为核心的传统战略，"架构者"的战略行为在于如何促进生态系统成员的协同与适配。

小米作为架构者构建了万物互联的智能互联产品体系。一方面，小米通过在硬件产品中嵌入连接模块，发展小米生态链之间的产品智能互联，并接入 IoT 平台；另一方面，面向生态链以外的企业，小米推出 Wi-Fi、蓝牙等标准化模组，上线生态云，让其产品接入小米 IoT 平台。通过米家 App 等控制，与其他产品互联互动。

2. 独立单飞

智能互联产品的连接与分工属性，影响智能互联产品体系的生态产品与产品之间的关系。产品与产品之间类似物种与物种之间的关系。长大后的生态链想自建品牌或离开这生态而独立单飞，其本质是反映出物种与物种的关系及其变化。

（1）生态系统中物种之间的关系。生物学中物种与物种之间的关系分为有利与有害（见表2）。

表2 物种之间的关系

物种关系	类型	内容
正相互作用	偏利共生	两种生物在一起，对一方有利，对另一方无利也无害
	原始合作	对双方都有利，但这种合作不是必需的，它们分开可以各自独立生活
	互利共生	两种生物长期生活在一起，相互依存，一般不分开
负相互作用	竞争	两种生物共同利用统一短缺资源的情况下，一种生物的存在会抑制另一种生物的发展

续表

物种关系	类型	内容
负相互作用	捕食	一种生物以另一种生物为食的现象
	寄生	对一方生物有害，对另一方生物有利
	偏害	对一种生物有害，而对另一种生物无利也无害的关系

（2）相应措施。

智能互联产品体系是多个产品的智能互联，具有"连接"与"分工"属性，双重属性将影响产品之间的关系。连接属性，指产品的功能是可以相互连接的，使得企业通过优化智能模块、研发连接模块和连接平台，从而实现用户与产品连接、产品与平台连接以及产品与产品连接。分工属性，指产品的功能是独立的，使得企业通过研发通用化能力或模块，构建通用化平台，掌握数据出入口，而其他企业进行专业化生产，从而提高边界扩大效率，降低边界扩大成本。

智能互联产品双重属性对智能互联产品体系的影响，具体有以下4个方面。

①连接属性推动正相互作用产品之间的互利共赢。连接属性通过连接各个产品，可以为用户带来一整套解决方案，提供系统化体验，产品也实现互利共赢。例如，手机嵌入连接模块，通过操控米家 App，可以远距离开关台灯，也可以远距离拉合窗帘，从而为用户营造舒适的休息环境；同样，"华米"智能手环嵌入 IoT 模组与小米手机配合使用，可以收集用户脉搏和步数等数据，并将数据发送小米手机中，从而监测用户行为并形成相关用户服务方案。这不仅为用户提供极高的使用体验，也拓展和优化了产品的功能。

②分工属性影响正相互作用产品。分工属性通过强化产品独立功能，从而为用户带来分散性体验，限制了产品功能。例如，手机和手环单独使用，手机有通信和上网等功能，手环有计步等功能，两个产品是独立的，分开则无法产生手环监测用户睡眠数据，通过传输手机形成健康方案的功能。

③连接属性影响负相互作用产品。在产品关系中，负相互作用主要体现在竞争方面，连接属性将相似、竞争的产品集合在一起，容易产生相互挤占

既定资源的现象。例如，手机通过连接模组可以连接头戴式耳机、挂耳式耳机，但用户一般只选择其一使用。

④分工属性影响负相互作用产品。分工属性通过强化产品独立、特色的功能，从而将相似的产品区分，或位于不同产品体系中，从而减少产品竞争效应。例如，头戴式耳机强化在室内的作用，比如更好的音质，而挂耳式耳机强化在室外的作用，比如方便便携，适合运动时佩戴，用户根据不同使用情境使用不同产品。

综上所述，第一，对于正相互作用的产品，架构者应该发展连接属性，以用户为中心构建完整产品体系，提供系统化体验，实现产品互利共赢。第二，对于负相互作用的产品，企业应该发展分工属性，强化产品特色、独立的功能与差异化，注重将产品配置于不同的产品体系中，从而减少内部竞争。

因此，小米作为智能互联产品体系的架构者，应该从物种的本质上识别生态链产品与产品之间的有利或有害（相生相克）关系，运用连接与分工属性，制定不同策略（见图1）。

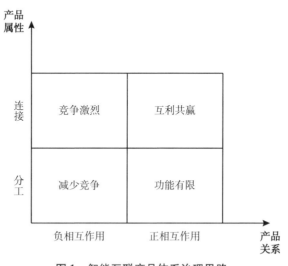

图1 智能互联产品体系治理思路

六、参考文献

［1］范海涛．一往无前［M］．北京：中信出版社，2020：20，53.

［2］卡尔·T. 乌利齐．产品设计与开发（原书第 6 版）［M］．北京：机械工业出版社：2018：1－32.

［3］雷军两会建议：加快制定智能家居国家标准［EB/OL］．（2015－3－6）［2021－8－10］．Https：//3g. 163. com/tech/article/AK18I42S000915BD. html.

［4］刘云浩．物联网导论［M］．3 版．北京：科学出版社，2017：1－48.

［5］迈克尔·波特．迎接第三次 IT 浪潮：物联网时代的企业竞争战略（上）［J］．哈佛商业评论，2014.

［6］一跃成为小米新网红，看完数据才知道小爱同学真正实力［EB/OL］．（2022－1－24）［2022－8－20］．Https：//www. sohu. com/a/518781193_120906337.

［7］Gulati P. ，Tushman M. . Meta－Organization Design：Thinking Design in Interorganizational and Community Contexts［J］．Strategic Management Journal，2012，33（6）：571－586.

［8］Jacobides M. G. ，Cennamo C. ，Gawer A. . Towards a Theory of Ecosystems［J］．Strategic Management Journal，2018（39）：2255－2276.

［9］Ron Adner. Ecosystem as Structure：An Actionable Construct for Strategy［M］．Journal of Management，2017（43）：39－58.

LD 酒业：企业家 IP 如何为企业创造商业价值*

 **案例正文**

一、向言的绰号"向司令"

1989 年，学习生物发酵专业的向言，大学毕业后被分配到湖南某酒厂，历经车间酿酒工、技术员、酿酒车间主任等岗位。1997 年，"川酒勾兑"事件曝光，引发消费者对白酒行业的信任危机，酒厂也面临着巨大的市场压力。向言因此"被逼着"调至销售部门从事销售管理，随后又被任命为厂长兼销售公司总经理。2003 年，东金集团收购酒厂。此后，向言先后在北京、广东、四川、吉林等金东集团分公司任职。十余年间，向言积累了大量市场运营的经验，用他本人的话说："走南闯北，东南西北中，全国各地我都走了一遍。"

工作中的向言喜欢用军人的作风要求自己、管理企业。他认为作为职业经理人必须具备三个素质："忠诚度是第一位的，重中之重；第二，凝聚团队共同做事的人格至关重要；第三是要具备解决复杂问题的执行力。"向言会利用一切机会，向各行业的最佳实践学习。工作之余，打羽毛球与篮球是他解除疲劳的最好方式。在高中时期，向言担任学生会主席，喜欢体育的向言，在篮球场上总流露出几分霸气，被老师和同学们戏称为"向司令"。向言起初对这个"绰号"有些反感。但移动互联网时代，微信被普遍使用时，向言发现"向司令"绰号更富有亲和力，也就欣然接受了，把微信名设为"向司令"。

二、LD 酒业的"向司令"

2014 年初，向言作为救火队员被派往连续五年亏损的 LD 酒业任董事

---

* 本案例中人名、公司名均做了修饰性处理。本案例由欧阳桃花、龚克、倪泽波、刘雪景编写完成。本案例正文收录于清华经管学院·中国工商管理案例库，版权归清华大学经济管理学院所有。作者或版权方无意说明企业成败及其管理措施的对错。

长。集团董事长吴董希望敢拼善闯的向言为 LD 酒业带来转机。

（一）无心插柳："向司令"戴上红星帽

当时的 LD 酒业年销售额不足 5000 万元，8 元左右一瓶的低价光瓶酒占 LD 酒业营业收入的 70% 以上，年年亏损。此前，LD 酒业主要采用传统的打广告和铺渠道的营销策略，效果欠佳。酿酒出身的向言，深信 LD 酒的品质没有问题，但一时又难以找到破局之道。有一天，向言徘徊在 LD 镇的古道上，突然回想起 2011 年，曾作为集团督导巡视员，到访过 LD 酒业的元代烧酒作坊遗址，并为其所震撼。由此向言设想：是否也可以让消费者亲身体验元代烧酒作坊遗址这一独有的文物，了解 LD 千年酒文化，感知 LD 酒的价值呢？因此，向言停掉了所有的对外广告投入，从集团申请了 300 万元，修复古窖，免费向社会公众开放，现场体验古窖文化。为丰富体验内容，LD 酒业规划了体验路线、讲解品酒方法、让体验者亲自品鉴古窖酿出的新酒，以及推出现场封坛酒活动，等等。实际效果验证了向言的假设："通过这种互动式体验的打造让消费者知道，每一滴 LD 美酒是如何酿取的；了解酿酒生物取种环境、产品研发过程，让 LD 文物与消费者产生互动，结果消费者一下就感兴趣了。"

如何让更多的消费者深入了解古窖的价值，感知 LD 酒的味道？当时 LD 酒业还处于亏损，没有更多的资金用于市场推广宣传，向言只有亲自上阵："没有钱打广告、做市场活动怎么办？自己辛苦一点，跑这里跑那里赶场子，参加各类活动，争取给 LD 酒业更多的曝光机会。"由此，向言作为 LD 酒业的董事长，也成了 LD 元代烧酒作坊遗址的"首席导游"和"品牌代言人"。"我是向言，朋友们都叫我向司令……"身穿藏蓝色中山装，头戴五星帽的向言欢迎着各路到访来宾。短短几句话，让初次来到 LD 酒业的人们感到很亲切。"圆形的窖池是元代的，腰形的窖池是明代的，长方形的窖池是清代的，这体现出酿酒工艺的演进过程；大家尝尝刚出甑的原浆酒的味道，是不是有一种大米饭香的感觉？用舌尖不同的部位去品味，感受是不一样的。"经他一解说，大家对于古窖和 LD 酒的认知变得更加立体和鲜活。

有一天，向言听到业务人员的反馈：他们的客户结识"向司令"，因与"向司令"互动而认可 LD 酒，"向司令"去参加哪些活动也经常会被客户关注提及。这也让向言更坚定：使用"向司令"这个外号，有助于品牌推广和消费者认知。当时，向言在着装上并没有过多讲究，红星帽和中山装并非"向司令"的标配。在 2014 年夏末秋初，向言参加集团半年度总结大会，看到路边有卖红星帽，基于自身的军人情结，就买了一顶。之后，向言有时会戴上红星帽参与一些活动。

LD 酒业邀请大家参观体验古窖遗址、推出封坛酒的同时，也严格把控酿酒工艺标准，进一步研发具有"老 LD 味"的新产品，如对标老酒配方，打造出 LD 高粱 1955 等标杆新产品。由此，LD 酒业实现了扭亏为盈。特别是 LD 高粱 1955 光瓶酒的推出，取得了良好的市场反应。酒圈内的专业人士开始关注"LD 现象"。知名营销专家在其个人公众号上曾言："向司令是 IP，向言不是 IP；向司令戴红星帽是 IP，不戴红星帽不是 IP"。向言得知后深受启发。此后，在各类公众场合，向言必戴专门定制的红星帽，必穿着一袭中山装。有位相熟的团购大客户曾问向言：有几顶帽子？向言笑答："24 顶，因为一年有 24 个节气，一个节气一顶哈。"在一次"国宝 LD 杯"的羽毛球赛上，向言与 2004 年雅典奥运会冠军搭档，比赛中向言一直戴着红星帽。有人很好奇问："向司令，戴个帽子会不会影响你打球？"向言回应道："习惯了。"在向言看来，这是一次为 LD 酒业宣传的好机会，肯定要戴五星帽啊。那段时间，完成集团交给的经营任务指标，带领 LD 酒业走出困境是向言心心念念的唯一目标。

2015 ~ 2017 年，随着"古窖遗址七个一体验活动"和"总舵、分舵、小舵"三级沉浸式体验体系逐步成型，元代古窖、LD 高粱 1955、"向司令"成了消费者认知 LD 酒业的三张名片。LD 酒业高端事业部总经理认为：古窖是静态的，不能移动，而"向司令"是可移动的，可以使那些没有来过 LD 酒业的人也了解 LD、认识 LD、想来 LD。

（二）成为"玩家"：好玩的品牌，让更多人爱玩

2017 年底，向言参加集团年度总结会。在会上，集团副总裁苗副总问向言 2018 年的工作计划是什么？向言很自豪地回答："我已经为明年留出了销售份额，明年可以达成更高的业绩目标。"苗副总又问向言：LD 酒业的使命和愿景是什么？企业价值观又是什么？向言听后感觉有点蒙："这些

东西集团已经有了，子公司与集团保持一致就好啦。"苗副总又补充强调：集团的价值观是集团的，好比国家有国家的价值观，家有家风，LD 酒业也应该有自己的价值观。

苗副总的话使向言陷入了深思。回到 LD 酒业后，向言与管理团队共同研讨小半年，提炼出 LD 酒业的核心使命：让人类文明和世界物质文化遗产活起来，满足小部分爱酒、懂酒人士对美好生活追求的需要，用"文化 LD"的理念，打造中国白酒文化的制高点；LD 酒业的企业愿景：保护历史文物瑰宝，酿造国宝稀缺品质，做古法匠艺的传承者，古窖陈香的引领者和沉浸式体验的开创者；LD 酒业的企业价值观：心顶天、头拱地、稀缺品质、消费者为王、体验至上、人才为本。

在此期间，向言微信名也悄然发生了变化，从"向司令"变为"向司令—沉浸式体验的头号玩家"。向言认为：玩的心态取决于企业家站位要高，一定是有一群人价值观一致，围绕一个目标，做有趣的事，才能长远。我们的目标是希望找一群会玩的人打造一个好玩的品牌，让越来越多的人爱玩，与我们的合作伙伴、消费者一起玩。

越来越多的人认可 LD 酒业，从初次购买 LD 酒的消费者成为 LD 的"国粉"。"国粉"中也不乏社群中的意见领袖和文化名人。为了让"国粉"们"玩"得更 high，LD 酒业主要从两个方面着手：一是不断地丰富体验活动的文化内涵，如创办国宝宋宴、元梦春赏等深度体验活动；二是与"国粉"共创内容，如 2021 年 1 月 9 日，第四届国宝 LD"国粉节"，向言以"国粉价值共创"作为新年演讲的主题，将"国粉节"定义为"文化、共创、狂欢"的节日；将古窖文物价值、产品品质价值、沉浸式体验价值、社会责任担当价值归纳为"国粉价值共创"的内容。众多"国粉"的创意及作品又进一步丰富了 LD 酒业的"玩法"，如国宝酒庄千坛酒坛迎宾墙项目建议，《沁园春·国宝 LD》作品，法国当代艺术家的沉浸式酒雾空间、考古屋及原料标本室等。

向言无时无刻不在思考着如何更好地与"国粉"共同体味 LD 古窖之美、LD 文化之妙、LD 酒之乐。为拍 LD 酒新品宣传片，向言来到徐州 LD 知味轩。当他看到窗外下起小雪，由小及大，落地无声，窗外的雪与窗内的 LD 高粱 1308 酒的金色渐变瓶身相映成趣，他脑海浮现"时光对话，能饮一杯无"的诗句。向言认为，那种美的意境恰是 LD 酒品牌希望带给消费者的。

2021 年，早春时节。向言到北京出差，与几位文化界的朋友相约餐叙。宾客落座，几句寒暄。向言拿出新推出的 LD 高粱 1308，瓶身金色，由下而上逐步变深，瓶底部隐隐浮现出元代窖池形象，瓶口红包，似是老酒红蜡封。向言举起一瓶 LD 高粱 1308 倒置，摇一摇，只见酒花翻腾，呈漩涡状，如龙卷风甚是好看。有人问：这个酒花像精酿啤酒一样很绵密，为什么会这样？向言回应道："这是因为老酒中水和酒分子缔和时间久的结果。LD 高粱 1308 被称为液体古董，源于元代窖池，酿酒的微生物中融入了有益人体健康的古微生物菌群落。"一位朋友感觉很好玩，也拿起来摇了摇，顿时浮起"龙卷风"。推杯换盏，情意正浓，畅聊"向司令"创业故事、酒行业浮沉万象，文化轶事，不觉入夜，朋友们乘兴而归。

自向言 2014 年 1 月成为 LD 酒业董事长以来，每天在微信朋友圈更新信息，其朋友圈微友数从最初的 1000 多人升至 12000 多人。其中众多微友也成为了 LD 酒业的"国粉"。截至 2021 年 7 月，LD 酒业核心"国粉"数达近 3 万人，核心社群近百个。

（三）融为一体：不刻意打造"向司令"IP

寒来暑往，越来越多的人因"向司令"认知 LD 酒业，也有更多的人因 LD 酒业结识"向司令"，"向司令"与 LD 酒业渐渐浑然一体。

各类媒体也纷纷关注与报道 LD 酒业和"向司令"。有传统电视媒体播出，如央视东方栏目的专题纪录片；有专业网络媒体报道《身价接近半个 C 罗，为何对他设置 3 亿"转会费"？》《在成为"向司令"之前，他曾交了 1 亿学费》等；有酒圈自媒体传播，还有"行业大咖"推出微视频。

有人曾问向言：LD 酒业是如何打造"向司令"IP 的？向言回答："我们并没有刻意去打造'向司令'IP，一切服务于 LD 品牌。'向司令'和 LD 酒业品牌是血和肉的关系，完全融为一体。得益于 LD 酒业的知名度、美誉度越来越高、经济效益越来越好，'向司令'品牌也得以增值。产品的品质是重中之重。做产品的口碑是做企业家个人的口碑。同时企业家也要时刻注意个人的言行，否则会给企业带来伤害。"

三、"向司令"的使命

2020 年，LD 酒业试水线上云店系统，升级沉浸式体验，不断探索新的消费场景。全年 LD 酒业营业收入实现了同比增长 123% 、上缴利税同比增加 210% 。进入 2021 年 3 月，LD 酒业就已完成集团全年销售任务的 80%。

"向司令"让消费者感受到了 LD 酒业的"温度"，使得更多消费者体味到 LD 元代古窖之美、LD 文化之妙、LD 酒之乐。面向未来，如何管理好"向司令"IP，使其与古窖 IP、产品 IP 共同持续创造社会价值与商业价值，使 LD 酒业走得更稳、更远？

2021 年 4 月，在 LD 酒业新员工训练营上，向言分享 LD 成长历程之后，抛出一个问题：未来我们要做什么？员工回答五花八门，如让消费者做宣传、做区域小型白酒文化体验馆、培养人才、做话题创造者、口口相传，等等。沉吟一会儿向言说道："我们未来要做的是，用文化 LD 深耕中国白酒文明，让 LD 酒窖这个全国重点文物保护单位、国家工业遗产'活'起来"。台下传来笑声，有人说："这么简单，这不就是企业使命么！"

一向亲和的向言，此时却很严肃："大家说的是正确做事，而关键是要做正确的事，你们刚才提到的建议，并不值得做一辈子。我们要做的是像故宫博物院一样让国宝'活'起来，让懂酒爱酒的人士感受到 LD 的国宝文化的魅力。""心顶天、头拱地，用沉浸式体验引发懂酒、爱酒、会玩、爱玩的人共鸣，坚守让全国文物保护单位、国家工业遗产'活'起来的初心。"看着台下年轻的面孔，向言真切盼望他们能成为 LD 的守护人与传承者。

案例分析

一、企业家 IP 定义

IP 是知识产权"Intellectual Property"的缩写，随着产业实践，IP 被赋予丰富的内涵，最初各产业有各自解读，目前逐渐形成共识：IP 是任何有文化沉淀价值的，有商业持续开发能力的无形资产。IP 的本质是无形资产的产权与收益权。IP 是在承载形象、表达故事和彰显情感的文化生产过程中，成为一种经过市场验证的情感载体，成为一种有故事内容的人格权。IP的终极目的是价值追求和文化认同。IP提供给消费者的不仅是产品的功能属性，更是一种情感的寄托。当下受人喜爱的IP如故宫猫，传递着人们的情感诉求与寄托，进而拓展成为新商业模式的进阶与组成要素，乃至成为不同行业基于互联网的链接方法。IP以独特的"中国速度"高速成长，一个IP可以链接不同产业、不同元素、不同人群，泛IP时代正在来临。

孵化IP的主要产业领域涵盖着文娱内容、企业及组织机构、文旅体育、个人、艺术设计等多方面。企业家IP属于个人IP的一种。企业家IP是企业家运用社会化新媒体等多种资源塑造个人品牌，引起关注，并积累形成企业家"粉丝"社群。企业家IP凭借与企业品牌之间的天然关联性为企业品牌背书，力求在情感层面引起消费者的共鸣，增强消费者的信任，最终实现由企业家品牌到企业品牌价值转化，创造企业商业价值。

从主体属性和价值属性两个维度划分，企业家IP兼具了个人属性、企业属性、文化价值属性、商业价值属性等多重属性。具体分析如下。第一，企业家IP是一种个人IP，同时也是企业的无形资产。IP是有文化沉淀价值的无形资产。IP的本质是无形资产的产权与收益权。IP在承载形象、表达故事和彰显情感的文化生产过程中，成为一种经过市场验证的情感载体，成为一种有故事内容的人格权。如"向司令"，没有和LD酒业绑定前，他属于个人IP，当他成为LD酒业董事长后，个人IP同时也是企业家IP，并成为企业的无形资产。第二，企业家IP与个人网红IP相比，前者与企业品牌具有天然的关联性。企业家IP是企业家运用社会化新媒体等多种手段塑造个人品牌，引起关注，并形成企业家"粉丝"社群。企业家IP凭借与企业品牌之间的天然关联性为企业品牌背书，力求在情感层面引起消费者共鸣，增强消费者信任，最终实现由企业家品牌到企业品牌价值的转化，为企业创造商业价值。虽然个人网红IP和企业家都能带来流量，并通过产品或内容变现实现商业价值，但企业家与自身企业品牌的关联性决定了企业家IP创造的价值和重要性高于企业借助个人网红IP的品牌推广活动。

二、企业家IP打造的基本要素

打造个人IP包含核心价值观与四项基本要素（见图1），呈现由内到外层层包裹的洋葱形结构。企业家 IP 依次向外展开的基本要素为个人形象、故事、多元演绎、商业变现。越向内层，IP 的文化属性越强；越向外层，IP 的商业属性越强。

向言的基本要素：第一，可爱：向言具有积极向上的价值观，有革命军人情结，红星帽在一定程度上有利于塑造其独特形象。第二，可信：以往的业绩，能证明向言具有带领企业扭亏为盈的能力、赢得消费者信赖的魅力。第三，可知：向言在白酒行业内具有一定的知名度，专业能力强，有被关注的可能性。第四，可用：符合 LD 酒业预期经营目标，此时尚不可知。综上所述，向言具备成为企业家 IP 的潜质，但如何打造成企业家 IP，需要结合企业家本身和企业经营目标进一步探讨。

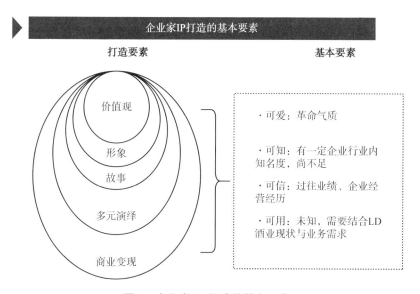

图 1　企业家 IP 打造的基本要素

资料来源：向勇，白晓晴. 新常态下文化产业 IP 开发的受众定位和价值演进［J］. 北京大学学报（哲学社会科学版），2017，54（1）：123 – 132.

三、LD 酒业打造"向司令"IP 的过程

1. 企业家 IP 打造的四层架构

如表 1 所示，依据企业家 IP 这一企业无形资产的价值创造和传递的价

值链活动，推演企业家 IP 打造的四层架构：①核心层，凝练企业家精神，锚定价值方向和核心价值观传递；②主体层，以企业家原型故事为起点，结合企业家专业背景，深挖企业家性格，明确企业家的角色定位；③识别层，设计形象标识，找出可辨识的符号标志；④表达层，策划传播内容，运用多种媒体渠道多元演绎。四个层次之间要保持 IP 价值创造与传递的统一性。

表 1 **企业家 IP 打造的四层架构与"向司令"IP**

企业家 IP 打造的四层架构		"向司令"IP
核心层—价值定锚	企业家核心价值观	心顶天、头拱地，稀缺品质，体验至上，让国家文物、国家工业遗产"活"起来
	企业家精神	创新、勇于冒险、敬业、忠诚
主体层—角色设定	企业家角色定位	沉浸式体验头号玩家（懂酒爱酒）
	企业家故事原型	"向司令"成长历程（成与败）
	企业家专业	中国白酒高级酿酒师、品酒师、职业经理人
	企业家性格	接地气、直爽、幽默
识别层—形象标识	标志性符号	五星帽、中山装、"向司令"
	标志性话语	LD 酒、一口四香
	标志性行为	沉浸式体验第一人，让国家文物"活"起来
表达层—多元演绎	内容演绎	主题："向司令"经营故事类、产品解说类，角色：以向司令为主角，与知名个人 IP 同台，载体：短视频、网文、体验、形象标识
	传播媒体	专业媒体、自媒体（LD 酒业视频号、员工微信、国粉微信、KOL）
	传播事件	造节式活动、"向司令"IP 化的场景
	目标受众	关键意见领袖（KOL）、关键意见消费者（KOC）

2. 打造的四层维度

LD 酒业有意无意间打造"向司令"IP 的行动验证了企业家 IP 打造的四层维度，即核心层、主体层、识别层、表达层。

（1）核心层——价值定锚。"向司令"IP 的价值观定位与企业的价值观紧密相关，既要传承白酒的传统文化，又要与母公司的价值观保持一致性，更要符合时代趋势与白酒行业的发展趋势。

（2）主体层——角色设定。以"向司令"在 LD 酒业打造沉浸式体验的故事为原型，设定角色。《超级 IP 孵化原理》一书提炼出了九种可能产生超级 IP 的原型故事，并将其运用到企业家 IP 打造，如对抗巨人、悲情英雄的救赎、寻找圣物的人、无名小卒被选为救世英雄、王者归来、天真无邪者大获全胜、和自己的阴影作战、缺陷的人与神奇伙伴、人性本真者的日常生活。

在"向司令"原型故事中蕴含着众多可打造企业家 IP 的基本要素，例如：①寻找圣物的人与悲情英雄的救赎。软文故事《在成为"向司令"之前，他曾交了 1 亿学费》中提到，向言在广东经营一家酒企，该企业销售收入为 2 ～ 3 亿元，却年年亏损，他从中"悟"出现金流的重要性与传统的营销方法的弊病。由此，激发了"向司令"的灵感，要围绕国宝元代古窖遗址这一"圣物"，挖掘商业价值。②缺陷的人与神奇伙伴。向司令就像一位邻家大叔，并不完美，说话带着浓重的家乡口音。他得到了众多"神奇"朋友的助力，如有影响力的国粉、行业知名人士、大学教授。当然，这些"神奇"朋友的故事并非虚构，是真实客观的。由此，凝练出"向司令"懂酒爱酒的"沉浸式体验头号玩家"的人设，赢得超级"国粉"的传播，使得向司令 IP 更加可信、可爱、可知。

（3）识别层——设计形象标识。"向司令"IP 的五星帽、中山装、"向司令"绰号，刚开始并不是设计出来的，是基于向言成长经历，在有意无意之间自然形成的，这使得"向司令"IP 更易记住、更易识别、更易传播。

（4）表达层——多元演绎传播。在角色定位、故事原型、标识符号的基础上，LD 酒业进行了多元诠释。比如，形式上既有软文、短视频，也有平面形象（戴着五星帽的本人）。内容上，LD 酒业将"向司令"IP 与古窖、网红 IP 和产品（LD 高粱 1955、1308）IP 进行链接，既有短视频《"向司令"带你走进 LD 元代烧酒作坊遗址》《与"向司令"的三杯酒》，也有乘世界杯事件的热点推出的《金东集团为 LD 酒业向言设置 3 亿"转会费"》等。

3. 打造的流程

打造企业家 IP 的流程，应遵循由核心层到表达层，形成价值闭环。企业家 IP 的打造一般要经历孕育萌芽期、成长积累期、成熟爆发期、衰退重塑期四个阶段。不同的阶段，侧重点不同。LD 酒业一开始并没有刻意打造"向司令"IP，而是在不经意间形成的。在萌芽期，"向司令"IP 始于标识层，"向司令"形象和名称的高辨识性，易于自发传播，便自然而然形成了"向司令"IP 的雏形。在成长期，"向司令"的价值观开始浮现，并形成了"沉浸式体验第一玩家"的人设，由此更多元的内容与人设角色逐渐衍生，如国宝守护者"向司令"、爱公益的"向司令"等，并与古窖 IP、产品 IP 守望相助，浑然一体。因此，打造企业家的 IP，应关注识别层和表达层，做到与消费者易交流，易传播。在不断试错中，做整体的迭代，寻求企业家 IP 价值表达在四层架构之间的统一，找到企业家 IP 与企业品牌融合的最佳路径。

四、"向司令"IP 如何为企业创造商业价值？

1. LD 酒业的三大 IP 互动，共创品牌价值

"向司令"IP，始终与核心资源古窖 IP、产品 IP（LD 高粱 1955、1308）相互依托，共创品牌价值。"向司令"IP，唤醒了古窖文化属性，使消费者能够感知古窖的历史文化、匠人匠心做产品的人情味、品牌的人格化。古窖 IP 提供品牌品质化支撑，"向司令"IP 以此为平台，为产品 IP 注入了文化内涵。产品 IP，基于"向司令"IP 加持，融入了古窖酿酒的功能属性与精神价值。"向司令"IP 唤醒古窖 IP 文化属性、链接产品 IP 精神价值，三大 IP 相生相依，共同塑造并提升 LD 酒业的品牌价值。

VRIO 框架指出企业的资源成为可持续竞争优势的源泉应该满足四个基本条件，即有价值（Value）、稀缺性（Rarity）、难以模仿性（Imitability）、组织性（Organization）。向司令 IP 作为企业的一种独特的无形资产，以情感共鸣唤醒古窖文化的稀缺性，提升产品资源的品质，使得资源间的组织性增强，进而增强了企业的竞争优势。

2. "向司令"IP：唤醒精神价值、稳固功能价值

中国白酒如茶、陶瓷等有传统文化意涵的产品一样，本身蕴含着丰富的物质功能和精神文化的双重属性，能给消费者带来双重价值。中国白酒的定价，不仅受产品功能价值的影响，更大程度上是由消费者的精神价值所决定

的。精神文化价值是产品或服务中包含的能使消费者产生精神"共鸣"的无形价值。其产品价值既可能因为消费者认同而产生精神观念溢价，也可能因为消费者观念偏差而产生文化折扣。一方面，消费者因为品饮好酒，得到功能价值的满足；另一方面又在观念上认知了产品的文化价值，感受酒产品文化、社会价值的"高大上"，从而获得精神价值的满足。2014 年之前，LD 酒业陷入经营困境的主要原因在于，古窖资源的稀缺性与留存的大量基酒产品的价值不为消费者所感知。向言打造沉浸式体验，将体验注入企业价值链，优化了消费者的产品体验，推动精神价值和功能价值的相互循环。精神价值旨在激发消费者的情感共鸣，消费者在情感上认同 LD 酒的功能价值基础上，又推动商业价值的实现。

"向司令" IP 作为企业的无形资产之所以能创造商业价值，关键在于"向司令" IP 融入了 LD 酒业的价值创造与传递环节。第一，唤醒精神价值。消费者借助"向司令" IP 获得更为丰富的情感体验，认知酒的工艺、文化、社会价值。"向司令" IP 可以引发消费者的共情，带动核心消费者和社群领袖的自媒体传播，从而更好地促使更多消费者体验到 LD 酒的社会文化价值。第二，稳固功能价值。LD 酒业坚持古法酿造，稳定工艺，品质优先，进一步稳固 LD 酒的功能价值。向司令 IP 的注入使得基于企业家管理行动稳固的产品功能价值，在精神价值的唤醒与催化下，进一步可感知，更稳固。

综上所述，企业家 IP 稳定产品的功能价值、赋能产品的精神价值，两者相辅相成，缺一不可。如果企业家不能经营好企业，那么企业家 IP 的打造也不过是"空中楼阁"。如果企业家 IP 帮助企业更好地讲故事，与消费者产生情感链接，带来流量，便能拓展其精神价值。同时，好故事依托于好产品，两者相互成就，不可偏颇。

五、优化管理"向司令" IP 的建议

1. 可持续的价值创造

企业家 IP 具有社会文化和商业文化的双重属性。因此，企业家必须关注社会价值的创造，达到商业价值与社会价值的融合，推动企业可持续地发展。企业家 IP 是否能持续创造商业价值，第一，能持续地创造商业价值。在泛 IP 时代，企业家 IP 作为企业无形资产，持续地让企业的核心资源转化

为消费者认可的产品，使得消费者能够感知到差异化的产品和品牌价值。同时，企业家需要为社会创造价值，生态共益、相得益彰。第二，不能持续创造商业价值。如果过度使用企业家 IP 资源，把企业家当成忽悠消费者的工具，就可能导致企业家 IP 人设的坍塌。

2. 从企业家个人 IP 流量到企业商业价值

企业家 IP 兼具个人属性和企业属性。如何将企业家 IP 个人的流量转化为企业商业价值。首先，企业家 IP 的个人属性。企业家因其个人魅力会给企业带来一部分基础流量，这部分"粉丝"因关注企业家个人而关注企业。其次，企业家 IP 的企业属性。企业家运用管理能力，提升企业产品价值，发展品牌粉丝群。"粉丝"在对企业家情感认同的基础上，体验企业产品，感受 LD 酒的价值，从而推动个人流量变现为企业商业价值。最后，两者相互融合，流量互促，互相放大，价值共生。如"向司令"初来 LD 时，微友只有 1000 多人，但是通过"向司令" IP 的打造，吸引了大量的"粉丝"。截至 2021 年 6 月，"向司令"个人微友已增至 1.2 万余人，企业核心"国粉"人数达到近 3 万人。

3. 企业家 IP 创造商业价值，关键在于融入企业商业模式的价值创造活动

商业模式通过利用商业机会创造价值，是由相互依赖的活动所组成，这些活动使企业与合作者共同创造价值和分享价值。商业模式清晰地表达了商业逻辑、提供了数据以及其他证据，展示企业如何创造价值和传递价值给用户。从价值的角度，商业模式指的是企业关于如何创造顾客价值和如何获得利润的方式或商业逻辑。围绕价值的创造和价值的获取，商业模式由价值定位、价值创造、价值传递和价值获取四个维度构成。企业家 IP 打造并非是孤立的。企业家 IP 能否为企业创造商业价值？一是关注企业家 IP 打造的核心层、主体层、识别层、表达层四层架构，能否激发消费者情感共鸣，促成"粉丝"从认知、认可到认同的转化。二是关注企业家 IP 的打造是否融于企业的商业模式价值创造系统。是否服务于企业的经营目标，解决价值创造活动中的痛点，即能否为企业创造低成本或差异化优势，提升价值创造活动的效率和效果。

"向司令" IP 的核心层价值观帮助了 LD 酒业走出价值定位不清晰，连年亏损的困境。价值定位（Value Proposition）即企业表达的在商业运营中

所能为最终客户提供的价值，说明了企业选择为客户更好地解决其所面临的哪些重要问题。"向司令"IP 的核心层价值观打造，重塑了 LD 酒业的商业模式之价值定位即满足小部分爱酒、懂酒人士对美好生活追求的向往。"向司令"IP 唤醒了产品的精神价值，助推了 LD 高粱 1955 等标杆产品的打造，解决了 LD 酒业原有"有好酒而无好价"的价值创造痛点，同时"向司令"IP 的个人粉丝群转为企业"国粉"群，丰富了 LD 酒业价值传递的渠道通路，解决了酒业企业渠道链长、经销商难管理、市场费用高等痛点。价值创造（Value Creation）即企业创造出哪些价值（产品和服务）以及如何创造出价值，说明了企业如何运用相应的资源和能力和管理价值链来创造出顾客价值。价值传递（Value Deliverance）即企业通过何种渠道或方式将价值传递给谁，说明了企业如何与顾客进行接触。"向司令"融入了 LD 酒业的价值创造与传递环节，解决了原有的痛点，创造了新的价值。首先，"向司令"IP 基于其主体层专业能力的践行，激活古窖、打造 LD 高粱 1955、1308 等标杆产品，盘活了企业沉睡的古窖核心资源。其次，"向司令"IP 基于主体层"玩家"角色的设定、识别层标志性符号与语言的表达，在稳固产品功能价值的同时唤醒了产品的精神价值。LD 酒业为消费者提供参观古窖和体验 LD 酒，帮助消费者识别 LD 酒业品牌，获取更为丰富的情感体验，从而了解产品背后的文化价值、工艺价值，进而解决了原有价值创造与传递过程中，消费者难以感知产品价值的痛点。最后，"向司令"与消费者互动，与"国粉"共同打造沉浸体验的内容。企业家 IP 的价值、故事、形象多元演绎传播，促进 LD 酒业获得更多的 KOL 和 KOC 的信任。

在价值获取层面，从短期成本看，"向司令"头戴红星帽的标识形象，使得消费者易识别、易记忆，亲和的形象更容易拉近与消费者的距离，在一定程度上节省了企业广告促销以及市场活动的成本。从长期收益看，"向司令"IP 打通了企业与"国粉"之间的边界，推动企业与消费者共创价值。

综上所述，企业家 IP 为企业创造商业价值，必须解决企业价值创造活动中的痛点问题，合理运用，而非过度开发。

六、参考文献

［1］［美］安妮塔·艾尔伯斯. 爆款：如何打造超级 IP ［M］. 北京：

中信出版集团，2019（12）：83－125.

［2］陈格雷．超级 IP 孵化原理［M］.北京：机械工业出版社，2021：3－5，151－152，205.

［3］陈莎莉，郭凯欣，龚克，等．中国传统文创产品与用户匹配机制研究——以宇弦陶瓷为例［J］.外国经济与管理，2021（43）：141－152.

［4］程震．究竟什么才是有价值的 IP？这里有超级 IP 的四大引擎［EB/OL］.（2015－12－21）［2021－3－20］.Https：//www. huxiu. com/article/134784. html.

［5］钉科技．"董明珠的店"到"格力董明珠店"，不是改名字这么简单［EB/OL］.（2020－6－28）［2021－9－1］.Https：//www. sohu. com/a/404450828_123634.

［6］厉无畏，顾丽英．创意产业价值创造机制与产业组织模式［J］.学术月刊，2007（39）：78－83.

［7］欧阳桃花，武光．基于朗坤与联创案例的中国农业物联网企业商业模式研究［J］.管理学报，2013（10）：336－346.

［8］任文杰，蒋晶晶．基于品牌传播的企业家个人 IP 打造策略探究［J］.公关世界，2020（12）：44－46.

［9］魏鹏举．文化创意产品的属性与特征［J］.文化月刊，2010（8）：51－53.

［10］吴声．超级 IP 互联网新物种方法论［M］.北京：中信出版集团，2016（7）：3－10，20－35.

［11］向勇，白晓晴．新常态下文化产业 IP 开发的受众定位和价值演进［J］.北京大学学报（哲学社会科学版），2017（54）：123－132.

［12］张学军．把品牌建在顾客心里：4 步实现品牌 IP 化［M］.北京：中华工商联合出版社，2021（6）：15－70.

［13］Barney J B. ，Wright P M. On becoming a strategic partner：The role of human resources in gaining competitive advantage［J］. Human Resource Management，1998.

［14］Casadesus－Masanell R. ，Ricart J E. How to Design A Winning Business Model［J］. Harvard Business Review，2011，89（2）：100－107.

［15］ Chesbrough H. , Rosenbloom R. S. The Role of the Business Model in Capturing Value from Innovation：Evidence from Xerox Corporation's Technology Spin-off Companies ［J］. Industrial & Corporate Change, 2002 （17）.

［16］ Hoskins C. , Mirus R. Reasons for the U. S. Dominance of the International Trade in Television Programmes ［J］. Media Culture & Society, 1988, 10 （4）：499 – 504.

［17］ Teece D J. Business Models, Business Strategy and Innovation ［J］. Long Range Planning, 2010, 43 （3）：172 – 194.

［18］ Zott C. , Amit R. Business Model Design：An Activity System Perspective ［J］. Long Range Planning, 2010, 43 （2）：216 – 226.

［19］ Zott C. , Amit R. Business Model Design and the Performance of Entrepreneurial Firms ［J］. Organization Science, 2007, 43 （2）：181 – 199.

第三章

组织结构与运营模式的变革

随着数字化技术的应用，传统的组织结构和运营模式已不能适应新环境的要求。企业需要重新设计组织结构，优化运营模式，提升组织的敏捷度、灵活度、柔韧度。特别是在当前快速变化的市场环境中，企业面临着前所未有的竞争压力。在这种背景下，组织结构和运营模式的变革成为决定数字化转型成功与否的关键"瓶颈"问题。通过这些变革，企业能够更好地利用数字化技术，实现数据驱动的决策，优化资源配置，提高客户服务质量，最终实现持续的竞争优势和市场领导地位。

本书第三章精选了两个案例，展示了不同企业在组织结构和运营模式变革方面的实践。东润环能的转型案例揭示了企业如何通过战略性的组织结构调整和运营模式创新，成功实现向能源互联网平台的转型。这一过程不仅涉及对市场趋势的精准把握，还体现了企业在战略规划和执行上的高效能力。它表明，企业在行业变革面前，必须采取果断措施，通过结构和模式的创新来适应市场并引领行业发展。海康公司的实践则展示了在技术创新与产品开发之间寻求平衡的组织挑战。该公司在研发管理的复杂性及其解决策略上的探索，揭示了企业在追求技术领先时所面临的内部协调和资源配置问题。其经验说明，平衡创新与产品开发的需求，依赖于精细的管理和战略规划，以及对研发流程的持续优化。两家公司的经历强调了在快速变化的市场中，企业需要具备灵活调整组织结构和运营模式的能力，以及在研发管理上的深度思考和创新实践。这些因素共同构成了推动企业持续发展和保持竞争力的关键。

　　数字化转型要求企业优化组织结构，提升组织的灵活性和响应速度，同时需要不断创新运营模式，提升运营效率和市场竞争力。在数字化转型过程中，企业需要在技术创新和产品开发之间找到平衡，既要保持创新的动力，又要确保产品的市场竞争力。此外，组织结构和运营模式的变革需要有效的变革管理，确保变革过程的顺利推进和目标实现。

东润环能：从传统企业到能源
互联网平台的战略转型*

 案例正文

一、引言

北京东润环能科技股份有限公司（以下简称东润环能）自 2009 年创立以来，借助自身的资源与能力，从一开始以并网产品为中心，不断向产业链上游的咨询服务及下游设备运维服务延伸，通过资源、渠道整合，逐渐突破自身资源约束，形成了资源的跨边界能力。随着市场需求的多元化发展，为了获得良好的生态优势，东润环能前期通过开发能源类门户网站、能源设备电子商务平台，到最终形成能源全生命周期的管理平台——"能量魔方"，东润环能试图实现由产品到产业平台的转型。

2016 年 5 月 25 日，在东润环能董事长办公室，董事长邓董决定将能量魔方产品线独立为一个公司，由市场总监韩总担任能量魔方公司总经理，为以后的上市和资本运作做准备。

二、初创时期的产品与服务

2009 年 6 月，东润环能在北京市注册成立，是一家专注于新能源电力领域的服务公司，集政府咨询规划、新能源项目投资开发、工程实施、并网产品研发及绿色产业金融于一体的公司。2016 年公司员工 293 人，年销售收入达 58900 万元，公司已为华能、大唐、华电、国电、中广核等几十家主流新能源开发集团的 1000 多个项目，提供了风电/光伏功率预测产品与服

---

* 本案例中人名均做了修饰性处理。本案例由宋文燕、苏学杰、李禾、欧阳桃花撰写。案例来源：中国管理案例共享中心，并经案例作者同意授权引用。作者或版权方无意说明企业成败及其管理措施的对错。

务；为国家电网、南方电网的省调、地调、县调等提供新能源并网调度产品及服务。东润环能在新能源应用技术领域与中国高校和科研院所深入合作，获得国家高新技术企业、中关村高新技术企业、北京科技研发机构认定等 14 项资质认证，软著 44 项，3 大发明专利，11 项实用新型专利，新技术新产品 7 项。

东润环能从 2009 年成立以来，恰逢行业发展初期的蓝海市场，2010～2012 年快速成长（见图 1）。然而，自 2009 年《关于完善风力发电上网电价政策的通知》及 2011 年《关于完善太阳能光伏发电上网电价政策的通知》两个文件颁布后，越来越多的电力行业设备/IT 公司涌入市场，电场端并网产品市场从跑马圈地逐步进入价格战状态。面对异常竞争的红海市场，日渐萎缩的利润空间，东润环能开始筹划转型，由单一产品逐步延伸多元产品和服务，由发电端业务逐步向产业生态链的上游投资开发端和下游运行维护端延伸。从提供单一产品为主的商业模式，逐步向提供整套解决方案的服务模式转型。同时，为了利用其在传统业务领域积累的数据资源，公司开始加强线上平台建设，逐步由传统线下业务模式向互联网共享平台拓展。

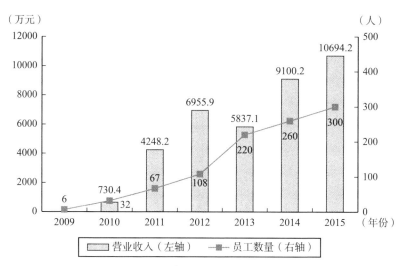

图 1　东润环能成长历程

三、发现客户新需求，延伸产业服务链

1. 发现运维新商机，向下延伸产业链

2013 年 5 月，公司销售总监刘总收到越来越多的客户抱怨，如风电场备件供应不足、设备维修不及时、日常维护等方面问题，这些问题造成了发电量上不去、客户收益降低、被电网考核罚款等问题。对市场的敏感性让刘总预感到这是一个机会，并把这些反馈信息一一记录下来，计划在 6 月 5 日的月例会上向管理层反映。

（1）发现运维市场新需求。

2013 年 6 月 5 日每月一次的例会如期举行。销售总监刘总认为 2013 年上半年市场销售情况不容乐观，价格战越来越凶，中标的价格都是以低价取胜。根据收到的客户反馈，认为风场建成后的运维市场是一个机会。

邓董赞许道，我们的业务发展到现在，行业技术壁垒被打破，竞争对手增多，产品同质化严重，且市场增速放缓。从公司的可持续角度看，单靠目前的产品难以维持生计，刘总反映的这个情况对于我们可能是一个机会。产品总监娄总认为，电场的运维其实很重要，电场的运维是否及时到位能影响到功率预测的精度，还会影响到风电场的发电能力，进而造成经济损失并影响到分管电场员工的个人业绩。市场总监韩总认为，风电场运行和维护管理是否高效，直接影响电站的发电量、电场收益、投资回报率。如何有效管理风场的运维工作，现在看来已被业主（指拥有风/光电场的企业，包括投资人、发电集团、其他企业等拥有电场的企业）提上重中之重的日程。风场运维市场空间挺大，估计将是百亿元级的市场。

大家听完，会议室有些躁动，财务总监严总认为，从财务角度看，开展运维业务势必要涉及风机备件的采购及库存问题，势必会带来资金压力，需要更多的资金来支撑这块业务。娄总认为，对于运维市场经验，我们是一片空白，从业务开展角度来看，不知道切入点以及风电场运维市场机制。销售总监刘总认为，从公司角度来看，运维业务与并网产品是有着起承转合的影响和联动，就销售渠道方面目前来看，运维中的备件贸易可以复用，但是能否复用到整个运维服务市场是未知数。人力总监崔总认为，公司的人员结构，没有运维方面的经验知识储备，这项业务看似繁花似锦，但是对我们企

业来讲是从零开始投入，风险很大，能不能到是个未知数。

大家提出的问题句句切中要害，邓总虽然看到机会就在不远的前方，但是新业务也确实面临诸多问题。为了能够搭上运维市场的车，邓总苦苦思考是否做出战略调整，将提供项目并网期软件产品延伸到项目并网后运维业务这一利润更高的业务上来。

（2）运维领域崭露头角。

月例会后，大家投入了紧张的调研，其间又进行了多次协调沟通。转眼间，再次开会的时间到了，大家都带着准备好的文件准时到达了会议室。

韩总掌握的资料显示，运维市场空间大，2014 年国内风力发电的运维市场将逐步形成三足鼎立的局势，第一种是业主单位成立、专门负责服务的子公司；第二种隶属于整机制造商；第三种则是独立的第三方服务公司，如表 1 所示。现在市场上主要是业主单位的服务公司和整机制造商的运维团队。

表 1　　　　　　　　　　　　　市场竞争

运维类型	代表企业	竞争优势	竞争劣势
业主单位成立的服务子公司	中能联创、协和运维、国电思达、大唐检修等	承接集团旗下的风电运维服务订单，同时向其他业主提供风电运维服务	技术力量薄弱
整机制造商成立的服务子公司	天源科创、维斯塔斯等	拥有较强的技术实力，提供整体运维服务方案，服务价值最大化	运维服务市场受其风机市场份额的影响
第三方服务公司	优康达等	能够提供较多的增值服务，覆盖多种厂家风机的大多数问题	技术水平具有一定的局限性，处于萌芽阶段，规模小，质量良莠不齐

刘总认为，运维工作有三条路可以选择：第一条是备件贸易（销售）；第二条是走技术改造的线路，为风电场风机提供技术改造方案，一来节约业主运维人员的工作量，二来提升风机发电效率；第三条是提供运维托管模式，这种模式由专业的第三方运维公司承接。我们公司可以选择第三方运维模式，从备件贸易入手，深入到技术改造和运维托管服务。娄总认为，风险不可控，需要反复调研和论证。在风险和收益没有很好地预期之前，风电场

后运维是一件值得商榷的事情。

邓董自信地总结道，事情总是要有风险的，我们需要尝试，以我自身的判断，运维业务将与并网产品产生联动效应，我们就定位在第三方运维服务公司。2013年9月，邓董下令娄总全力以赴攻下这块硬骨头：（1）一方面，通过老客户关系获取到风电场易耗件名录、采购频次和采购量；另一方面，与设备供应商谈判，通过渠道优势和公司业务能力获取代理权；（2）与销售总监刘总合力，要在近4个月时间在甘肃、内蒙古等区域拿下上百万元的备件采购订单，以贸易为点切入运维市场；（3）接下来，通过两年团队的培养，2016年开始承接新能源电场的托管运维业务。从东润环能投资的山西浑源风电项目与张家口尚义县光伏项目开始，逐步深入到风电场的托管运维及太阳能光伏电站托管运维业务。

2. 寻找长尾效应，向上延伸产业链

（1）理想丰满，阻音重重。

2014年11月的北京城是个暖冬，阳光透过玻璃射进办公室，在阳光下泡过的茶，香气氤氲。邓董思绪万千，他在心里无数遍模拟业务场景，进行业务组合和重构。加上7月公司在新三板的挂牌，更坚定了他拓展业务的决心。

在下午的高层峰会上，邓董认为，公司业务之间要相互借力、联动，打出组合拳。就目前的业务来看，并网产品中电网端产品能够带动电源端产品的销售，并网产品的客户能够成为运维业务的客户群体，以渠道复用带动运维业务。并提出一个问题——咨询规划业务的长尾在哪里。

韩总表示，咨询规划业务为政府提供能源结构调整建议、新能源示范城市规划等，这些咨询业务牵动项目的投资开发、施工建设。通过咨询业务，我们可以了解到一个城市的资源分布及未来能源的发展，尤其是新能源的发展方向。刘总赞同道，咨询业务是一项牵引的业务，引导政府做出重要决策，出台政策影响企业投资建设。在咨询阶段积累的政府关系可支持投资业务开展，这是咨询的长尾效应，而投资又会带动并网产品销售和运维业务合作。

邓董接着说道，政府的规划咨询是公司现阶段发展的原动力，投资业务就是我们下一阶段的驱动力，同时我们要打通工程实施端和金融端，打造一个新能源产业生态圈，让业务之间相互联动，达到多元发展。那么接下来我们要做两件事：一是加大咨询业务开拓能力；二是打通业务层生态链，成立投资、工程公司，从事新能源的投资建设业务。市场部总监韩总支持邓董的观点，并指出这些业务不仅是从上游到下游的影响，同时，下游也会对上游产生助力，譬如，挖掘我们积累的气象数据、地理数据、设备监测数据等，会为投资业务提供依据，同时快速帮助投资人找到优质资源。

崔总认为，就目前来看有难度。首先，就能源规划咨询而言，业务量不大，到 2014 年也就做了 4 个城市规划，尚未形成规模对投资业务的协同；其次，无论是业务规模的扩张，还是业务开拓都需要人去推动，团队能力建设也得需要跟进，目前不具有投资和工程建设方面的人才储备，而且咨询业务团队也急需扩招。娄总认为，专注做投资，需要很多方面的积累，公司需要建立投资体系和标准，规避风险，等等，这些都需要积累，并非短期能具备。工程建设我们没有接触过，更不用提经验。财务总监严总也认为，做投资、搞工程需要大量的资金投入，现在的资金池有限。

邓董最后总结道，一项业务的开拓需要经验和资金。经验方面我们不具备，那我们可以一方面整合人才，聘请一些经验丰富的人员来做，同时聘请专家做指导。至于资金源这块，一是我们可以通过融资、增资开展新能源项目投资；二是整合企业资源，寻求相关经验企业的合作，共同开发项目。另一方面，我们要加强建立与金融机构的关系，现在很多金融机构进入新能源规划领域，但他们对新能源业务不了解，在投资方面表现比较保守和谨慎。我们可以挖掘优质资源项目，一则为他们提供数据业务服务，二则可与金融机构联力投资开发项目。

（2）整合资源，平台初现。

公司的动作迅速，2015 年投资业务正式启动，收购吉林东能工程设计公司，致力于新能源项目的工程设计、实施及总包。成立基金公司为优秀项目提供资金支持，也为投资公司提供资金支持。

2015 年，公司打通项目开发产业链，从前期的咨询到后期的运维业务，均由分公司承担及实现，实现了集团化的管控协作。总公司则主要专注于互联网大数据业务的开拓。2016 年投资公司也开始崭露头角，先后有 1 个光伏项目的投资并网，1 个风电项目的投资并网。这两个新能源项目，皆由咨询部门提供开发咨询建议，基金公司提供资金支持，工程建设公司设计及实施，科技公司提供集控系统，预测新能源发电量及电力上网控制，运维公司负责项目建成后的运行及维护工作。

四、挖掘自身资源优势，搭建能源互联网平台

2015 年互联网基础设施建设加大力度，移动端得到空前的发展，截至 12 月底手机上网用户量超过 6.2 亿，互联网跟农业、金融、能源、教育等产业相结合加快了各产业的互联网化发展。2015 年我国大数据发展元年，大数据市场规模达到 116 亿元。借助正值互联网、大数据井喷式的爆发，2015 年，东润环能实现了线下从新能源规划咨询到具体项目实施运维的全产业生态链的业务覆盖。

随着电网不断智能化与数字化，互联网在能源系统的融入，构成了能源互联网。风电和光伏气象数据每天秒级数据采集和传输，每天产生 TB 甚至 PB 字节的数据量交互。气象、场站、设备、运行维护等数据的飞速增长，挖掘数据价值和大数据应用成为企业的着力点。东润环能从 2013 年到 2015 年，用 3 年逐步打造了"新能源门""牛掰""能量魔方"三款互联网产品，形成线上线下业务并进的能源移动互联网平台。

1. 初建新能源网站，提供数据应用服务

随着传播技术的革新与智能手机的普及，自 2010 年东润环能创建了新能源行业首个自营媒体手机彩信周报—"风光无限"，随后"风光无限"微博也受到行业人士的追捧，粉丝急剧增加。

2013 年 9 月的月例会上，大家一起探讨了《平台战略》这本书以及如何做东润环能能源互联网平台。经探讨大家认为做平台先从网站开始，以宣传途径为入口，因为东润环能拥有手机端和微博端近 5 万人次用户群。做网站更容易联结用户，作为了解新能源行业入口，可称其为"新能源门"。

东润环能核心优势是数据应用板块，这几年积累了不少数据，种类也比较多，包括气象数据、地理资源数据、设备监测数据、限电数据等风/光电场的实际运行数据。这些数据蕴含无穷的价值。初步的计划是将气象数据可视化，利用国内外气象源数据与东润环能自己研发的气象数据整合挖掘，实现投资人对新能源项目初期价值评估。首先，资源评估的工作，从线下实地

考察搬到线上查询，帮助行业人士节省初评阶段的时间成本和经济成本；其次，提升公司在气象数据服务方面的能力；最后，从宣传的角度出发，线上查询产生流量，平台关注度得到提升，一举三得。

2014 年底，资源评估应用板块在网站平台上投放，"新能源门"产生了活力，成倍流量的导入证实市场对资源评估这一应用板块的关注。用户愿意为资源评估报告服务买单，加快了平台转型的步伐。

2. 以设备点评为切入口，试水电商平台 App

2015 年 3 月初，"新能源门"研发工作也是如火如荼地开展，从资源评估平台到气象预报。伴随移动互联网发展成为热潮，移动端应用开发成为主流，东润环能参考阿里巴巴和淘宝的商业模式，筹划的新能源领域设备电商平台（App）也悄然启动。

接下来的几个月，东润环能与国内权威能源装备技术认证机构合作，以获取设备检测数据，招募具有 App 开发经验的人才，并成立"PDT7 开发小组"，全力开发该 App，并命名产品名称"牛掰"，寓意要做设备交易领域最厉害的平台 App。

然而，该产品的开发刚开始就遇到问题，数据量小，出于数据保密性的考虑，一些重要参数数据不能获取。数据质与量就决定了此款 App 产品是否能活下去，PDT（Product Development Team，PDT 是一个虚拟的组织，其成员在产品开发期间一起工作，由项目经理组织，可以是项目经理负责的项目单列式组织结构）成员开始行走各大设备制造企业、协会、认证机构，收集业务数据。与公司运维部门合作，导入运维储备的信息，同时聘请专家作为 App 的设备技术评审委员，运维技术总监作为平台的技术指导。让产品使用者（项目投资人）与专家和产品供应企业产生互动，活跃平台。该App 在 2015 年 7 月上线，通过软文推广、论坛以及微信订阅号宣传，引导和培养用户行为习惯，2016 年 3 月仍然没有起色。这是因为设备的点评和交易，需要长时间的积累和用户习惯培养。设备采购多为线下招标，口碑也是口口相传，对于线上评论也多是忽略的态度，所以从设备点评为入口切入到设备电商化的路径不可行。

3. 发力咨询规划业务，研发政府能源管理系统

2015 年 4 月，"牛掰"研发工作如火如荼，针对国家倡导的建设新能源

智慧城市，公司开始帮助政府做城市能源科学规划和智能管理业务。

在清明节过后的周例会上，邓董表示这个业务是战略业务，是公司从上到下打通业务的关键，目前市场上没有此类产品，政府又有需求，困难再大也要克服，往前推进。

在2015年7月成立能量魔方开发团队，专门负责该系统的开发，公司内部则安排投资公司与咨询部门人员，对目标城镇进行拜访及客户需求调研。通过与已有合作基础的张家口市政府再次合作，将其作为试点城市，征集政府部门需求。走访国土、林业、水利等各政府部门采集数据，将政府数据进行整合，进度非常慢，很多纸板文件需要电子化、数据化，数据信息之间需要相互核对印证。实地考察、走访专家、请教政府人员、系统研发等工作逐步推进。

4. 合并产品功能，能源互联网平台初现

（1）产品功能合二为一，产品研发轻装前行。

东润环能三款互联网产品在2014年、2015年先后投入研发，导致人力资源的严重紧缺，资金投入大，严重影响到公司科技业务研发投入。此时，公司对这三个平台产品的发展和定位又有了新的布局。

2016年2月14日，上班第一天，东润环能开门头脑风暴活动的主题是"春芽"，在这个春天里，东润环能要像种子一样，富有生命力，冲出土层奋力发芽成长。在活动最后，公司全体人员票选今年最具增长潜力的业务。票选结果显示，传统并网产品拔得头筹，三个互联网产品排名依次是："新能源门""能量魔方""牛掰"。

这种结果在情理之中，并网产品是公司现金流业务，"新能源门"在2015年有收益虽不多，但也反映了大家愿意为此买单，"能量魔方"是公司与政府沟通的一款战略性产品；对于"牛掰"来说，从2015年运营效果来看，时机尚未成熟，需要暂时搁置研发。鉴于"新能源门"和"牛掰"两款产品的互通承接关系，公司最终决定将"新能源门"与"牛掰"合并，进行功能整合开发。

（2）能源互联网平台形成。

2016年5月25日，5月的最后一周，太阳高照，夏天的脚步已悄悄来临。董事长办公室的气氛比较严肃。大家对目前互联网平台分别发表了自己的看法。

娄总认为，能量魔方 B2G 平台，到现在签约的城市已经有十几个，产品开发进度赶不上供应度，无法交付。什么原因，细究起来无非三个因素：①客户个性化需求难满足；②城市数据资源不齐全，收资困难；③我们对产品的理解能力和研发投入不足。这些问题反映了我们的业务聚焦能力差。刘总认为，说到聚焦，公司自 2015 年将投资、基金、工程建设公司收入旗下，这三家公司各自独立，又跟传统业务产生协同效应。"能量魔方""新能源门"是基于传统业务衍生的互联网产品，利用数据挖掘技术，为政府、投资人、企业等行业参与者提供服务的平台，就公司长远发展来看，建议将互联网产品独立出来，成立一家互联网公司。

董事长邓董欣喜地说道，刘总跟我的想法不谋而合，东润环能定位于互联网大数据服务公司，则专业从事科技产品和大数据服务业务，把传统的并网产品留在东润环能名下，其他业务都分散到子公司，独立运作。并接着对市场部总监韩总说道，决定将能量魔方产品线作为一个公司独立出来，由其担任能量魔方分公司的总经理，全权负责，"新能源门"产品也并到这个公司，新成立的公司主打就是互联网平台、大数据服务，为以后在能源互联网领域的发展打好基础。

五、面对未知，选择持续

"今天向大家汇报一下能量魔方公司的规划。产品规划这块，新能源门和能量魔方将合并为一个产品品牌'能量魔方'，而这个能量魔方是前者的升级版本，设计三个产品，一个是能量魔方企业版本（B2B）；另一个是能量魔方政府版本，这个版本继续走老能量魔方的路线主要针对政府业务（B2G），为政府部门能源规划、新能源项目管理提供依据；第三个则是针对大众用户（B2C）的能量魔方 App 版本。这三个平台都是要整合自有资源和外界资源，在此基础上引流产生交易，尤其是 B2C 端的 App 最终实现平台引流，初步设想以丰富项目资源为切入点，通过补贴分布式资源拥有者，让大量的分布式资源进驻平台，引驻项目投资人。通过平台实现其对分布式项目的投资开发，进而激发更多的资源拥有者，将资源分享出来，受益的投资人也会基于这个平台做更多的投资，以及相关的项目实施招标、设备采购等，这将联动整个生态圈……"韩总激情四溢地描绘着这个新公司的规划。

邓董陷入沉思，回顾东润环能从创立之初到现在，始终以"人人享用清洁智慧能源"为使命，经过七年的发展，从最初以并网产品为中心，不断向产业链上游的服务业务延伸，整合内外界资源，突破自身资源约束，实现业务增长。为了获得良好的生态优势，满足多元化的用户需求，公司开发了"新能源门""牛掰"，以及其终极产品"能量魔方"，期望实现由传统能源企业到能源互联网平台的转型。东润环能做了一系列的产品创新和业务布局，这些布局是一条充满希望的道路，但这条道路布满荆棘，充满坎坷和崎岖，这条转型道路能否真正引领帮助东润环能走出红海市场的困境，能否真正实现其目标，这些都是未知数，犹未可知。

正所谓"创业初心今犹在，前路艰险未可知"。

案例分析

一、东润环能的发展阶段

东润环能从 2009 年创立以来，共经历了三个阶段：第一个阶段，主营业务确定时期。创业初期以产品为中心，发展并网产品。第二个阶段，公司向产业生态链上下游延伸。以产品为中心，对业务重新进行梳理和规划，并充分利用以往的数据积累优势，建立咨询平台，为政府和企业提供服务。例如，为新能源示范城市/示范园区提供咨询业务，为城镇可再生能源利用提供咨询服务等。在此基础上，加入金融机构和投资机构，并成立东润环能投资公司，解决项目的工程咨询、建设、实施等工作。第三个阶段，公司向能源互联网平台转型。东润环能将第一、第二阶段积累的数据资源及客户群体资源由线下整合到线上的互联网平台，从而实现资源的数据应用化，逐步打造面向全产业生态链的互联网服务平台，具备资源评估、气象服务、设备选型、运营管理、设计规划、专业技术、项目评估、金融服务等八大业务板块，为政府、金融企业、电力投资企业、机械设备企业、设计院等不同类型的参与者提供大数据分析和信息服务。

传统能源主要从事传统能源生产、加工、销售等经营业务的经济实体，包括石油、天然气、煤炭、电力等企业。传统的能源企业与新能源互联网企业有很大的区别，如表 2 所示。东润环能作为新能源企业，借助其在传统行业积累的数据资源优势，以客户需求为主导，构建了一个新能源技术和互联网相耦合的全新能源体系。东润环能为客户提供产能信息、运营维护等多样化服务，由单一产品为主的商业模式逐步向提供整套解决方案的服务模式转型。

表 2　　　　　　　　　传统能源企业与新能源互联网企业

项目		传统能源企业	新能源企业
经济实体		石油、天然气、煤炭等	太阳能、风能、生物质能衍生品
成本	研发成本	低	高
	社会成本	高	低
	生态成本	高	无
商业模式		单一型提供能源	多样化提供产品
利润来源		不可再生能源	能源衍生品

资料来源：作者根据相关资料自行整理。

二、东润环能的战略转型过程

资源基础理论认为企业的本质是异质性资源集合体，在企业资源异质性和企业资源不可转移的前提假设下，掌握有价值的、稀缺的、不可模仿并难以替代的专有性资源是企业获得竞争优势的源泉（Barney，2001）。沿着资源基础理论的发展脉络，西蒙（Sirmon，2007）基于企业处于动态不确定性环境的背景，提出了资源管理，详细说明了资源管理过程中的三个关键行为：结构化资源的组合、整合资源以构筑能力和发挥平衡的能力，企业将获取的资源进行绑定，再形成能力，进而把互补的资源黏合在一起，形成企业的竞争力。

东润环能以并网产品为中心，开拓上游咨询业务、下游运维服务的过程中，整合并利用了各种资源，形成跨边界能力，完成由单一产品的商业模式向全产业链的转型。

首先，以并网产品为中心，开拓下游运维服务。并网产品属于企业所拥有的外显的、静态的资源，东润环能抢先发现商机，开发产品，但经过几年的发展，竞争企业可以用更低的成本对该产品进行复制和模仿，使行业供求增加，导致其毛利不断下降。在认识到并网产品已处于红海竞争中后，为了重新获取竞争优势，东润环能在经过大量的市场调查后，决定以运维作为切入点，将提供项目建设期并网产品延伸到项目并网后运维业务这一利润更高的业务上来。开发企业多年积累的品牌资源，获得初阶段订单；整合并网产品的渠道资源，跟当地备件生产商达成合作，降低运维成本；并购新能源投资公司和设计施工的 EPC 公司，快速完成市场导入。

其次，以并网产品为中心，开拓上游咨询服务。利用咨询业务对政府与企业的项目规划指导，带动一系列产品，使得业务之间产生联动效应。整合行业内经验丰富的专家，在技术上做顾问指导，解决经验不足的问题；通过新三板融资，解决资金缺口，增加对新能源项目的投资；强强合作，研发优质资源项目与金融机构联力投资开发，形成利益共同体。通过技术指导、新三板融资、与金融机构联合开发这三个因素在边界活动中的作用，公司对原有产业边界进行有机融合与开拓，并利用三者的联动效应激发了边界的潜能，跨越原有的产业边界障碍，形成跨边界能力，最终开拓了上游的咨询业务。

通过对原有资源、渠道资源以及公司并购三个关键因素的整合，东润环能突破企业自身资源的约束，提高了资源利用效率，跨越产业边界障碍，形成资源的跨边界能力，构建了具有资源优势的转型路径。借助资源与能力的并用，东润环能形成了全产业链。新的产业链包含了上游咨询与投资服务、中游的核心产品销售、下游的运维服务，产业链之间的联系不再是松散的组织形态联系，而是一个紧密集合体，链条间的整合可以形成资源和利益的共享，从而提升企业的竞争力。

三、东润环能战略转型的实现过程

随着技术的进步，新兴商业模式的产生，企业在其战略设计与实施环节，越来越重视顾客及其需求（Priem and Butler，2001）。需求基础观是以需求多元化作为假设，认为企业的目的是为满足顾客需求所提出的解决方案的载体，而企业竞争力是在提升顾客价值的过程中获得的。企业必须考虑到市场细分和顾客偏好，即使企业所掌握的资源处于劣势，但基于顾客需求多样化的市场细分战略也可以帮助企业来应对竞争（Adner and Snow，2010），来达到客户或需求的协同（Madhok et al.，1998）。这种协同效应主要来源于三种机制：产品组合可以满足顾客的多层次、不同种类的需求（Stremersch and Tellis，2002；Hinterhuber，2002；Schmidt et al.，2015）；帮助顾客实现对降低购买或获取信息成本的追求（Chatain，2001；Zander and Zander，2005）；更好地利用顾客之间的外溢性，在平台上进行多样化（Ye et al.，2012）。以行业间的多样化作为手段，通过提供产品或服务的组合，扩大了单个产品或服务为消费者带来的效用，进而创造更大的价值。这样，企业的优势不仅来源于资源能力的积累，而且可以来源于外部资源的有效利用，从而产生生态优势。生态优势强调共赢——把饼做大，形成共生、互生、再生的利益共同体，所以，价值的创造也不再是企业的内部活动，而是与外部伙伴——可以是上下游、互补品生产商，甚至是消费者和用户——共同创造。

　　需求是创新的原动力，在市场竞争中，创新的实质就是如何满足和创造需求，企业不断发现产品市场新的需求和维度，进而才能通过创新为顾客提供价值。东润环能首先从用户和市场的需求出发，聚合不同层面的资源，目的就是满足不同的顾客所提出的需求，从顾客需求出发，不但可以解决资源基础观中忽视顾客和市场多样化的问题，而且有助于企业在市场竞争中构筑良好的生态优势。其次，在挖掘市场和用户需求的基础上，可以发现行业结构中的空白。在战略视角转变的前提下，东润环能以三个产品的演化完成了由全产业链向平台化的战略转型。平台的发展经历了三个阶段，以三个产品为主要划分依据。

　　第一阶段即"新能源门"。新能源门是一个能源类门户网站，在这个网站可以为不同的需求者提供能源数据统计、信息快递、市场分析等一系列免费的资讯服务。通过东润环能前期的数据积累，与互联网技术的无缝衔接，为行业内人士提供查询数据，一方面发挥了公司多年积累的数据价值，使其再一次开发利用，另一方面节省了用户的时间成本和经济成本。同时，查询产生的流量有益于产品的宣传。通过"新能源门"这一平台建设，东润环能充分利用了客户的协同效应，满足了不同层面的需求，降低了用户获取信息的成本，并利用顾客的外溢性对自身品牌的打造，产生了积极的影响。

第二阶段即"牛掰"产品。牛掰是一个电子商务平台，利用气象资源数据、地理资源数据等为设备供应商、投资方、金融机构等提供设备点评服务。供应商免费进驻该平台，为设备采购方提供最佳设备选型及设备供应商选择服务，从而降低了客户获取设备信息及购买成本，满足了客户对设备的需求。通过"牛掰"这一电子商务平台，东润环能将设备采购方与设备供应商整合在一起，通过扩大用户参与度来营造自身的竞争优势。

第三阶段即"能量魔方"。能量魔方是东润环能平台形成的终极产品，将第一、第二阶段的"新能源门""牛掰"的业务功能板块进行整合而形成的能源全生命周期的管理平台，通过出售定制化的平台服务获得收益。基于传统业务衍生的互联网产品，利用气象预报数据、限电数据、设备选型、电场数据、风光资源数据、地理数据等大数据的挖掘技术，东润环能通过"能量魔方"这一平台，集合了上游供应商、下游客户，形成集成 B2G、B2B 和 B2C 的新能源互联网平台，最终完成由产业链向平台式企业的转型，形成竞争力。

综上所述，东润环能以第一次转型为基础，以需求基础观为战略点，充分利用顾客多样化、需求多层面以及其产生的顾客外溢性进行开源创新，使得顾客不仅可以更紧密地融入企业的价值链，甚至可以融入到产品设计中，为 B2G、B2C、B2B 的整合创造条件。同时，互联网平台转型的成功，围绕平台产品形成了功能丰富的生态圈，而这些又反过来帮助东润环能获得更多的数据，对客户有更精准、深度的了解，巩固了其核心能力，成为又一个潜在核心竞争力的增长点。

四、实施战略转型的边界跨越能力

边界跨越是包含重要外部利益相关者的外向型活动的集合。边界跨越的本质是组织与它周围环境之间的界限（Scott，1992）。边界跨越是组织快速应对外界变化，从情景化信息中创造长期价值的重要能力（欧阳桃花、丁玲、郭瑞杰，2012）。在边界划分中，有水平边界和垂直边界两大类。水平边界主要指在组织层级构建过程中的层级结构和职能部门，不同层级和部门被特定边界所界定。这些规定决定了这个部门或层级的作用范围和行为方式。垂直边界是组织与外部环境之间的隔离，外部环境包括组织与顾客及其与上下游的关系。对于企业来说是指与顾客、供应商、管制机构等的关系，对于政府则主要指与民众、为政府采购提供服务的企业和第三部门的关系。

在传统能源领域，咨询投资、运维服务等属于完全不同的产业，这些产业存在清晰的边界，彼此不会产生直接的交易关系。但随着市场需求的多样化、行业边界越来越模糊，东润环能第一次战略转型选择打通全产业链以实现企业发展的价值多元化，其打通过程更多的是垂直方向上的产业边界。第二次转型从产业链到新能源互联网平台企业的战略转型，其打通过程更多的是水平方向上的组织边界。产业边界与组织边界出现的典型问题如表 3 所示。

表 3 边界障碍

转型	边界类型	典型问题	表现
第一次战略转型	产业边界（垂直）	用户体验差	产品、服务结构多层，影响用户体验；服务归属分离
		分工严格	分工明确，项目管控断层，效率低
第二次战略转型	组织边界（水平）	组织壁垒	各部门独立运转，相互协作能力差
		知识壁垒	员工知识结构不同，沟通不畅

资源基础观认为，企业拥有的资源状况是决定企业能力的基础，而企业能力决定了企业成长的速度、方式和界限。东润环能第一次战略转型实现了产业链的整合，产业链的整合包括三个层面。首先是知识整合。整合行业内经验丰富的专家，对技术上做顾问指导，从而将产业链中不同内容、不同层次、不同结构的知识有机地组合在一起，形成完整的知识体系。其次是创新整合。以知识共享为基础，创造性地将咨询和投资与企业的主要产品相关联，使得上下游与核心产品实现在研发、投产的无缝连接，使得产业链上的利润最优化。再次是价值整合。通过对整个产业链的协调，实现上下游在价格、产量、策略等方面的纵向协同，创造自身的核心竞争力。通过知识整合、创新整合、价值整合三个方面的动作，东润环能在全产业链上形成边界整合能力。边界整合能力帮助产业链协同创新，扩大了企业的市场影响力和

渗透度，进而推动企业快速成长。

需求基础观认为，企业是一个能够满足顾客需求的解决方案的载体，它面对的是一个多维的产品市场。东润环能第二次战略转型从产业链的多元化企业变成一个提供多种能源服务功能的平台化企业。在这个平台中，有政府、个人、供应商等上下游组织，不同的组织同时在一个平台上活动，需要企业有极强的兼容能力，才能使之融合共生。首先，通过招聘高人才、参与行业内组织的专业培训、聘请企业/外部机构进公司给予专业培训及企业间的访问学习以补充知识瓶颈，组织学习引进华为集成产品开发流程，以客户需求为导向，将各个相关部门兼容。其次，在组织内部，每周早会加强了部门间的协作沟通，季度质询会适时对企业经营状况进行反思，对未来规划进行及时的修正和调整。这突破了传统科层制下等级制度或工作职位的束缚，有效整合和传递资源，缩短了组织内部的物理距离。再次，通过项目制、灵活的沟通体系在边界活动中的作用，东润环能对原有的组织边界进行有机兼容，激发边界潜能，改变了边界之间的联结关系或组合形态（Harrison and Håkansson，2006），尤其在人力资源方面，采取了有效激活的措施和方法以调动他们的积极性和主动性，形成边界兼容能力，跨越组织边界障碍。

五、构建竞争优势和生态优势

竞争优势（Competitive Advantage）理论体系的代表性著作有波特的《竞争战略》（1980）、《竞争优势》（1985）和普拉哈拉德与哈默尔于1990年发表于《哈佛商业评论》的《企业的核心竞争力》。该理论首先认为，企业的利润率主要由两个部分决定：一是行业结构。波特的五力模型对行业结构进行了系统地描述，并且预测影响方向。这些因素的合力最终决定行业的平均利润率。二是企业拥有和控制的资源。丰富的资源可以帮助企业保持成本领先或差异化的竞争优势，获得好的定位。如果企业拥有的资源是有价值、稀缺、不可模仿和难以替代的，就构成了核心竞争力。它决定了企业是否能持续获得高于行业平均的超额利润。在大工业时代的背景下，产业结构在相当长的时间内可以保持稳定，消费者对产品诉求也相对简单、单一。因此，核心竞争力的刚性和单一性局限表现得不突出。企业在固定的价值链环节上发展核心竞争力，即获取资源是赢得竞争优势最通用、稳妥的方法。企业的优势不仅来源于内部价值链活动的优化和资源能力的积累，还来源于对外部资源的有效利用，也就是企业组合商业生态圈元素，协调、优化生态圈内伙伴关系的能力。与内生的竞争优势相反，生态优势强调的是"外部关系"，不仅关注自身的价值链，还要重新定义和优化价值网上的活动，管理好不拥有的资源。关于竞争优势与生态优势在各个维度上的比较，如表4所示。

表4　　　　　　　　　　　竞争优势与生态优势

项目	竞争优势	生态优势
竞争的目的	零和博弈	共赢—共生，互生，再生
价值的创造	内生的	外生的
价值的获取	价值链活动	价值网活动
优势的来源	管理好所拥有的资源	管理好不拥有的资源
优势的评判标准	有价值，稀缺，难以模仿，无法替代	异质性，嵌入性，互惠性
优势的表现形式	持续地提供成本领先或差异化的产品	生态圈具有适应能力或放大效应
优势的数量	单一的	多个的
优势的可持续性	核心刚性	动态能力

资料来源：作者根据相关资料自行整理。

东润环能进行了由产品到全产业链，由产业链向平台的两次战略转型。

第一阶段的战略转型，致力于打通全产业链，培植企业的竞争优势。东润环能通过并网产品的前期积累，无论是行业数据还是资源，都是有价值且难以替代的。为了保护并寻求更多的资源，在红海竞争中占领优势，企业必须延伸产业链，扩大资源范围。公司采用高度垂直的整合模式，公司业务覆盖咨询、投资、产品、运维完整的产业链，并试图将线下与线上业务相结合，建立新能源一体化的解决方案。产业链上的每个环节包括众多企业，无论是并购者还是合作者，每个企业的活动直接影响到整个产业链的价值生成，借助于不断提高的资源整合能力，达到了全产业链模式的打通，使得其竞争优势的来源从单一产品的利润提高到整个价值链上企业所拥有的所有资源。

第二阶段的战略转型，将战略方向定位于新能源互联网平台企业，营造企业的生态优势。在这一阶段，东润环能通过三款平台型产品，成功转变到互联网平台型企业。平台型企业建立需要有多边的参与者。平台型产品的开发，使得大量的参与者及资源进驻平台，多样化的资源种类及庞大的资源量吸引投资者使用该平台，这使得企业的生态优势不但来源于内部的积累，还源于对外部资源的有效利用。在生态优势的视角下，东润环能的利润来源也发生了变化，其价值来源不仅来自内部活动和上下游的外部伙伴，还加入了消费者和包括政府、企业在内的用户。借助于边界跨越的能力，东润环能不仅只关注自身的价值链，同时对生态圈内的异质性的伙伴进行关系的协调与优化，管理好不拥有的资源，从而由竞争优势转变为生态优势。

六、传统企业向新能源互联网企业战略转型的意义

本案例所研究的东润环能公司所在的领域是新能源产业，新能源产业是由于传统能源资源日益紧张和气候变化等环境问题而繁荣发展的产业。近期新能源产业的发展取得了很大进展，但由于新能源产业本身还不够成熟，其遇到的挑战或困难也不容忽视。借助互联网技术，东润环能公司完成了由资源导向到需求导向的转变，由竞争优势战略向生态优势战略的转型，总结东润环能公司的转型经历，对于能源行业的其他传统企业构建生态优势的借鉴意义如下。

第一，当企业处于行业结构稳定的产业中，需要利用自身的资源优势，培养核心竞争力，在产业发展的轨道上不断创新，实现突破。公司借助移动互联网，将其在传统能源产业下积累的数据和资源，由线下转到线上，从单一产品的模式转型为共享平台，由竞争优势转型为生态优势。

第二，以市场需求为出发点，聚合不同层面的资源，精准把握客户个性化需求，围绕客户进行创新，以三个产品的演化推进完成了由全产业链向平台化的成功转型。东润环能研发的三款平台型产品，都是围绕不同层面顾客的需求，进行产品创新从而不断提高自身的市场竞争力。

第三，竞争优势与生态优势是相辅相成的：竞争优势是维系生态优势的基础，生态优势是放大竞争优势的系统。无论是先发展竞争优势，再借助其力量撬动生态优势，还是先发展生态优势，再借助其资源建立竞争优势，都是殊途同归。但是路径的选择与产业环境息息相关：当竞争环境异常激烈

时，竞争优势的紧迫性会尤其得高；当产业融合与跨界合作兴起时，生态优势的重要性会特别明显。东润环能先借助于自身丰富的数据资源建立竞争优势，再利用市场的需求发展生态优势，根据产业的变化动向而实现战略的不断调整，达到良性循环。

七、案例后续发展

2016 年 6 月北京能量魔方数据技术有限公司正式成立，韩总担任公司总经理。"新能源门"网站作为能量魔方的（B2B）平台，提供资源评估、气象预报等功能版块，同时拓展设备选型、电站运营的功能版块。更多的精力则聚焦在手机应用端能量魔方 App（B2C）研发，以满足分布式光伏项目的投资开发需求，通过卫星技术收集全国范围内的分布式资源（屋顶、鱼塘等）并通过线下合伙人机制完善资源信息，以此为切入口开启投资、建设、金融等业务版块的链接，通过产品迭代和运营引驻项目投资商、工程实施方、设备供应商、金融机构等。能量魔方政府版本（B2G）在沿用传统业务模式的同时结合能量魔方 App 为地方政府提供分布式资源开发规划方案等增值服务。

八、参考文献

［1］欧阳桃花，丁玲，郭瑞杰. 组织边界跨越与 IT 能力的协同演化：海尔信息系统案例［J］. 中国工业经济，2012（12）：128 - 140.

［2］Adner R., Snow D. C. Bold Retreat A New Strategy for Old Technologies［J］. Harvard Business Review，2010，88（3）：76 - 81.

［3］Andrews W. R. Behavioral and Client-centered Counseling of High School Underachievers［J］. Journal of Counseling Psychology，1971，18（2）：93 - 96.

［4］Dutton J. E., Duncan R. B. The Influence of The Strategic Planning Process on Strategic Change［J］. Strategic Management Journal，1987，8（2）：103 - 116.

［5］Farjoun M. The Independent and Joint Effects of the Skill and Physical Bases of Relatedness in Diversification［J］. Strategic Management Journal，1998，

19 (7)：611 –630.

[6] Ferenc Szurdoki, Eugene Trousdale, Barney Ward, et al. Synthesis of Protein Conjugates and Development of Immunoassays for Aal Toxins [J]. Journal of Agricultural and Food Chemistry, 1996, 44 (7)：1796 –1803.

[7] Gray B., Ariss S. S. Politics and Strategic Change across Organizational Life Cycles [J]. Academy of Management Review, 1985, 10 (4)：707.

[8] Harrison D., Håkansson H. Activation in Resource Networks：A Comparative Study of Ports [J]. Journal of Business and Industrial Marketing, 2006, 21 (4)：231 –238.

[9] Madhok A., Tallman S. B. Resources, Transactions and Rents：Managing Value Through Interfirm Collaborative Relationships [J]. Organization Science, 1998, 9 (3)：326 –339.

[10] Miller D., Friesen P. H. Archetypes of Strategy Formation [J]. Management Science, 1978, 24 (9)：921 –933.

[11] Priem R. L, Butler J. E. Tautology in the Resource – Based View and the Implications of Externally Determined Resource Value：Further Comments [J]. Academy of Management Review, 2001, 26 (1)：57 –66.

[12] Priem R. L, Swink M. A Demand-side Perspective on Supply Chain Management [J]. Journal of Supply Chain Management, 2012, 48 (2)：7 –13.

[13] Smith K. G., Grimm C. M. Environmental Variation, Strategic Change and Firm Performance：A Study of Railroad Deregulation [J]. Strategic Management Journal, 1987, 8 (4)：363 –376.

[14] Vol'berg, A. L., Konyagin S. V. On Measures with the Doubling Condition [J]. Mathematics of the USSR – Izvestiya, 1988, 30 (3)：629 –638.

[15] Wernerfelt B. Consumers with Differing Reaction Speeds, Scale Advantages and Industry Structure [J]. European Economic Review, 1984, 24 (2)：257 –270.

[16] Ye Fangqing, et al. ChemInform Abstract：Design, Synthesis and Inhibitory Activities of 8 – (Substituted styrolformamido) phenyl-xanthine Derivatives on Monoamine Oxidase B [J]. Cheminform, 2012, 43 (32).

海康公司：研发管理困惑——鱼与熊掌如何兼得*

案例正文

一、引言

2012 年国庆长假刚刚过去，林莉正坐在公司会议室里等待一场重要会议的召开，作为负责公司财务及行政人事工作的综合管理总监，她的心情忐忑不安。公司成立 3 年来，董事长首次召开全体高管开会。正纳闷着，门开了，董事长季涛神情严肃，眉头紧锁走进来，开门见山说道，"听了陈华的汇报，我对公司基因芯片产品的研发进度很不满意。快 3 年了，投入已近 5000 万元，还没理清头绪。我需要一个重新、全面的评估，切实了解这个产品成功的可能性及时间计划。请陈华在一周后再安排一次会议，向我详细报告基因芯片产品的具体进展和问题，所有总监和研发项目经理都一并参加"。他寒暄了几句便起身离开了，干净利落的话语背后却留下一抹沉重。

二、初陷困境，谋求思变

1. 海康公司简介与基因芯片检测平台

季涛是一位成功的生意人，旗下拥有多家颇具规模的公司，其中包括两个港股上市公司，产业涉及 IT、房地产及文化等多个领域，他希望自己所做的事业对社会和人民有帮助。2009 年 8 月，当听到他的朋友——一位美国知名院校的生命科技领域专家，提及基因芯片将是未来人类疾病检测的重要发展方向时，便毅然踏入了这个全新领域。于 2010 年 1 月 5 日创办了海康生物科技公司（以下简称"海康公司"），并聘请专家朋友的学生、拥有多

　＊ 本案例中人名均做了修饰性处理。本案例由黄江明、刘雨潇、崔争艳、欧阳桃花撰写。案例来源：中国管理案例共享中心，并经案例作者同意授权引用。作者或版权方无意说明企业成败及其管理措施的对错。

年资深研发经验的生物学博士陈华担任总经理。如图 1 所示，在生物医药产业的范畴内，生物诊断及检测是一个有着巨大市场的朝阳产业，而分子检测又是其中的一项热门领域，是世界性医疗诊断行业的重要发展方向。2014 年全球分子检测市场已超 70 亿美元。中国的分子检测市场随着经济水平的提高，每年增速超过 20%，2014 年中国分子检测市场规模达到 18.3 亿元人民币。

分子检测主要包括 PCR（聚合酶链式反应）核酸检测和基因芯片检测两类。基因芯片作为新一代分子检测开发的主流，不仅具备 PCR 核酸检测的所有优点，又克服了其一次只能检测几种病原基因的限制，实现可同时检测上百种病原基因。它综合了多个现代高精尖技术，被专家誉为"诊断行业的终极产品"，但因其成本高且开发难度大，仅仅被用于科研和药物筛选等用途，若基因芯片技术能克服上述缺陷并大规模产业化，必将全面替代 PCR 核酸检测产品而占据分子检测的广阔市场。

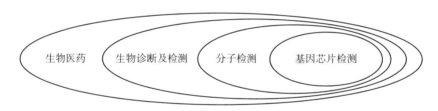

图 1　基因芯片所处领域

资料来源：作者根据相关资料自行整理。

创办海康公司的目标正是开发全新的基因芯片产品，这是一款包含基因芯片、检测仪器、点样系统、配套试剂及软件的平台型产品，集生命科学、医学、电学、工程学等多学科技术于一体，一旦成功可实现成本不到 10 美元，却能在 1 小时内同时检测上百种病原体，可大规模应用于临床常规诊断和传染性疾病的防控筛查，具有革命性的意义。因此，海康成立之初便把战略目标定位在这款基因芯片产品上，同时为先期积累品牌及市场经验，也一并开发目前主流的 PCR 核酸检测产品。公司下设 4 大中心，分别是研发、生产、营销和综合管理中心。截至 2012 年 9 月，公司人数已从成立之初的 10 人增加到 70 人。

　　林莉作为最早加入公司的成员之一，看着公司一步步发展起来，她自己也从最初的行政经理成长为综合管理总监。当一切都看似朝着良好的方向发展时，林莉却很清楚，公司的主要任务—基因芯片开发正遭遇技术瓶颈，研发进度非常缓慢。

2. 云遮雾罩的产品定位

　　这款基因芯片新产品包含了多个学科领域，极具创新性和独特性，这给研发工作带来了巨大挑战。总经理陈华亲自出面，和研发总监方婷两人共同负责研发管理工作。研发中心是公司规模最大的一个部门，按研究专业特点设7个项目组，分别是生物信息组、分析生物组、化学组、材料组、电学组、程序组和工程组。公司在成立之初便投入1000万元建设了一个生物学高端实验室，每年在研发上的资金投入约1000万元，截至2012年9月研发中心共有员工39人，其中博士学位13人，研发人员基本都毕业于国内外知名院校。

　　拥有如此强大的科研力量和充足资源的支持，基因芯片新产品开发却未能快速推进。林莉多次听到陈华对实验结果不满意的抱怨，部门气氛也一片阴霾，研发人员离职率升高，内部沟通出现问题，前几天竟然发生了两位项目经理在实验室争吵的情况。想到这些，林莉不由得皱起了眉头。

　　一周的时间转瞬即逝，同样是这个会议室，同样是阳光明媚的早晨，可比起上次会议的忐忑心情，现在的林莉更多却是担忧。

　　研发总监方婷先概略地介绍了当前的研发进度及问题分析，问题分析主要还是从技术角度进行的，比如现有能力对基因芯片的灵敏度提升的限制、参考的理论研究适用性差、重组酶表达不成功等几个技术性问题。季涛问道，需要多长时间能解决这些问题。对于这个问题，方婷有点底气不足。短暂的沉默过后，分子生物组经理先开了口，说道，"我们组负责检测灵敏度的问题，困难在于不知道要达到一个什么样的灵敏度。因为还没确定首款产品的检测目标，不同病原体的致病性不同，对灵敏度的要求也不同，所以无法做优化。另外，灵敏度的提升也不仅与分子生物组有关，电学组能提升电场中的基因杂交效率，工程组能放大显像倍数，这些也都能提升灵敏度"。随后，电学组、化学组、材料组、生物信息组、程序设计组和工程组的经理分别从本部门角度说出产品开发面临的困难。

　　会议室安静了许久，季涛才开口问道：大家所理解的公司首个基因芯片产品是什么。工程组经理认为就是这台基因芯片检测仪。生物组经理认为，检测仪只是个工具，只有工具毫无意义，第一个产品应该是具体检测某类目标疾病的芯片，比如癌症筛查芯片。方婷认为应该同时包含这两部分。总经理陈华认为应该是整个基因芯片检测平台，不但包含检测仪和芯片，也包含点样系统、试剂耗材、配套软件及服务。

季涛又问道，首款芯片检测目标是不是已经确定。陈华立即回答，还没定，初步希望做癌症筛查芯片，因为感觉这一块市场大，又能一炮打响，但癌症基因的检测对灵敏度要求高，研发难度大。流感检测芯片前景也不错，但其中还有少数几种流感病毒的基因探针不易设计，我们还在努力。营销总监任志平虽然是第一次参加这类研发会议，但却表现得很有兴趣，表示，这款新产品所具有的经济和快速的特点，并不是癌症患者最需要的。癌症患者可以接受价格贵一点、时间长一点的检测结果，所以癌症筛查芯片并不能体现这款产品的优势。我认为做传染病检测更好，比如流感芯片，因为这类疾病传播迅速，对检测时限要求高，受众也更广，基因芯片产品的快速和经济的优势一下就发挥出来了。至于还有几种流感病毒探针不易设计的问题，那能否将已完成设计的先期开发出一款产品，先做着市场，再继续研发，也许会打出有效的产品组合策略。

董事长一针见血地说道，请研发同事特别注意志平看问题的角度。不仅要从技术的角度，也要从市场的角度定义产品。首个产品不需一步到位、全面覆盖，只要有一定市场价值，在保证检测效果的前提下不那么完美也没关系，成本暂时不好降就先高一点，灵敏度暂时达不到就尝试先做灵敏度要求低的产品，要综合技术、市场、价格及时机等要素制定产品策略，再由产品指导研发。我们需要尽快推出一个产品，它的成功对我们的士气和信心更显得尤为重要。

······

日落西山，不知不觉会议开了已近一天，大家都显示出疲惫的神情。"好吧，根据今天的了解，看来我们的产品并不存在太大的技术风险，我们的团队也很优秀，我认为公司的核心问题不是技术问题，而是管理问题。"会议在季涛的结语中落下帷幕。不是技术问题，而是管理问题。林莉仍坐在会议室反复斟酌着这句话，可到底哪个环节出现了管理问题呢？公司制度全面，组织架构清晰，战略方向明确，资源支持到位，林莉实在是理不出头绪。

三、革故鼎新，突围之道

1. 将技术变为产品，把实验室变成企业

两天后，季涛又在一次会议上做了如下总结性发言，表示公司的战略定位从未变过，我们是一家以生命科技为基础的医疗诊断事业公司，我们的目标不仅是进行科学技术研究，也要做产品，只不过我们的核心能力是技术创新。所以对研发人员来说，最重要的使命不仅是为了技术服务，也是为了产品服务。又指出，当前，对海康来说，最紧迫的是转变技术导向为产品导向的管理模式，我们要将技术变为产品，从实验室变成企业；当然，这不是单靠嘴上说说就能实现，而是要通过对组织结构、制度流程、企业文化等一系列的调整来实现；首先需要立即成立产品中心，引入产品经理，建立一个新的组织结构及运行机制，在全公司构建产品导向的文化和意识。听了董事长的一番话，林莉心中豁然开朗，找准问题，对症下药。

2. 找对的人，做对的事

产品经理这个职位，林莉以前只是大概有些了解，却从来没认真研究。会后林莉一口气阅读了大量相关书籍，对产品经理的职责、角色与定位有了初步的理解。结合海康公司的实际情况，林莉列出了招聘产品经理的基本要求，委托猎头公司帮忙寻找。2012 年圣诞节，盛南正式加入海康公司。盛南同时具有分子生物学及工商管理学硕士学位，之前在一家知名生物科技企业担任产品经理。林莉心想这要按照以前的选拔条件，硕士学位的盛南可能连面试机会都不会有。

入职仅 3 个月，盛南便推动并实施了一系列工作。（1）调整公司组织结构，增加了产品中心，并通过矩阵式的管理发挥产品中心对其他部门的组织协调作用；调整研发中心架构，打破按学科分工的壁垒，改为根据产品业务划分项目组别，分为芯片项目组、探针设计组、点样系统组、仪器项目组和临床试验组。同时引入结构化的产品开发流程，权衡自主研发和技术外包，重新配置研发资源，建立产品导向的研发体系。（2）在公司战略、内外部环境及市场调研的基础上制定了基因芯片产品策略，最终确定 13 种肺炎病原芯片搭配检测仪作为公司首款基因芯片产品，完成第一个产品定义，并建立了"产品树"的全新概念。（3）对已有的 PCR 核酸检测产品重新规划，放弃一些没有价值的产品。自从盛南入职后，展现出了卓越的管理能力，特别是盛南敏锐的产品意识及市场意识，这正是之前公司所缺少的。而陈华是科研背景出身，重科研，缺少商业经验，对人才的任用偏重以学历高低衡量，追求完美的科研，不断要求更好的解决方案，造成新产品开发进度滞后，再如，他从来不看财务报表，对研发费用也漠不关心。盛南的到来让陈华感受到无形的压力，2013 年 3 月陈华选择了辞职。

3. 走过阴霾，曙光初现

陈华离任后，被提拔成总经理的盛南完全抛开了顾虑，充分展现出优秀的管理能力。盛南通过实施有效的产品导向的管理模式，以公司战略定位为主线，通过产品中心协调其他部门业务流程，公司形成了一种市场驱动、产品导向的创新和发展机制。

研发中心不断传来好消息。检测灵敏度被提升到 1×10^{-5}，芯片爆点率控制在 5% 以内，已设计出 7 种肺炎病原检测探针，与外包方合作开发的第一代检测仪测试成功……

其他部门也取得了可喜的成绩。销售收入比上年提升 83%，并首次实现对国际市场的开拓；生产中心实行标准化流程，降低成本的同时又提升了产品合格率；综合管理中心重整公司职级及考核体系，制定了预算核算制度，科研成本较上年下降了 24%……

2014 年春节前夕，海康公司举办了一场盛大的年会。董事长季涛表示，"我个人认为这 1 年我们取得的成绩超过了前 3 年的总和"。一切都看似顺利、良好地发展着，但隐藏的问题却在逐渐显现。2014 年 7 月初，林莉刚组织各部门完成 2014 年上半年的绩效考核，正在办公室审阅研发中心的考核表。只见研发总监方婷推门而入，气势汹汹表示如果研发中心的绩效考核再这样搞法，自己也辞职！她边说边把一封辞职信—最为核心的芯片项目组经理李亦薇的辞职信扔到林莉面前。

四、顾此失彼，困境再现

1. "短平快"下的危机

盛南、方婷和林莉都眉头紧锁在会议室开会，分析李亦薇辞职的原因。

方婷表示，亦薇这次考核又是倒数第一，是她辞职的主要原因，她是个性格泼辣、爽快利落的人，虽然身材娇小，可做起事来比男人还拼命；在美国修读完生物学博士，毅然回国进入海康，希望能成就一番事业。林莉尽量平心静气地解释道，亦薇考核扣分的主要原因是她没控制好项目的研发费用。根据上半年的核算，其他几位经理都将费用控制在了预算范围内，而她的项目支出却远远超过预算。

方婷看起来一点没消气地表示，我们的工作性质跟其他部门不一样，研发工作的创造性和不确定性很强，工作不易量化，比如这个实验结束，才能根据结果决定下一步怎么做，这个费用无法预估。林莉一丝无奈地说道，公司正在培养大家的经营意识和市场意识，研发费用和成果产出要挂钩，希望大家理解。

方婷说出了心里话，语气也柔和了下来，并表示明白也同意这样的方向。但自从引入新的考核方式，大家处处小心翼翼地控制经费，保守性地开展工作，导致很多尝试性的研发方案都被舍弃了。因为结果不易估计，也有失败的风险。研发做得越多，考核成绩却可能越差，就像亦薇。但不确定性与尝试性对技术创新有非常关键的作用。盛南随后发话，指出海康是基于技术创新的产品开发，没有技术创新就是釜底抽薪，保持具有竞争力的创新能力是我们这类高科技公司成长的关键。但创新又需要很大的投入，如何在经济效益与技术创新能力之间取得平衡是我们需要考虑的问题。方婷说道，现在天天讲效率、讲效益，同事们都只关心计划完成率，谁都不感兴趣最新的理论研究和技术发展，整个部门一点科研气氛都没有，研发能力得不到积累，大家的眼光只会越来越窄。

2. 兼容并蓄，双元发展

针对新的问题，盛南又带领大家集思广益、群策群力，几周后，4项调整措施便出炉了。

首先，再次调整研发中心组织架构，平衡了技术创新和产品开发的需要。技术研发部按照学科专业划分出 4 个专业小组：分子生物组、化学组、电学组和工程组，专注于科学研究和技术创新。产品开发部也简化为 4 个项目小组，分为芯片项目组、点样项目组、仪器项目组和临床项目组，其职责是通过科学技术的转化及应用实现产品开发。研发人员按照专业背景及项目任务同时或单独隶属于两个部门下的不同项目组，这样既能保证核心技术得到不断积累，又能确保产品开发快速推进。同时还设置科研管理部，负责研发中心的组织协调、进度平衡及资源调配等管理工作。

其次，公司在资源分配上也对科学研究和技术创新给予更多关注。比如鼓励研发人员提出新的科研计划，对被批准实施的科研计划给予专项资金支持；每年年初对技术研究经费进行评审并保证一定占比，且这部分费用会单独拨付，不占用产品开发的项目经费。

再次，林莉发现在绩效评价及激励机制方面的短期导向也是造成这个问题的原因。因此她将评价指标在以前只关注效率效益的基础上又增加了技术创新类指标，并制定了相应的奖励措施。

最后，公司高层及研发内部会定期开展前沿技术研讨会及新产品项目评估会，从公司战略及长短期规划等角度评估并选择新的技术创新项目，并尽可能通过提前、细致地调研，减少这些项目成功的不确定性。

终于，各抒己见、自由讨论的科研氛围又回来了，林莉长舒了一口气。

五、未完的路

在审视、检讨和调整的反复循环中又告别了一年。在 2014 年度经营总结会上，盛南正式宣布第一个基因芯片产品开发成功，并按照预期计划进入临床前测试，他在思考为第一个产品取一个什么响亮的商业名字？

而任何事情都有它的"两面性"，自从研发中心调整组织架构，分别设置技术研发部和产品开发部执行矩阵式管理，这种管理结构机动、灵活，加强了横向联系，让研发人员的能力得到了充分利用，但也引出了新的问题。在这种模式下，由于研发人员有不止一位汇报经理，而这些经理们的管理素质不一，当相互间的沟通不畅时，工作指令便常常会因时间分配及任务优先等问题发生冲突，导致大量时间都被浪费在会议、协调和沟通上，使得决策的过程也被放慢，还得通过设置详尽的流程与清晰的职责维持经理们之间的权力平衡，造成严重的资源内耗和效率降低。而一些不自觉的员工也会利用这个机会钻空子，形成管理上难以监测和控制的真空地带。更大的危机在于，因为研发人员在组织架构中的位置不固定，这种临时观念让他们缺少归属感，再加上绩效评估会同时来自两位汇报经理的意见，这让他们需要耗费心力来综合决策如何分配时间和精力，并为体现出对两位上级的"双重忠诚"而产生烦恼和焦虑，已有不堪压力的研发人员因此而辞职。这些问题都让本应立足于技术创新前沿布局的方婷不得不耗费精力来处理。林莉突然发现似乎无论怎样优化组织结构和流程都不可能完美，新的问题总会随之而来。

林莉还发现，近期陆续离职的几位研发人员都是 2013 年刚入职的"90后"毕业生，她们聪明、激情却又个性十足，对待工作的态度全凭自己的内心和兴趣，这与"70后"精英、在传统教育中成长起来的方婷所领导下的踏实、敬业、严格的研发团队显得格格不入，林莉认为有必要针对新一代研发人员的特点调整也适合于他们的环境氛围和团队文化，而方婷对此却不以为然，反而认为是他们的价值观和理念出了问题。

有没有鱼与熊掌同时兼得的研发管理？林莉陷入了沉思……

 **案例分析**

一、海康公司研发的产品及其定义

有关产品的定义，可以从技术研发、产品功能、市场营销三个角度去阐述。

从技术研发的角度讲，产品是指为了满足自身的需要，通过科技发明或经验总结创新而形成的物品。既包括新发现、新发明、新理论、新工艺、新程序等知识形态产品，也包括新材料、新器件、新设备等实物形态产品。

从产品功能的角度讲，产品必须具备一定的功能，才能具有使用价值，消费者对产品的需求其实就是对产品各种功能的需求。

从市场营销的角度讲，营销大师菲利普·科特勒认为产品是指能够提供给市场以满足某种需求和欲望的任何东西，它既包括具有物质形态的产品实体，又包括非物质形态的利益，这就是"产品的整体概念"。最终产品如果并非市场/客户所期望的，就会失去市场竞争力，产品就以失败告终。科特勒认为产品整体概念包含五个层次，各自的内涵见表1。五层次的结构关系由内到外分别是核心产品、有形产品、期望产品、附加产品和潜在产品。

表1　　　　　　　　　　**科特勒产品五层次的内涵**

产品层次	具体内涵
核心产品 （Core Product）	指消费者购买某种产品时所追求的利益，也就是顾客真正要购买的服务和利益，核心利益层在产品的整体性概念中也是最基本、最主要的部分
有形产品 （Generic Product）	是满足消费者核心利益的物质表现形式，也就是产品基本的有形形式，是核心产品借以实现的形式
期望产品 （Expected Product）	符合消费者喜好的，包括价格、方便性，以及产品功能表现等各个因素。也就是购买者购买产品时期望的一整套属性和条件。不同的人对这种期望是不同的
附加产品 （Augmented Product）	这一层次包括供应产品时所获得的全部附加信息和利益，包括送货、维修、保证、安装、培训、指导及资金融通等，还包括企业的声望和信誉
潜在产品 （Potential Product）	指此种产品最终可能的所有的增加和改变，是企业努力寻求的满足顾客并使自己与其他竞争者区别开来的新方法

海康公司创建于2010年，主要从事生物医药产业中分子检测的产品开发与市场化业务。分子检测是生物医药产业的热门领域，主要包括基因芯片检测和PCR（聚合酶链式反应）核酸检测。海康主要研发一款创新型的基因芯片产品，同时也在完善PCR（聚合酶链式反应）核酸检测的产品系列化。

有关基因芯片产品的定义，海康不同管理者貌似一致，以为不言而喻都明白。但在董事长主持的会议上讨论时，却发现不同部门对基因芯片首款产品的定义有分歧。管理者们对基因芯片检测产品的定义之所以有不同的理解，是因为他们是分别从技术、功能、市场等不同角度为出发点来定义产品的。比如，总经理是科研背景出身，缺乏商业经验，对产品定义的出发点是技术创新角度，他认为做好研发之后才能做好产品；而销售总监具有敏锐的市场意识，对产品定义的出发点是市场营销，他认为要做好产品必须以市场需求为导向，研发总监则聚焦到具体的产品功能来理解产品的定义，认为只有满足消费者对功能的需求的才是产品。

　　产品定义是企业进行产品创新的初始阶段，是决定企业绩效的核心因素之一，因此，企业高层管理人员必须对新产品定义的战略重要性给予足够的重视。从产品的技术、功能、市场不同角度来定义产品内涵，体现出企业的研发管理战略思路，也体现出战略聚焦以及如何构筑可持续发展的竞争优势。海康董事长基于技术和产品都要兼顾的出发点，将公司战略与基因芯片产品定义为：公司的战略定位从未变过，我们是一家以生命科技为基础的医疗诊断事业公司，我们的目标不仅是进行科学技术研究，也要做产品，只不过我们的核心能力是技术创新。所以对研发人员来说，最重要的使命，不仅是为了技术服务，也是为了产品服务。

二、海康研发管理的类型及调整研发管理战略

　　研发（R&D）活动包括研究（Research）与开发（Development）两大部分。研究是为了探究未知事物的本质和规律，而开发是指将已有的研究技术应用到实际产品或服务中，这里的技术是一种工艺方法，是为完成实际结果的科学和工程知识的应用。菲利普·劳塞尔等（2004）根据研发活动工作量的多少，把企业研发活动划分为基础研发、创新研发和改进研发三种研发基本类型，其中基础研发是企业对未知领域进行知识创新，大多用于企业的战略储备；创新研发是利用已有的科学技术知识，结合企业的需求与目标，进行二次开发的研究活动，改进研发在现有科学技术知识的基础上，实现技术上的小进步。这三类研发的特征如表2所示。研发管理的战略目标有以下3个：（1）保护、支持和扩大现有业务；（2）推动新业务；（3）拓宽/深化公司的科技能力。

表2　　　　　　　　　　　　　研发管理三种类型的特征

要素	改进研发	创新研发	基础研发
研发管理特征	以新方法对现有的科学和工程知识进行智慧挖掘	对特定业务目标进行知识创新，这些知识对整个世界而言很可能也是新的	进行知识创新，加深和拓宽对科学工程领域的理解，这些知识对整个世界而言可能也是新的

续表

要素	改进研发	创新研发	基础研发
风险与回报	低风险，低回报	高风险，高回报	高风险，不确定性较大
技术成功概率	非常高，典型值为 40% ~ 80%	初期阶段不高，典型值为 20% ~40%	初期阶段难以估计，取决于研发概念
竞争潜力	不大，但是必要的	中	大
所获竞争优势持久性	短，可以被竞争对手模仿	长，通常受专利保护	长，通常受专利保护

资料来源：作者根据相关资料自行整理。

根据研发管理类型的划分以及海康基因芯片的业务特征，分析得出海康的研发管理类型应该属于创新研发与基础研发。创新研发以现有的科学技术知识为基础，但这些知识又不足以达到所期望的实际结果，所以这类研发就是要发现适用于目标的新知识，并将这些知识和技术转化为应用与开发。案例中提到现有的基因芯片技术受制于成本高及开发难度大，只能被运用于科研和药物筛选。而海康公司的目标正是一款低成本的创新型基因芯片，一旦开发成功便能实现大规模产业化并应用于临床检测，所以海康的产品研发类型包含创新研发。基础研发是进入未知领域的科学/技术研究，它的目标是在未来潜在的技术领域使研究能力达到一定的深度，为这些领域将来的商业开发做准备。案例中海康公司要持续开发具有竞争力的基因芯片必须跟踪前沿生命科学基础研究，为未来的产品开发储备技术创新能力。

但是海康在以技术为导向的初创阶段，却在内部产生了以下一系列的问题：（1）研发工作进展缓慢；（2）管理者对产品定义不统一，对产品的规划缺少市场部门的参与；（3）研发项目组各自为政，协作性、衔接性差，缺乏有效的监控；（4）研发资源的分配随意且不合理。

董事长将海康公司的研发战略目标主要聚焦为在技术研究的基础上进行产品开发，以获取并保持竞争优势。海康公司的研发战略目标既要关注技术研究，拓宽/深化公司的科技能力，保持长期的竞争优势，又要在此基础上进行产品开发，以尽快推动公司的新产品、新业务，占据市场竞争地位，快速获取利润。董事长依据公司的研发战略目标，找准问题，他发现公司的研发都是在围绕技术开展，但公司战略目标并不只是进行科学技术研究，也需要做产品。对目前的海康而言，最紧迫的是从技术导向往产品导向转变，基于已有的技术研究来研发芯片产品，尽快推向市场获得反馈同时积累经验，然后再反过来逐步完善技术和开发新产品。

三、海康战略研发管理的过程

目标研发管理是一项复杂又微妙的平衡活动。经营管理者要求研发实现多个目标：支持现有业务，开发创新业务，深化拓宽公司技术能力。虽然经营管理者希望研发尽可能快地产生结果，但还是愿意等待创新结果的，只要潜在的回报与这种等待能够相称，而且竞争对手不会先期获利就能接受。只要有可能，企业就希望取得较高的回报，但仍期望回报与所承担的风险能够相平衡。此外，管理者用于研发的资源总是有限的，而且正确的战略平衡也必须经得起现有约束的挑战。在管理需求和资源约束之间始终存在着不可避免的限制，管理需求方面的限制包括有利的风险/回报状况、及时地达成适于公司目标的结果；资源约束方面的限制包括有限的资金、有限的时间、有限的人力和结果的不确定性。

随着企业研发环境的不断变化，一些公司能比其他公司更快、更好地应对变化，由此总结出了三代研发管理（见表3）。当变化发生时，明确认识公司的实践是哪一代研发管理，为应对变化提供了基础和依据。

表3　　　　　　　　　三代研发管理的特征

比较层面	第一代研发管理	第二代研发管理	第三代研发管理
公司层战略地位	技术导向；非长期的战略框架；研发属于间接成本	产品导向；过渡状态；部分战略框架	技术和产品兼顾；整体战略框架
研发管理关系	松散关系	法官—辩护人式的管理/研发关系；客户—供应商式的业务/研发关系	合作伙伴
组织结构	结构按成本与学科分类；不采用矩阵结构	集中与分散相结合；矩阵式项目管理	打破研发孤立性

续表

比较层面	第一代研发管理	第二代研发管理	第三代研发管理
研发战略	与经营策略联系不明显；技术第一，然后是经营本质	基于项目的战略框架；业务部门研发战略	全公司层面的研发战略

海康公司研发管理从以技术导向向产品导向转变过程归纳如下。首先，对产品经理的职位进行定义与招聘，便于协调各部门之间的沟通和协作。海康从以下四个方面来定义产品经理：①生命科学相关专业背景；②具有一定的商业经验和市场意识，最好有产品经理的实践经验；③很强的组织能力、协调能力和问题解决能力；④变革能力及创新能力。根据这四个方面来委托猎头公司寻找产品经理。其次，调整研发中心组织结构，打破按照学科分工的壁垒，改为根据产品项目组别设置组织机构。引入结构化的产品开发流程，这样有利于系统梳理研发进程，克服研发中心内部的沟通障碍和协作脱节。再次，对研发费用实施预算管理与成本核算，重新配置研发资源。最后，以效率效益为指标，调整研发体系的绩效评价及激励机制。

海康将研发管理目标转变为以产品导向后，在研发中心设置 5 个项目组，强调了产品研发项目的独立性，并按照这一特征进行管理，安排受过训练或有经验的项目经理负责重要的方案和项目，这些项目经理负责计划和协调资源，确保项目在预算内目标明确，按时进行。同时，海康在研发中心外增设产品中心以配合、落实这样的转变。通过矩阵式的组织结构发挥产品中心的主导及协调资源的作用。产品中心下设产品规划部、战略合作部及法规注册部，全面发挥战略合作、产品设计、产品生命周期管理、产品策略规划及知识产权管理等职能。因此，与以技术导向的研发管理相比，以产品导向的经营管理与研发管理的协作性有了显著进步，形成了一种市场驱动的、扩张性的、持续的产品创新和发展机制。

然而，这种以产品为导向的组织结构并不完全与海康的研发战略目标相适配。因为海康公司在短时间内由技术导向成功向产品导向转型，研发资源分配和绩效考核等也转变为主要以短期目标和产品变现为依据，组织架构的设置也是以产品组成部分为项目单位，以支撑产品的尽快实现，等等。这些改革导致公司内部以技术为导向进行研发的土壤大量流失，很多对前沿科学技术进行探索的创新性、尝试性研发工作，迫于项目研发费用超支、业绩考核差等原因而停止，研发人员更加倾向于研究短平快的开发项目，研发积极性降低，公司基础技术研发能力得不到积累和提升，公司内部出现了新的问题。例如在研发中心非常重要的芯片项目组经理李亦薇提出辞职。

结合三代研发管理理论（见表3）来分析海康的研发管理过程之所以一而再地出现挑战和困惑，是因为在初创阶段以技术为导向（即第一代研发管理），根据专业/学科划分研发组织结构，各个部门之间松散的组织关系不利于相互之间协作。而且技术第一的策略虽然有利于基础技术的积累和深化，但与海康公司的研发战略不能完全适配，忽略了在技术研究基础上进行产品开发，快速推动公司的新产品进而获取利润的短期目标。在转变为以产品为导向（即第二代研发管理）后，根据产品/项目划分研发组织结构，各个项目之间较高的独立性不利于整体的战略管理框架。同时突出产品的重要性使企业能够快速抢占市场并获取短期利润，但与海康公司的研发战略也不能完全适配，忽略了技术研究这一基石，不利于拓宽/深化公司的科技能力，导致企业没有足够的动力保持可持续竞争优势的长期目标。

这类"鱼和熊掌"如何兼得的管理困惑，是企业发展过程中经常遇到的典型管理问题，背后隐含的是企业的战略问题（见图2）。那么兼顾技术和产品导向的第三代研发管理，属于全公司层面的整体性的研发战略，是否能够化解这类悖论呢？值得深入思考和探讨。

四、海康的研发结构

组织结构是指组织在职、责、权方面的动态结构体系，其本质是为实现组织战略目标而采取的一种分工协作体系，组织结构必须随着组织的重大战略调整而调整（亨利·明茨伯格，2004）。组织结构必须能部分地平衡相互矛盾的利益和目标，能够提供合适的人力资源与资金来源，并且要既能支持现有的业务也能支持新业务。影响研发组织结构设计的因素有以下4个：（1）内、外部研发资源的使用；（2）集中与分散的研发资源及控制；（3）面向输入与面向输出的结构（见图3）；（4）科研与项目管理间的平衡（见图4）。本案例分析主要基于（3）与（4）因素探讨企业的研发组织结构。

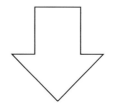

典型的组织问题
公司应该集中还是分散应用开发控制呢？
公司应该如何在技术和产品研发上分配资源？
如何改变组织结构才能减少产品开发期呢？
在研发组织内部是否应该创建市场研究能力？

隐含的战略问题
研发充分反映市场需要了吗？
研发反映公司目标了吗？
研发达到内、外部有效沟通了吗？
研发有效利用资源了吗？

图 2　典型的研发组织问题

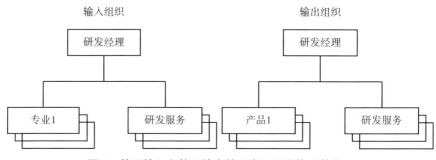

图 3　基于输入和基于输出的研发组织结构（简化）

　　输入组织有效输入技术和科学知识，研发组织会构建自己的科学分类、技术或者技术专长的结构。输出组织是由把主要研发结果转变成商业成功所需的工艺组合形成的，这些新产品和新工艺需要同时应用并与适当的专业技术组合相协调。这两类组织结构都面临一定的风险，矩阵型组织结构结合这两类组织的特征，取其精华，去其糟粕。三种结构的优点如表 4 所示。

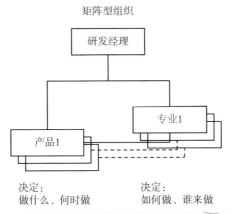

图4 介于面向输入和输出组织之间的矩阵型组织

表4 不同类型研发组织的优点

指标	输入组织	矩阵组织	输出组织
资源效率	中等	高	中等
资源灵活性	中等	高	低
基本信息流	中等	高	中等
关系的明晰度	高	低	中等
研发/业务集成	弱	中等	强
客户重点	弱	中等	强

海康再次调整后，既按专业、又按项目对研发组织结构进行设置。技术研发部（输入结构）按照学科或专业技术分成的4个小组，专注于各自的科学研究和技术创新，从而保持公司的核心技术能力，这种结构能够使研发专业人员通过与同事的相互影响来保持他们的技术能力。而产品研发部（输出结构）按照科学技术能够转化及应用的产品或项目也分为4个小组，把相关的工艺技术集合到一个组织中，从而尽快实现项目目标及产品开发。

为了同时兼顾技术基础研发和产品创新研发（第三代研发管理），从全公司层面上部署整体性的研发战略，海康进一步通过矩阵型结构在两类组织结构之间取长补短，这样既能够结合输出组织和输入组织的优点，又能弥补他们各自的缺点。采用矩阵型组织结构，使得研发人员同时或单独隶属于两个部门，这样既能保证核心技术得到不断积累，又能确保产品开发快速推进。同时设置科研管理部，负责研发中心的组织协调、进度平衡及资源调配等监督、管理工作，比如技术研发部的人员被安排到产品开发部中，仍需要向技术研发部负责人汇报，这样的结构弥补了专业项目和产品项目的控制和影响，能够促进研发资源的有效运用和合理分配。

企业在输入和输出及矩阵型结构中进行选择时，依据自身特点，可以根据关键研发技术的成熟度、专业技术的变化速度、产品完成速度三个方面因素综合考虑。如果技术学科的变化速度比项目完成速度快，企业倾向于选择建立基于专业技术的输入组织，这样有利于科学家和工程师保持技术不落后。如果产品完成速度比专业技术发展变化快，企业倾向于选择基于产品的输出组织，这样更有利于新产品的完成。介于两类组织之间的则为兼顾输入和输出的矩阵组织。

五、矩阵型的组织结构的弊端及解决措施

实际上，并不存在"最佳"研发结构，结构必须能够部分地平衡相互矛盾的利益和目标，必须反应极度灵敏，必须能够提供合适的人力资源与资金来源，要允许有适当的控制，保证一定的灵活性，并且要既能支持现有的业务也能支持新业务。在采用介于输入和输出组织之间的矩阵型结构一定是"最佳"的吗？显然不是，采用矩阵型组织结构依然存在弊端。海康采用矩阵型组织结构使得部分研发人员同时隶属于两个部门，这会使得组织之间的关系明晰度低，引发了一系列的问题：（1）大量时间被耗费在多头管理引发的冲突协调上，决策变慢；（2）为维持经理们之间的权力平衡，造成资源内耗和效率降低；（3）员工管理形成监测和控制的真空地带；（4）研发人员缺少归属感，为平衡两方面的工作而产生压力。

因此，没有"最佳"的结构，只有"适合"当下环境的组织结构。本案例中，海康公司先后遇到三次困境，无论是以技术导向、以产品导向还是技术、产品兼顾的研发管理，都与公司的研发战略目标不能完全适配。技术导向的研发管理注重技术研究，拓宽/深化企业的科技能力，能够使企业保持长期的竞争优势，但忽略了将技术快速应用到市场层面，无法获取短期利润；产品导向的研发管理利用技术快速进行产品开发，推动公司获取短期利

润，但忽略了技术研发这一基石，导致企业没有足够的动力支撑长期的战略目标，缺少技术创新而一味进行产品开发就是釜底抽薪；而技术、产品都兼顾的研发管理却会在战略决策层面（决策变慢）、管理层面（经理之间权利难以平衡、员工监管难度加大）、文化情境方面（员工缺少归属感）难以达到和谐平衡，这样就不能完全贯彻和推进公司的研发战略目标。

综上所述，任何组织结构和流程都不会完美，如何确保公司各项活动与研发战略目标相统一，进而构建可持续的竞争优势是企业战略管理的永恒主题。双元能力对帮助企业在复杂多变的环境化解悖论、构建竞争优势至关重要（焦豪等，2011）。双元能力的培养能够使企业超越组织结构，持续改善组织管理中的缺陷。对整个案例剖析的过程中，可以看出海康公司正是在通过不断平衡技术创新和产品创新之间冲突的过程中，来试图积累构建双元能力。

结合双元能力的理论基础，分析海康尝试摸索构建双元能力的过程。首先，海康为了实现制定的研发战略目标，在先是"重技术，轻产品"再到"重产品，轻技术"的过程中，对组织结构分别进行了两次调整，但都没有实现与研发战略目标的完全一致。海康逐渐明白技术和产品两者缺一不可，于是再次将组织结构调整为矩阵型结构，同时分别设立以专业和以产品划分的两个部门，这一摸索过程，使海康正在逐渐建立"结构型双元"。其次，海康还设置科研管理部，负责研发中心的组织协调、进度平衡及资源调配等监督、管理工作，试图在企业中培养技术、产品都要兼顾的集体氛围与组织情境，这是尝试构建"情境型双元"的体现。而更为关键的是，在这个"一波三折"的调整过程中，海康高层管理者逐渐意识到如何在战略层面平衡技术与产品之间的矛盾，不管是最初公司董事长首先意识到了企业存在的问题及两种创新模式的战略矛盾性，还是盛南加入公司后采取的一系列战略措施平衡各种复杂与矛盾性因素，都体现出"领导型双元"的特征。因此可以看出，为了获得竞争优势，海康正是通过摸索构建"结构型双元""情境型双元"及"领导型双元"三种机制来弥补和越过一些组织管理和结构缺陷的。这是因为，如果能够在高层组织构建"领导型双元"，就能够在战略层面制定策略兼顾矛盾；若能在中层组织构建"情境型双元"，就能在组织营造积极氛围，将高层的战略意图向基层员工转达；若能够在基层组织建立"结构型双元"，就能执行高层战略决策。三种机制共同发挥作用，形成合力进而化解技术与产品之间的矛盾（欧阳桃花等，2016）。因此，海康要想获得可持续的竞争优势，就必须构建双元能力来化解企业发展过程中的种种矛盾，这也与中国崇尚用中庸之道及和谐平衡思想促进企业发展的理念不谋而合。

不仅双元能力能够弥补研发管理和结构上的不足，企业家精神对平衡研究与开发、探索与应用之间的矛盾也很重要。迄今为止，企业家精神（Entrepreneurship）的含义还没有一个准确而全面的定义。彼得·德鲁克认为企业家精神的本质就是创新和变革，而创新和变革是企业持续发展的根本。在海康公司案例中，通过对总经理盛南和陈华的比较，我们也能深刻感受到企业家精神对组织发展的影响。企业家在参与市场经济活动的过程中，调动内外各种资源，识别和分析各种线索、信息，获取并应用知识，对企业运营过程进行计划、控制和设计，做出正确决策并解决问题的这种内在能力，都与组织发展有着密切的关联。特别对于一个正在创业中的企业来说，企业家的能力是形成和发展企业核心竞争力的关键因素，企业战略往往首先产生于企业家的头脑和思维中，作为企业战略的核心，企业家是企业的灵魂和统帅，他们的行为与企业战略行为的选择是紧密关联的，所以企业家的认知能力、思维特点及行为习惯对组织目标的实现、组织发展的兴衰具有决定性的作用。

六、案例后续发展

2015 年，海康公司顺势而为、乘势而上，在基因芯片检测产品开发上取得了长足的发展和显著的成果：（1）首款基因芯片检测仪在与日本知名医疗器械开发团队—PSS 公司的合作中已完成第二代样机的制作，可满足并应用于临床测试的需求。第三代检测仪定位于全自动及多通量的特点，设计工作正在紧张地进行。（2）与知名集成电路制造企业—台积电公司的晶圆代工战略合作计划达成，保障了将来芯片产业化的供应量及低成本需求。（3）通过高倍显微技术应用于信号分析项目的成功结题，检测灵敏度达到临床要求，并且在对真实样品的检测实验中取得稳定的预期目标，由此正式代表着首款产品—13 种肺炎病原检测芯片完成了临床前试验。（4）第二款产品—UTI（尿路感染）基因检测芯片已完成流行病学分析及探针设计工作。

2016 年 3 月，为了证实检验所取得的成绩和未来的发展方向，海康公司委托由一名诺贝尔奖得主牵头的美国科研团队对基因芯片事业进行了客观地评估，最终得到了让人欣慰的肯定结果，对方甚至表达出合作的意向。美国归来，针对首款产品的临床测试工作正式全面展开，与朝阳医院的合作洽谈正在快速推进。而这款产品因能实现一次对 13 种病原基因的检测，在 IVD 体外诊断试剂的注册认证上前无先例，公司也正在与国家食品药品监督管理总局密切沟通，希望以创新产品申报实行特别审批通道。

七、参考文献

［1］成海清. 产品创新管理方法与案例［M］. 北京：电子工业出版社，2011.

［2］邓少军，芮明杰. 管理者认知与企业双元能力构建——基于浙江金信公司战略转型的案例研究［J］. 中国工业经济，2013（11）：135 - 147.

［3］菲利普·科特勒，凯文·莱恩·凯勒. 营销管理［M］. 上海：上海人民出版社，2006.

［4］菲利普·劳塞尔，等. 第三代研发［M］. 赵凤山，等译. 北京：机械工业出版社，2004：13 - 17.

［5］高杰，刘柳，蔡虹. 高科技产品的研发管理战略［J］. 科学管理研究，2003，21（2）：74 - 78.

［6］亨利·明茨伯格. 明茨伯格论管理：洞悉我们奇特的组织世界［M］. 北京：中国劳动社会保障出版社，2004：224.

［7］胡红卫. 研发困局——研发管理变革之路［M］. 北京：电子工业出版社，2009.

［8］李仪. 研发能力持续成长路线图［M］. 北京：电子工业出版社，2013.

［9］欧阳桃花，崔争艳，张迪，等. 多层级双元能力的组合促进高科技企业战略转型研究——以联想移动为案例［J］. 管理评论，2016，28（1）：219 - 228.

［10］欧阳桃花，蔚剑枫，苟大伟．组织因素对新产品开发绩效影响的理论与案例研究［J］.经济理论与经济管理，2009：65－71.

［11］欧阳桃花，周云杰．中国企业产品创新管理模式研究（三）——以海尔产品经理为案例［J］.管理世界，2008：136－147.

［12］沈灏，李垣，蔡昊雯．双元型组织对创新的影响及其构建路径分析［J］.科学学与科学技术管理，2008（9）：103－108.

［13］王淑芳．企业的研究开发问题研究［M］.北京：北京师范大学出版社，2010.

［14］郑晓明，丁玲，欧阳桃花．双元能力促进企业服务敏捷性——海底捞公司发展历程案例研究［J］.管理世界，2012（2）：131－147.

［15］周俊，薛求知．双元型组织构建研究前沿探析［J］.外国经济与管理，2009（1）：50－57.

［16］Duncan R. The Ambidextrous Organization：Designing Dual Structures for Innovation［J］. Management of Organization，1976（1）：167－188.

［17］Gibson C. B.，Birkinshaw J. The Antecedents，Consequences，and Mediating Role of Organizational Ambidexterity［J］. Academy of Management Journal，2004，47（2）.

［18］Raisch S.，Birkinshaw J. Organizational Ambidexterity：Antecedents，Outcomes，and Moderators［J］. Journal of Management，2008，34（3）.

［19］Smith W. K.，Tushman M. L. Managing Strategic Contradictions：A Top Management Model for Managing Innovation Streams［J］. Organization Science，2005，16（4）：522－536.

市场与客户关系的重构

　　数字化技术不仅改变了企业与客户的交流、互动、沟通方式，也影响了市场竞争的规则与格局。企业应如何通过数字化方式重构市场与客户？

　　本书第四章精选了两个具有代表性的企业案例，展示了企业在市场与客户关系重构方面的实践探索。RJ 公司的案例分析了进口医疗器械品牌经销商在面对市场变化时如何做出战略性选择，以增强其市场竞争力。此案例展示了医疗器械产品经销商在动态市场中的适应性和灵活性，以及如何通过战略决策来应对市场挑战。在竞争激烈的医疗行业中，经销商必须通过精准的市场洞察和战略规划来保持其竞争优势。而 HY 公司的案例则探讨了软件企业如何通过协同模式创新 IT 服务，以满足互联网金融和传统金融产业的复杂需求。在金融服务领域，技术供应商需要深入了解客户需求，并通过协同合作来开发适应性强的服务。

　　数字化技术可以帮助企业更精准地了解客户需求，提供个性化的产品和服务，然而在技术实施之前，企业的管理者需要问自己：在新时代，客户的真正需求是什么？如何将其转化为支撑企业成长的市场价值？与传统方法相比，能否有更高效的产品与服务开发方式？能否有新的客户触达方式？企业需要回答好这些问题，最终才有可能实现数字化转型中的市场与客户关系的"新质"重构，提质增效，竞争胜出。

RJ 公司：进口医疗器械品牌经销商的战略选择*

 **案例正文**

一、引言

2017 年 4 月 25 日，上海万豪酒店的会议厅座无虚席，SM 公司品牌经销商半年总结会在此召开。李海燕作为 RJ 公司负责人受邀参加此次会议。这是她接管公司以来第二次从北京赶来参加经销商大会。此次参会，李海燕全然没有了半年前参会的兴奋与憧憬。想到自己公司经销 SM 公司品牌以来因种种原因业务拓展受阻，李海燕眉头紧锁，心情沉重。

台上，大中华区总裁 Lin 先生正在给经销商老板们分享半年销售数据。SM 公司 2016 年在中国实现了两位数的增长。但是在半年数据中（财年数据区间为 2016.10.1 ~ 2017.3.30），只有 66% 的经销商实现了高于 30% 的业绩目标。在李海燕所在的北区，经销商业绩完成率只有 40%。最后 CFO 传递出新的经销商管理制度，要实现完整的经销商管理框架，包括规范经销商、账目和税收合规。台下一片哗然。

李海燕望着大屏上的"Join and Win"陷入了沉思。自己负责的 RJ 公司是有幸加入了 SM 公司的经销商队伍，但从目前加入的情形来看，并没有共赢。接下来该怎么办呢？是继续做 SM 公司的品牌经销商还是另谋出路？公司战略选择的路口该何去何从？

二、RJ 公司

RJ 公司是一家医疗器械有限公司，成立于 2013 年 11 月，注册资本 500 万

---

* 本案例中人名、公司名均做了修饰性处理。本案例由牟晖、李海燕、曹鑫、欧阳桃花编写完成。本案例正文收录于清华经管学院·中国工商管理案例库，版权归清华大学经济管理学院所有。作者或版权方无意说明企业成败及其管理措施的对错。

元，主要经营范围为销售Ⅱ类、Ⅲ类医疗器械。公司由两位合伙人共同创立，一位经商多年，有着敏锐的商业头脑，且富有医疗健康类公司管理经验；另一位则有丰富的医院客户资源，对医疗行业情有独钟。为了公司经营及发展的需要，两人商议，公司由富有商业经验的创始人担任总经理，负责日常管理；另一位创始人则退居幕后，负责寻找项目，贡献资源，运作项目。由于医疗器械一般项目周期长，为节约成本，创始人从自己投资的另一家公司找来业务员做兼职销售，让从事多年财务工作的亲戚来做财务。这样东拼西凑把架子搭了起来。

虽然两位创始人给公司定了愿景：做客户值得信任的医疗器械公司。但具体做什么业务，两人并没有明确的方向。初创公司，没有业绩，想做一级经销商很困难，同时也是一件冒险的事情。两位创始人经过商议，决定围绕客户资源来决定公司经营的业务。客户需要什么产品，公司就做什么产品，不管是影像、检验还是耗材等细分领域。只要是客户需要的，公司就去找厂商或一级经销商，取得产品授权进行销售。

事实证明，这条路选择是很正确。凭借着创始人多年来积累的客户资源和员工的不懈努力，公司在 2014 年就拿下了几单项目，收入几百万元。2015 年销售额更实现了翻倍增长。从创始人到员工都倍感兴奋。

三、成为品牌经销商

1. 新医改传闻既往模式遭遇挑战

2015 年，随着国家要推行两票制的新医改传闻越炒越火，两位创始人开始担忧。如果推行两票制，公司既往通过做二级经销商与医院做生意的模式将被政策堵死。如果公司想要继续存活，就必须改变现有的不定产品，不定品牌，做二级经销商的模式，转向选定某个细分领域的医疗器械品牌，成为其一级经销商。只有这样，公司才能在新政策推出后还有生存空间。

定下来这个方向后，公司开始筛选厂商，寻找契机，接触厂商。偶然的一个机会，某三甲医院一项大型医疗器械项目启动，众多主流品牌厂商蜂拥而至，各显神通，均想拿下此项目。RJ 公司碰巧在此项目上有可靠的资源，便计划以此项目为契机，帮助某个品牌的厂商拿下项目后申请成为其一级经销商。通过调查分析，SM 公司因其产品在业内良好的口碑、完备的产品线而成为 RJ 公司选定的目标品牌厂商。RJ 公司时任总经理与 SM 公司北区总监取得联系，表达了想法和意愿。双方一拍即合。RJ 公司最终助力 SM 公司成功拿下项目，令 SM 公司高层刮目相看。RJ 公司也如愿获得推荐，通过经销商的客户资源能力筛选，进入下一环节。

2. 选定 SM 公司，成为其品牌经销商

SM 公司是 SM 集团下属的 13 个业务集团之一，是全球医疗领域最大的设备和解决方案供应商之一。目前 SM 公司在全球拥有 33000 多名员工，在 120 多个国家开展业务。SM 公司拥有最先进的技术水平和完整的产品线，在中国市场有很高的知名度。客户对 SM 公司的产品也比较认可，与同类进口品牌 G、P 占领着中国高端医疗设备 80% 的市场份额。SM 公司在中国采取直销和分销结合的模式，部队医院及部分与 SM 公司关系良好的医院是走厂商直销模式，其他医院走经销商模式。

如果能顺利加入 SM 公司，成为其这个领域的经销商，有自己积累的客户资源，有大品牌的好产品，对公司未来发展是个不错的选择。并且成为一级品牌经销商，即使医改两票制的靴子落地，对公司也不会产生什么影响了。这样一来，公司的战略方向基本确定了，走专一性战略之路，主攻医疗器械领域的医疗设备中的影像诊断设备细分领域。

四、磕磕绊绊的品牌经销商之路

1. 要成为品牌经销商，先交巨额保证金，资金压力陡升

要想成为 SM 公司的经销商，并不容易。虽然通过了首轮筛选，后面还有冗长的流程。RJ 公司在提交资质文件一个月后，得到了资质审核通过的通知，并收到了 SM 公司寄来的两份文件：经销商协议和预付保证金协议。经销商协议除了明确经销商的权利义务外，主要明确了经销商的经销区域和产品，最重要的是新一年的指标。SM 公司划给 RJ 公司代理的区域为北京市区的一个区，表面上看是医疗资源的聚集地，汇聚了众多的医院。但实际上，SM 公司把很多优质的医院划入了直销体系。留给 RJ 公司的医院数量虽然多，却没有几家大医院。然而就是这样的区域，SM 公司给出了很高的指标要求。不仅如此，还要签署预付款协议，先付指标金额一定比例的保证金才能获得 SM 公司总部颁发的经销商授权证书。虽然协议写明保证金可以抵扣货款，但如果当年没有完成指标，SM 公司还会扣除未完成指标数额的一定比例作为罚

金，其余部分再退还。此外还有一些排他性条款，不能代理其他公司与 SM 公司同类的产品。如果是代理没有竞争关系的产品，也要书面告知 SM 公司。

这样的霸王条款让两位创始人有些吃惊，以前没有了解到这么细的情况。保证金对公司而言是一大笔支出，如果没有拿下项目或长时间没有拿下项目，这笔资金就冻结在厂商账户上。并且指标压力很大，如果完成不了指标，还会亏几十万元。但为了公司能在新医改带来的巨变中稳定并获得发展，加之 SM 公司在市场上有不错的品牌口碑，RJ 公司签署了相关协议，支付了保证金。从 2015 年 10 月开始成为 SM 公司授权一级经销商。

虽然支付了不菲的保证金，但 SM 品牌的含金量还不错，随着新医改的深化，医疗器械市场的持续增长，两位创始人也看好这个细分领域的市场。希望公司能在这个大平台上大施拳脚，实现愿景。

2. 创始人离去，新管理者经验欠缺

然而，计划总是赶不上变化。公司成为授权经销商后半年多，负责公司日常管理的创始人因经营理念不同离开公司，之前兼职的销售也追随他离去。这位创始人从 RJ 公司选定 SM 公司接触其高层开始，到后来的项目合作，成为经销商后的项目磋商，两位高层私交已相当不错。留下来的创始人对医疗行业情有独钟，想继续经营公司，但其精力有限，便找来李海燕加入，负责公司日常管理。

李海燕虽然也在医疗行业摸索数十年，但管理公司却是新手，何况是自己不熟悉的领域，管理经验尤其是商业项目经验欠缺。在这种动辄上千万元的医疗设备的项目上，商业项目经验极其重要。如何设计项目的运作，何时出什么牌，环环相扣。任何一个环节出问题，都会影响项目的赢单率。对此，李海燕很没有信心。好在创始人充分信任，两人同为医疗人，价值观也相同。在经营公司上都秉持将最好的产品、最好的服务推荐给客户的理念。于是，2016 年 6 月，李海燕加入 RJ 公司，开始招兵买马，领着一票兄弟开始开疆扩土。创始人继续退居幕后，负责找项目，提供资源，运作项目，同时指导李海燕的工作，提供关键决策建议。

3. 徒有外表的经销区域，完成指标困难

（1）盘子大，重点医院少，采购需求少。

虽然 RJ 公司负责的区域为北京市城区的一个区域，但除了 SM 公司直销的部队体系医院和其他几家重点的地方医院外，留给 RJ 公司的区域质量并不好。整个区域虽然有近 160 家医院，但 80% 为一级医院或美容机构。这些医疗机构没有需求采购 RJ 公司所经销的大型医疗设备。即使鲜有需求，也是考虑价格低廉的国产设备。剩下的 20% 为三级医院和二级医院，三级以上医院只有五家。有实力及需求买进口品牌的医院实在太少了。

（2）行业特殊性造成经销授权期内启动的项目少。

医疗设备的采购有特殊的审批流程。医院需要在前一年提交第二年需要购买设备的计划，在院办公会通过后，再上报主管部门。获得通过后，医院再根据采买设备的属性（是否属于卫生部规定的甲类、乙类）来确定是否申请配置证。如需申请大型设备配置证，再提交相关材料给主管部门。拿到配置证的批复后，医院再根据项目资金来源去申请资金。如果是财政资金，则向财政部申请。如此看来，医院在正式启动设备采购之前有漫长的申请、审批流程。少则半年，多则一年。

对区域进行梳理，李海燕经过分析发现在 2017 财年（2016.10.1 ～ 2017.9.30）区域内确定发生的项目不多，由于公司是新晋的经销商，既往没有销售过厂商的产品。因此所有指标都需要靠新订单指标来完成。即使这三个确定发生的项目都拿下，也不足以完成指标。李海燕感受到沉重的压力。

4. 紧张的渠道关系使双方合作度降低

（1）厂商不给力，丢掉大额项目，影响公司生产和客户关系。

2017 年 2 月的一天，李海燕来拜访某三甲医院的客户，了解产品推荐会的反馈情况。前一天，这家医院启动了大型医疗设备（CT）的采购程序，开始了第一轮产品推介会。GPSMT 四家公司均参与进来。客户表示想再了解一下 RJ 公司的产品。出了医院，李海燕与产品专家取得了联系，对方表示已经提出离职。由于产品专家的离职，厂商产品负责人表示在下一轮谈判前从外地抽调产品专家来支持，李海燕只能自己来介绍，给客户描绘了大概。

半个月后，这家医院组织客户去考察样机（到已经装有推荐机型的医院实地考察，跟用户交流了解机器的性能）。SM 公司、P 公司均选在同一家某知名医院考察。李海燕早早跟厂商交流，此次考察由院长亲自带队，一行十余人。请厂商务必重视此次考察，包括接待、负责讲解的用户老师的沟通、优势项目的展示。可是考察当天，用户现场只有厂商一名负责科研的产品专家，没有任何高层到场；反观对手，包括领导在内共六七人到场，涵盖销售、产品、科研人员。介绍机器性能时，为院方同一位老师来介绍两家的情况。在 P 品牌机房停留的时间明显长于 SM 公司品牌。这表明 SM 公司品牌的厂商人员并没有与用户老师达成默契。事后回访客户，虽然客户跟 RJ 公司创始人私交甚好，但也颇有怨言。李海燕真是打掉牙往肚子里咽，满心希望通过考察来增加赢单率，结果却是给对手做了嫁衣。

大型医疗设备医院购买一台，一般要使用七八年甚至 10 年之久。因此，院方希望从谈判中争取到更多利益，如保修，以及其他附带条件等。在目前的设备采购谈判中，医院一般都不满足于一年的全额保修，希望经销商给予更长年限的保修，同时压低后续购买全额保修的价格。在最后选择品牌时，院方会综合考虑产品的技术性能和商务方案。

这对 RJ 公司非常不利。众所周知，SM 公司的组织架构中，销售和售后是两个分开的事业部，各有归属。销售部门是无法干预售后部门的，比如价格。在 SM 公司品牌的产品中，随机附赠的售后保修是一年。而后续的售后保修，则需客户再另行购买。那么矛盾就来了，厂商的销售虽然可以根据项目，给予经销商在正常拿货价的基础上一定折扣。但若售后部门寸步不让，附赠全额保修只有一年，后续购买保修的价格也至多给经销商九折优惠。如果为了赢单，响应医院的要求，意味着经销商需要把后面几年的保修从厂商那买过来，附赠给医院。无疑会大大加大经销商的成本。虽然厂商销售部门可以为项目争取特价，但空间仍无法覆盖售后维保的成本。如果不从厂商买保修，由公司承担售后维保，从短期看倒是可以节约出利润空间，但长期看风险巨大。一旦机器出现故障，再找厂商单买配件维修，费用会直接超出节省的利润空间。这是一道很难的选择题。

李海燕跟的这单项目，由于金额巨大，各厂商都死死盯着，用各种方式增加自己的赢单率。从侧面了解到，院方在此项目上既想要好的产品，又还有很多商务上的要求。比如在售后保修上，不止限于一年；在其他附带条件上，也希望经销商有所承担。李海燕再次与厂商高层沟通，商议此项目的应对策略，也希望厂商能在价格上再优惠些。怎奈，销售部已不能再优惠了。

售后部的价格最多再给个九折。这可如何是好？为了拿下这项目，只能豁出去承诺三年了。到时只能寄希望于附带条件能控制下成本，让自己不至于亏太多。

很快，项目的第三轮商务谈判开始了。李海燕按照之前商议的方案向与会人员作了陈述。随后院长在规定时间内结束了谈判。走出会议室，李海燕的心开始滴血。她已预感到此单的失利。事后的跟进印证了李海燕的预感，项目失败了。

在随后举行的另一家医院的 CT 产品谈判中，同样的遭遇再次上演。李海燕几近崩溃，这两个项目自己亲自跟了近一年，付出了异常艰辛的努力。最后却是以失败告终。厂商抱怨李海燕公司资源不给力，李海燕抱怨厂商支持力度不够。双方的信任度降低。同时，项目失败，使帮助 RJ 公司的客户也对 RJ 公司与厂商的配合能力产生了怀疑。

两个大项目失利后，不仅 2017 年完成指标已是不可能的事情，对公司的生存也造成巨大影响。只能努力再跟进其他的项目，争取完成率高些，以减少未完成指标而从保证金中扣走的罚金，使 2017 年的亏损小一些。

（2）项目失利后信任度降低，矛盾频增。

在随后的时间里，李海燕继续带领销售跑市场、盯项目。可是 2017 年 4 月的一天，李海燕正在办公室分析项目。销售小徐火急火燎地进来了，表示自己负责的区域的客户考察了 SM 公司的设备，李海燕极其窝火。跟其他经销商交流，李海燕得知，这种做法在 SM 公司普遍存在。只要对方承诺能拿下项目，SM 公司就会将项目交给二级经销商来操作。其实这种模式也是 RJ 公司在成立之初采用的模式。虽然在这种操作模式下，销售业绩依然归于授权经销商，但是却无法获得收益，还需要以授权经销商的资质去签订合同，承担风险。因而，经销商对此操作方式怨言颇大。在 Lin 总裁上任之前，SM 公司甚至直接拿走项目给其他经销商，销量也不算在授权经销商的业绩内。经销渠道异常混乱，授权经销商的权益得不到有效保障。

随后的项目跟进，李海燕了解到了厂商的直销和分销商价格是完全不同的。原来，同样的设备，直销医院的卖出价格比经销商进货价都低。原来厂商给自己留了如此丰厚的利润空间，通过经销商的业绩来维持其利润率。回想起那两单的失败，李海燕颇感愤怒。厂商如果能给自己像直销医院的价格，也不至于两单都失败。在与厂商合作的过程中，李海燕发现，SM 公司的产品虽然好，但是对经销商的支持并不到位，还常常出于某些自身利益原因而不顾经销商的利益。双方的合作并不愉快。随后 SM 公司基于医改政策所做的战略调整彻底引爆双方的矛盾。

5. 厂商战略调整使双方冲突升级

（1）应对医改带来的份额下滑，厂商开始调整战略。

医疗体制改革，对医疗器械行业的影响是巨大的。随着公立医院及基层卫生机构的增加，分级诊疗、医联体，基本医疗保险覆盖率和报销比例的扩大，以及重大疾病保险的覆盖，将拉动医疗资源的需求不断攀升，对医疗设备的采购需求也会不断扩大；但同时我们也看到，新医改将合理控制公立综合性医院的数量和规模，在性价比优势和政策导向下基层医疗机构倾向于优先采购国产医疗器械。这意味着进口医疗器械在大型综合医院的需求会缩减，而在基层医院巨大的需求面前，由于政策的保护因素也将面临竞争失利的局面。

2017 年 4 月 25 日，在上海举行的经销商半年会议上，中国区总裁 Lin 先生跟各位经销商老板们分享了最新的销售数据。SM 公司品牌市场业绩突出，在中国区保持双位数增长。但在某些细分产品上，部分产品被对手赶超。为了应对医改带来的影响，SM 公司进行了战略调整。然而这些调整，却将厂商与经销商的矛盾进一步升级。

（2）厂商的战略调整使经销商的区域萎缩。

①厂商本土化合作战略使医疗健康机构避开经销商交易。

随着政府开始大力支持国产医疗器械，尤其是在高端大型医疗器械领域，给予本土企业诸多的政策红利，为保持这一市场销售的持续增长，SM 公司加大了与本土企业的合作。2016 年底，SM 公司与某健康机构成为战略合作伙伴，共同投资 1 亿元人民币设立与运营一家独立医学影像诊断中心。这种战略伙伴关系使这家健康机构的设备采购都直接与 SM 公司发生交易，而不再经过经销商。

李海燕经销的区域有这家健康机构下设的几家体检机构，新增的医疗设备均是由集团直接从 SM 公司采购来投放到中心。中心没有独立采购权，李海燕这个经销商即使知道他们有项目也没有机会介入。走集团采购，销售量也不算给经销商。

②厂商发力民营医院战略，经销商丧失民营医院市场。

《"健康中国 2030 规划"纲要》健康产业篇中提出，"优先支持社会力量举办非营利性医疗机构，推进和实现非营利性民营医院与公立医院同等待遇"。由于非营利性医疗机构采购都是通过自有资金来进行。因此，他们在采购时会将价格放在第一位，产品性能其次。这就决定了非营利性医疗机构在有采购需求时普遍采用直接与厂家谈判的方式。因此，为了进一步拓展非营利性医疗机构的市场，SM 公司新一财年的战略在原有战略基础上加强非公医疗机构的战略，逐步收回部分民营医院的分销权，改为直销，以迎合他们的需求，抢占非公医疗机构市场。

厂商发力非公医院，意味着李海燕区域内的私立医院也将被划入直销体系。地盘越来越小，有质量的医院也越来越少，产出的项目会更少，市场会更难做。

③对经销商的合规审查，能否通过获得经销商资格成为未知数。

由于 SM 公司计划从集团内剥离出来单独上市，因而需要跟经销商保持高质量的关系，以免给其业务和长期持续发展带来巨大风险。因而从 2017 年开始，除原来在申请环节对经销商资质进行审查外，还对经销商整个业务活动的过程进行管理。要求经销商需严格遵守相关法规和 SM 公司的章程。

2017 年 SM 公司全球审计部门开始在全球范围内对经销商进行审计，包括账目和税收。在执行合规的规定中，有的经销商因为不希望 SM 公司介入自己公司的账目，而退出经销商队伍；有的经销商则是在合规审查中发现不合规的现象而被请出经销商队伍。李海燕负责的 RJ 公司因为成立时间短，业务量小，加之创始人一直重视财务，因而在税务和账目上暂时没有太大问题。在厂商派出的中国合规团队的审查中，仅列出来几项需要李海燕注意和解释的。但接下来的全球审计是否能通过，李海燕心里也是未知数。如果全球审计不能通过，RJ 公司也将失去经销商的资格。

6. 继续合作还是转型

时间不知不觉到了 2017 年 7 月，临近 2016 财年的尾声。RJ 公司作为经销商由于连续失败了两个大项目，并未 100% 完成销售目标，在新财年的经销商审核中处于不利地位。在两单项目失败后，李海燕就开始思考公司该何去何从？通过解释，延续经销商资质应该也是可以的。但是，SM 公司战略调整后，RJ 公司经销的区域进一步萎缩了。除了厂商直销医院，区域里已没什么大医院了。没有大医院意味着没有大项目。小医院再多也没有用，如社区医院都走集中采购，作为经销商根本参与不进去。盘子小了，基数就少了，产出自然也减少了。没有项目，何来利润？没有利润怎么支撑公司运转？如果放弃，公司则失去了一个巨大平台。而自己又还没有找到其他类似的平台，公司也还需要在大平台上磨炼。

SM 公司品牌经销商的资质在李海燕这似乎变成了鸡肋。该何去何从呢？寻找新的平台？搭上互联网医疗的快车？李海燕有些迷茫，但公司战略的选择已迫在眉睫……

案例分析

一、我国医疗器械产业现状

国务院 2014 年 6 月 1 日颁布的《医疗器械监督管理条例》对医疗器械的定义如下：医疗器械是指直接或者间接用于人体的仪器、设备、器具、体外诊断试剂及校准物、材料以及其他类似或者相关的物品，包括所需要的计算机软件。

本案例从产业生命周期角度来分析我国医疗器械产业。产业生命周期是指一个产业从兴起直至彻底退出所经历的时段，它展现了一个产业完整的演变过程，也是了解一个产业发展情况的镜头。它将产业的演变过程划分为五个阶段：萌芽阶段、成长阶段、震荡阶段、成熟阶段、衰退阶段。而每一阶段都有其独特的产业特征。美国、欧洲、日本等国家的医疗器械产业起步较早，已步入成熟阶段，偏重研发销售，掌握价值链的关键环节，利润率高。我国的医疗器械产业从市场规模、市场需求、药械比、技术能力等方面，参考欧美和日本的发展历程，目前仍处于成长初期，我国医疗器械产业现状如表 1 所示。

表1　　　　　　　　　　我国医疗器械产业现状

要素		内容
市场规模		产业发展迅速，市场规模增长较快。2009～2016年国内医疗器械市场销售金额年复合增长率为24.19%，远高于全球平均增长率
市场需求	医疗卫生支出	我国对医疗卫生的财政投入呈逐年增长趋势，促进了我国医疗卫生机构诊疗水平的不断提升，有利于医疗器械市场规模的进一步扩大
	人口老龄化	随着我国人口老龄化的加速以及人们健康意识增强，将进一步促进医疗器械产业需求的快速增长
药械比		我国2015年药械比为1∶0.33，低于全球平均药械比1∶0.7，更远低于美、日、欧等已步入成熟产业阶段的1.02∶1。可见我国医疗器械市场前景广阔
技术能力		医疗器械生产企业数量众多，但偏重于Ⅰ类、Ⅱ类低附加值产品的加工生产，产品附加值较低，利润率低，与发达国家存在较大差距

资料来源：作者基于财政部、全国老龄工作委员会、产业信息网公开数据自行整理。

二、医疗器械品牌经销商在产业价值链的地位及价值获取方式

1. 医疗器械品牌经销商在产业链的地位

价值链的概念是哈佛商学院的迈克尔·波特教授在1985年提出，他在《竞争优势》一书中提出"每一个企业都是用来进行设计、生产、营销、交货以及对产品起辅助作用的各种活动的集合。所有这些活动都可以用价值链表示出来"。价值链是企业将投入转化为顾客所重视的产出的一系列活动链。当价值链的分析对象由单个企业转向某个产业时，就形成了产业价值链。产业价值链是从价值角度来分析一个产业从原材料生产到向消费者提供产品或服务过程中有逻辑次序的价值创造活动。单个企业的价值链是产业价值链的一部分。

医疗器械产业是全球典型的技术创新推动型产业，同时市场的需求呈现多元化趋势，因而产业须持续增加研发投入，不断进行产品技术升级，并推动产、学、研、医、用的合作，以满足市场的需求。医疗器械产业上游主要环节为产品设计与研发、原材料供应，中游业务包括外协生产与设备集成，下游是分销商渠道与医疗机构等终端用户。

产品的研发、设计、分销及品牌建设是医疗器械产业价值链上的关键点，也是产生产业主要利润的关键环节。本案例中 RJ 公司的上游厂家 SM 公司就是一家集研发、设计、制造及生产销售于一体的公司，占据了价值链上的最关键环节。RJ 公司是品牌经销商，处于产业价值链的下游，负责产品的分销、售后服务以及品牌建设。厂商掌控着产品源头和价格，医疗机构客户决定着产品能否销售出去。上、下游都是关系经销商存亡的关键。

2. 医疗器械品牌经销商价值获取方式

品牌经销商的价值获取依然依靠产品分销、售后服务、品牌建设三个环节进行。

（1）产品分销。产品分销环节是这三个环节中最能直接给品牌经销商产生价值的环节。品牌经销商从厂商处以经销商价购买产品，再去竞标，赚取其中的价格差。此环节的价格差取决于产品成本、竞标成交价、附带的竞标条件以及商务费用等因素。（2）售后服务。售后服务环节因能产生价值，近几年越来越被品牌经销商重视。品牌经销商可通过从厂商处购买售后服务再销售，或自建售后服务团队承接售后服务，待医疗设备出现故障时再购买产品配件进行维修，通过小概率故障发生率赚取承保的售后维保费用。（3）品牌建设。品牌建设是能为品牌经销商产生持续价值的环节。品牌经销商在进行产品推广、销售的过程中不仅在推广厂商的品牌，在很大程度上也是自身品牌的塑造过程。尤其是进口品牌经销商借助厂商品牌的优势，能较容易地与客户进行接洽。培养了稳固的客户关系，品牌经销商就有了持续获得业务的基础。这也解释了为什么有的项目看起来并没有利润空间，品牌经销商仍然愿意竞标争取赢单的原因，看重后期的长远价值。

价值获取方式影响了医疗器械经销商选择哪类厂商成为其品牌经销商，以及经营哪类产品来获取最大的价值。

三、医疗器械经销商 RJ 公司成为 SM 公司品牌经销商的要素

在我国，很多医疗器械经销商并没有走品牌经销商之路，而是选择二级经销商或三级经销商的模式。这是因为我国的医疗器械销售公司普遍规模小，资金实力不足，仅凭借熟悉的临床客户资源代理几个品类的产品进行销售。没有出色的业绩积累及资金实力，很难成为品牌经销商，尤其是进口品

牌。政策是驱动经销商成为品牌经销商的直接原因，如果政策限制了多层级经销的模式，企业只能选择成为品牌经销商或另谋出路。RJ 公司成为 SM 公司品牌经销商的要素除上述分析的两种外，还受 SM 公司的影响。RJ 公司自身资源及能力既要符合 SM 公司要求，也会考虑成为 SM 公司品牌经销商后对公司带来的价值。因此，RJ 公司成为品牌经销商的要素可总结为：政策限制；企业自身资源及能力；SM 公司优势带来的价值。

1. 政策限制

2015 年，新医改将会全面推行"两票制"的传闻越来越火。RJ 公司在创立之初，没有充足的资金及业绩积累时，选择走二级经销商的模式，即通过品牌经销商进货销售而非通过厂家。如果推行"两票制"，未来将只有品牌经销商有生存空间。这是影响 RJ 公司成为品牌经销商的直接要素。

2. 自身资源及能力符合 SM 公司对品牌经销商的要求

RJ 公司自身的资源及能力符合 SM 公司的要求，具体体现在以下几个方面。

（1）资质。RJ 公司证照齐全，经营许可证中Ⅱ类、Ⅲ类医疗器械经营种类中，SM 公司的影像诊断设备都在经营许可证范围之内。同时，也具备销售放射性医疗设备所需的辐射安全许可证。

（2）资金实力。由于医疗器械产品的特殊性，品牌经销商的产品付款时间与收款时间不一致，会出现短期资金缺口。而 SM 公司产品价格昂贵，更需要品牌经销商有极强的资金周转能力来弥补这个缺口，完成合同的执行。RJ 公司有一定的资金实力，符合 SM 公司的要求。

（3）规模。品牌经销商有一定人数的销售队伍，才能广覆盖自己的授权区域，完成厂商的产品销售。SM 公司根据区域大小常规要求品牌经销商至少配备 4 人的销售队伍，且具有完整的组织架构，尤其是专职会计。RJ 公司规模和组织架构上完全符合厂商 SM 公司的要求。

（4）客户资源。SM 公司在中国除了要面对进口品牌的竞争，还要面对逐渐强大的本土品牌。因此，SM 公司对品牌经销商的客户资源能力极为看重。RJ 公司通过既往的业绩展现了公司具有广泛且稳固的客户资源，同时通过协助 SM 公司赢得某医院的大型项目，更是直接向 SM 公司展现了具备高层级客户资源的能力。

3. 看重 SM 公司的优势能为公司带来价值

RJ 公司成为 SM 公司品牌经销商，除了自身资源和能力符合 SM 公司的要求外，还看重 SM 公司的优势能给公司带来价值。

（1）品牌影响力。SM 公司进入中国市场较早，在高端影像诊断领域，同其他两家进口厂商一起占据了中国 80% 的高端影像市场，在医疗设备进口厂商中市场份额排名第二。其品牌在国内具有较强的影响力。RJ 公司如果成为其品牌经销商，在市场推广时可以借助品牌本身的力量，迅速切入市场。

（2）产品优势。SM 公司产品线完备，产品质量好，产品更新换代快，客户对产品本身有较高的认可度。

（3）利于业务拓展。在我国医疗器械市场各产品份额中，影像诊断设备占了 38%。随着数字影像技术、AI 辅助诊断技术的成熟，未来可围绕此领域做相关业务拓展，实现价值增值。

（4）公司的规范性。SM 公司为外资企业，经营规范，产品推广专业，对于公司能力的构建是个很好的学习平台。

四、RJ 公司成为进口品牌经销商后面临的困难

RJ 公司虽然在 2015 年成为 SM 公司的品牌经销商。但一路走来，并不顺利，产业政策的影响，厂商战略的调整带来的变化，创始人的离去，与厂商紧张的渠道关系等，无一不困扰着 RJ 公司。

1. 萎缩的经销市场

（1）国家重点发展医疗器械产业导致丧失中低端市场竞争资格。

从"十二五"开始，医疗器械产业就被列入重点产业，获得了快速发展。"十三五"以来，医疗器械产业更是受到高度重视，被列为重点发展的产业。国家各部委陆续发文，鼓励医疗器械创新，加快医疗器械产业转型升级，提高国产诊疗设备的市场份额，同时规定低于一定金额下原则上采购国产设备。在政策的红利下，国产医疗设备迎来春天，而 RJ 公司代理的进口品牌在中低端市场直接丧失竞争资格。

（2）对大型医用设备配置与使用管理办法造成的优势高端市场萎缩。

国务院出台的《大型医用设备配置与使用管理办法》《关于修改〈医疗

器械监督管理条例〉的决定》加大了设备配置许可证的审批难度，使 RJ 公司在医院这一品牌最具优势的高端市场上可参与的项目减少。医院没有采购计划，RJ 公司连参与竞争的机会都没有了。对于原本就因缴纳了巨额保证金而存在资金压力的公司而言，能否存活下去是个未知数。

（3）厂商战略调整导致非公医疗机构市场丢失。

医疗改革后国家各部委颁布的政策对厂商 SM 公司也造成了巨大冲击，其市场份额开始下滑。SM 公司为应对环境的变化，进行了战略调整，包括发力非公医疗机构，从经销商手中收回了部分民营医院的经销权。这导致 RJ 公司经销区域中的部分民营医院就归入了厂商的直销体系。同时，厂商的本土化合作战略，与一些医疗健康机构的合作造成这些健康机构的采购变为直接与厂商发生。RJ 公司在厂商的战略调整下又失去了部分区域。

这样一来，RJ 公司的经销市场不断萎缩，而在可预见的一两年内没有大额项目发生，完成指标困难，生存变得异常艰难。

2. 资金的压力

在 RJ 公司成为 SM 公司品牌经销商之前是具备一定资金实力的。但 RJ 公司为成为 SM 公司品牌经销商缴纳了巨额保证金，RJ 公司的日常运营开始面临资金压力，尤其是两个大额项目的失利，对公司更是沉重的打击。没有业务收入的情况还要承担未完成指标而被厂商罚没的几十万元罚金。RJ 公司开始背负沉重的资金压力。

3. 紧张的渠道关系

年轻的 RJ 公司当时能被 SM 公司审核通过成为其品牌经销商，重要的因素是厂商看重了 RJ 公司强大的客户资源。但在随后的合作中，由于种种原因造成两个大额项目的失利，令厂商对 RJ 公司的客户资源能力产生了质疑，信任度降低。当信任度降低时，厂商便不会积极主动地支持经销商工作，尤其是申请产品特殊价格。RJ 公司如果没有厂商的价格支持，会处于非常不利的地位，在绝大程度上会丢掉项目。在对 RJ 公司能力产生怀疑后，厂商甚至会为了完成自身的指标将项目从经销商手里拿走，交给二级经销商，将风险留给 RJ 公司。

对于 RJ 公司而言，通过合作也了解到厂商在项目上并没有给予自己足够的价格支持，在信任度上也对厂商产生了质疑。即使有特定客户资源作支撑，但在十几人的谈判现场，没有足够的利润空间来给出优惠的商务方案，是项目失利的主要原因。没有了信任的基础，双方的沟通也变得不顺畅。渠道关系极度紧张。

4. 微妙变化的客户关系

一直以来，RJ 公司最核心的优势是客户资源。在既往成功的项目中，也是这些可靠的客户资源助力 RJ 公司赢得项目，自身也通过合作获得价值的提升。但如果项目不能成功，客户最后是无偿付出，会对 RJ 公司管理厂商的能力产生质疑。这无疑会影响 RJ 公司与客户的关系。

5. 公司内部能力不足

RJ 公司最初由富有商业及管理经验的创始人管理，另一位创始人做幕后工作。创始人兼管理者的离去，使公司管理能力削弱。新管理者商业及管理经验的不足，与幕后创始人的实时交流受限，不能及时准确把控项目进展方向，是厂商认为丢掉项目的原因之一，也是影响与厂商关系的因素之一。另外，客户资源方面，影像诊断设备价格较高，采购决定权集中在院领导或更高层领导手中。而 RJ 公司在这个层级的客户资源有限。正如在案例正文中提到的失利项目，厂商埋怨 RJ 公司客户资源能力不够。其实在这两个项目中，RJ 公司已经动用了自己的高层级客户资源，怎奈竞争对手的客户资源层级更高。

6. 未知的经销商全球审计结果

如案例前文提及的，SM 公司为了完成从集团剥离上市的目标，需要与经销商保持高质量的关系，以免给其业务和长期持续发展带来巨大风险。因而从 2017 年开始，对经销商开始了全球审计，严格审查其账目及经营活动，对于没有通过的经销商将终止其经销商资格。2017 年，中国区内已有经销商在全球审计抽查中因没有达标而被终止合作。RJ 公司虽然在前期中国合规团队的审查中过关，但能否通过全球审计，继续与 SM 公司合作，是个未知数。

五、影响 RJ 公司进行战略选择的因素

对于企业战略选择的影响因素的分析，研究者普遍认为受外界环境和企业内部资源和能力的影响。本案例基于医疗器械产业的特殊性、医疗器械产

品的特殊性，结合本案例的具体情况，提出影响医疗器械品牌经销商 RJ 公司进行战略选择因素的构想模型：产业政策、与厂商战略关系、产品属性和客户关系（见表2）。

表2　　　　　　　　　　影响 RJ 公司进行战略选择的因素

要素			内容
产业政策	直接影响		"一票制"和"两票制"是最重要也是直接决定进口品牌经销商命运的政策。"两票制"的推行只有品牌经销商有生存空间
	间接影响	项目风险的上升	"两票制"推行后，品牌经销商只能直接与医疗机构签订合同，开具发票，在税务操作上变得困难重重，还要承担项目风险和售后风险
		配置证审批收紧	采购需求较少，经销市场进一步萎缩
与厂商战略关系	硬性指标		RJ 公司在资质和规模方面完全符合厂商的要求。资金实力方面如 RJ 公司遇到的困难所示，由于受保证金及项目失利的影响，面临很大压力
	资源能力	广度	资源能力的广度是指经销商所拥有的资源涉及的领域，资源的广度为经销商在赢得项目过程中增加了概率
		深度	指经销商跟自己资源的关系牢固程度，决定了资源在帮助经销商赢得项目过程中是否倾其之力来做
	渠道关系	信任	信任是渠道关系的基础，最初厂商和 RJ 公司是基于相互的信任才形成的合作关系。但在双方的磨合过程中，这份信任在逐渐消失
		沟通	沟通是双向的，厂商分享信息，经销商及时反馈，厂商高层并不愿意与李海燕及创始人分享自己的信息，这使得 RJ 公司在合作中处于被动状态
		配合	厂商与品牌经销商的配合度会随着合作时间的增加而增加，也会随着信任度、满意度等的降低而降低。RJ 公司与厂商的配合出现了很大的问题。双方信任的缺失，沟通的不畅，造成了配合度下降，项目的频频失利
		私人关系	私人关系的好坏常常是决定渠道关系能否有效率以及是否存续的主要原因之一。RJ 公司现在的创始人因一直以来都是幕后工作，与厂商的高管并无私人关系。李海燕是新晋管理者，更谈不上私交

续表

要素		内容
与厂商 战略关系	高层认知	高层管理团队的认知能力、感知能力和价值观等心理结构决定了战略决策过程和对应的绩效结果。RJ 公司现在的创始人在风格上属于稳健型，并不愿意像厂商高层那样为了赢得项目而给出激进的方案，将公司陷入未来巨大的风险中
	产品属性	医疗器械产品的特殊性，决定了品牌经销商存在的意义。RJ 公司目前所经销的 SM 公司产品均是大型医疗设备，均需要经销商这个角色的存在。但 RJ 公司在承担多属性维保方面的能力受售后维保人员有限、资金压力的影响而相对不强
客户关系	客情关系 — 信任	信任是关系型营销的基础。品牌经销商要具有值得客户信任的特质才能获得客户的信任
	客情关系 — 安全	安全同样是客户能否合作的重要因素。品牌经销商必须是安全，不能有负面影响，客户才会考虑合作
	客情关系 — 提升价值	指客户与品牌经销商合作中能否借用其资源提升其价值。这里的价值提升可以有多种维度，仕途的，声誉的
	业务能力 — 持续性发展	品牌经销商是否具备其他资源，为客户提供整体解决方案，如时下热门的人工智能、大数据、区块链，设备全生命周期管理等
	业务能力 — 解决未尽之需	品牌经销商能站在客户角度，为其谋划未来规划。按照医改政策的发展方向，未来三级医院的病源流将主要来源于下级医院的转诊。如若能利用资源，提前进行基层医院的布点，将对客户的业务和发展产生长远影响

资料来源：作者根据案例内容自行整理。

通过上述对于影响进口品牌经销商 RJ 公司战略选择的四个因素分析，可以发现，RJ 公司在产业政策因素中受其影响程度较小；与厂商的战略关系分析，显然 RJ 公司与厂商 SM 公司是属于松散型的战略关系，即使厂商不结束合作，李海燕也要考虑是否继续合作；产品属性因素分析，RJ 公司目前的专业性和对售后维保的承担能力属于中等，可以继续与厂商合作；客户关系因素上，RJ 公司只在两个区域内的几家重点医疗机构有较强的资源能力，但这几家医疗机构在新的财年暂时没有设备采购需求。而区域内其他医院，如果没有资源的情况下，在影像诊断设备这样的大项目上是很难赢得订单的。在这点上，RJ 公司继续与厂商合作意义并不大。

在未来进行战略选择时，RJ 公司需要考虑介入受产业政策影响小的领域；挑选能形成紧密型战略关系的厂商合作，重点关注双方高层的认可度、介入的业务领域是否有稳固的客户资源可用，能赢得项目；在产品属性上，尽量避开需要承担维保风险的产品或业务；在客户关系因素上，考虑能使双方客户关系朝紧密方向发展的厂商和业务类型。

六、RJ 公司未来的战略选择方案及其评估

通用的战略选择类型主要有总成本领先战略、专一化战略和差异化战略。通过上述分析，我们可以得出 RJ 公司在目前环境下可选择的战略方案有如下两种。

1. 专一化战略

RJ 公司如果选择专一化战略即继续保持与厂家的合作关系，需满足以下条件：（1）RJ 公司经销的区域内未来 1 年有能满足厂家指标金额的项目产生。（2）双方渠道关系的改善。（3）RJ 公司的内部调整。（4）厂家愿意继续与 RJ 公司合作。

SWOT 分析评估专一化战略如图 1 所示。

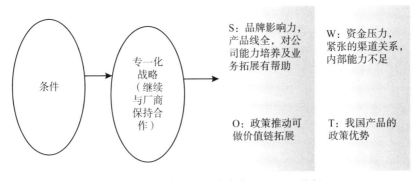

图 1　专一化战略（继续合作）SWOT 分析

2. 差异化战略

从 RJ 公司目前的情况来看，如果选择差异化战略，可以有两种选择。

（1）产品差异化战略。即发展为优质产品的平台型销售公司。积极寻找厂家，经销多种类优质产品。在寻找新厂家时尽量寻找新进入中国市场的进口医疗品牌厂家或有技术专利和研发能力较强的国产厂家合作。新进入中国市场的进口厂家希望借助渠道商的资源迫切需要打开市场，在对经销商的价格及其他方面都会给予较大力度的支持。选择这类进口品牌可以在中端市场与进口品牌进行价格竞争和售后维保的竞争。选择有研发能力和技术专利的国产厂家合作，是顺应国家政策，可以享受政策的红利。同样，也可以增加新的数字医疗业务，如科研软件、AI辅助诊断软件。

RJ公司选择此战略需要满足以下条件：①公司内部调整。②有一定资金实力。③客户资源与产品的匹配度。

SWOT分析评估产品差异化战略如图2所示。

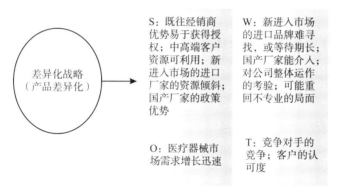

图2 差异化战略（产品差异化）的SWOT分析

（2）服务差异化战略。即转型为影像科室整体服务提供商，RJ公司可围绕熟悉的影像设备，熟悉的科室影像科，进行服务挖掘。重点围绕科室发展的线条提供整体服务。由于公司具备提供设备技术维修保养的能力，因此，可以依托提供设备全生命周期的服务，拓展科室的其他服务。如科室科研服务的拓展，基于科室的业务饱和情况，进行影像会诊业务的拓展等。

RJ公司选择此方案需要满足以下条件：①专业化业务能力的构建。整体服务领域是RJ公司未曾涉足的全新领域，公司需要构建与其业务相关的专业化业务能力。②拓展业务的可靠服务厂商。RJ公司需有与拓展业务相关联的可靠服务厂商，避免厂商直接与客户交易。③公司具备相关业务经营资质。在进行相关业务拓展时，需确保公司具备此项经营资质。

SWOT 分析评估服务差异化战略如图 3 所示。

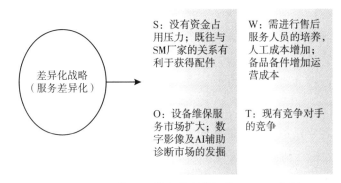

S：没有资金占用压力；既往与 SM 厂家的关系有利于获得配件

W：需进行售后服务人员的培养，人工成本增加；备品备件增加运营成本

差异化战略（服务差异化）

O：设备维保服务市场扩大；数字影像及 AI 辅助诊断市场的发掘

T：现有竞争对手的竞争

图 3　差异化战略（服务差异化）的 SWOT 分析

七、RJ 公司的战略选择的意义

如此众多的进口品牌经销商与 RJ 公司面临相同的产业环境；与厂家的战略关系因素上，厂商对进口品牌经销商的要求及关注点都集中在硬性指标、客户资源能力、渠道关系和高层认知这四个方面；产品属性方面，进口品牌经销商也面临相同的产品属性要求；客户关系方面，客情关系及业务能力也同样是进口品牌经销商需要关注的点。由此可见，这四个影响因素也同样适用于其他进口品牌经销商。因此，我们认为 RJ 公司的战略选择因素模型适用于同类型的进口品牌经销商，对其战略选择具有借鉴意义。

八、案例的后续进展

在后续发展中，RJ 公司选择了差异化产品战略。开始寻找新的有竞争优势的经销品类做平台型销售公司。选择这个方案，与目前公司的业务能力较为匹配，有利于日后进行业务附加值的提升。

RJ 公司找到了一家法国医疗器械生产厂家在国内的独家代理商，其经销的适用于骨科的 X 射线系统为全球独家设备，没有竞争对手。李海燕经过考察了解到骨科专家对这款设备的需求愿望极强，它能充分帮助医生制订更符合患者生物力学的手术方案，同时对于提升科室科研学术水平，同国际接轨具有重要意义。同时，这个领域是李海燕熟悉的领域，很多客户资源可以重新启用。因此，RJ 公司同代理商达成初步合作意向，开始将这项业务作为 RJ 公司的重点业务进行推进。这家代理商还代理另一款法国设备，适用于手术室等对空气质量要求极高的空气消毒机。其产品技术水平在同类产品中处于领先地位。这家代理商已做好了多家样板医院的建设工作。因此，RJ 公司也一并取得了这款设备的部分区域经销权。

此外，RJ 公司开始涉足 POCT（床旁检验诊断）业务，这个市场增速明显。RJ 公司开始与 POCT 市场份额第 5 位的优秀国产厂家合作，发力基层医疗机构的 POCT 市场。这个市场在未来将迎来快速增长。

经过战略选择，RJ 公司选择了差异化战略。但在挑选业务类别上，选择的是跟原有业务有相关性或延续性的业务。这样的差异化战略在目前的环境下，对稳定公司业务收入、提高业务附加值、公司品牌建设都具有积极作用。随着医疗体制改革的进一步深化，行业环境越发复杂。在现存行业环境对进口品牌不利的情况下，进口品牌经销商应该根据自身经营情况和能力，主动调整战略方案，以顺应市场变化，为生存谋得空间。

九、参考文献

［1］［英］伯纳德·伯恩斯．变革管理［M］．北京：中国市场出版社，2007．

［2］陈洪梅，吴建荣，孙慧娟．基于产业生命周期视角的我国医疗器械产业发展研究［J］．江苏科技信息，2014（2）：18－20．

［3］江明尹，刘胜林，程菊，等．基于决策树的医疗器械行业发展分析应用研究［J］．医疗卫生装备，2016，37（3）：23－26．

［4］李惠萍．西门子医疗中国市场营销策略浅析［D］．上海：复旦大学，2008．

［5］马宁．中国大型医疗设备市场分析及营销策略研究［D］．北京：首都经济贸易大学，2003．

［6］［美］迈克尔·波特．竞争优势［M］．陈丽芳，译．北京：中信出版社，2014．

［7］申屠志珑. 中国医疗器械产业价值链分析［J］. 青年科学，2014
（8）：225－226.

［8］沈钦硕. 医疗器械行业制造商与经销商的关系营销模型［D］. 上
海：复旦大学，2005.

［9］苏丹. 高层管理团队特征与战略变革关系研究——以我国医药制
造类上市公司为例［D］. 成都：西南财经大学，2011.

［10］王争. 营销渠道的影响关系和重要程度研究［D］. 西安：西安交
通大学，2003.

［11］［美］希尔，［美］琼斯，周长辉. 战略管理［M］. 北京：中国
市场出版社，2007.

［12］张剑瑜. 渠道关系论［D］. 成都：西南财经大学，2003.

［13］Jeff Jianfeng Wang, Chuang Zhang. The Impact of Value Congruence
on Markting Channel Relationships［J］. Industrial Markting Management，2017
（62）：118－127.

［14］Judy A. Siguaw, Penny M. Simpson, Thomas L. Baker. Efforts of Sup-
plier Market Orientation on Distributor Market Orientation and the Channal Rela-
tionship：The Distributor Perspective［J］. Journal of Markting，1998，62（3）：
99－110.

［15］Stephan M. Wagner, Eckhard Lindemann. Determinants of Value Sha-
ring in Channel Relationships［J］. Journal of Business & Industrial Marketing，
2008：544－553.

［16］Yen Po Wang, Hong Liu. Patterns of Channel Relationship Manage-
ment in China［J］. Journal of Euromarking，2000，8（3）：77－93.

HY 公司：传统金融和互联网金融的助推器*

案例正文

一、引言

2015 年盛夏的一天，HY 公司总经理杜振生坐在北京上地辉煌国际办公大楼总裁办公室，心里焦虑与郁闷。公司成立一年半以来，随着留存项目交付陆续结束，后期多数的项目要么投资减少，要么产品暂时无新需求计划，合同数量和合同金额双减少以及流动资金即将耗尽，经营陷入困境。此时，杜振生的脑海里不停地闪现 HLD 银行信息科技部总经理的那句话"如有创新产品可以过来演示一下，以启发一下我们未来的信息化建设思路!"杜振生陷入了沉思……

二、以传统 IT 服务模式进入传统金融领域

HY 公司成立于 2014 年 1 月，总部设立在北京。由深耕传统金融软件行业 10 多年、满怀创业梦想的三位合伙人杜振生、王凯和陈旭林共同发起成立，创业初期定位于传统金融软件产品开发。三位合伙人面对激烈的传统金融软件市场竞争，一致认定他们唯一的优势就是传统金融行业经验。先基于传统 IT 服务模式为客户提供服务，通过与客户的深入合作，再进行服务模式和软件产品创新，从而挖掘未来业务增长点。

基于长期积累的客户关系和传统金融软件的丰富经验，公司确定主营业务为金融软件系统的运维和软件定制化开发。公司沿袭传统 IT 服务模式为客户提供 IT 服务，根据客户的业务需求进行定制性技术开发和项目交付，

＊ 本案例中的人名、公司名均做了修饰性处理。本案例由欧阳桃花、窦同生、曹鑫撰写。案例来源：中国金融专业学位教学案例中心，并经案例作者同意授权引用。作者或版权方无意说明企业成败及其管理措施的对错。

最后客户进行项目验收。经过一年多的业务发展，HY 公司承接了多项金融软件建设及运维项目。公司以传统金融客户为服务对象，依靠传统的 IT 服务模式和高昂的工作热情，经营业绩达到预期。

三、突遇困境

1. 互联网金融袭来，传统金融受到冲击

自 2013 年互联网金融大幕强势拉开，拥有互联网基因的金融科技公司快速崛起，并涌现出了大批优秀的互联网金融科技公司，如蚂蚁金服、京东金融、苏宁金融等。金融科技公司以互联网模式开展消费贷、分期贷、支付结算及财富管理等金融业务，以巨大的冲击力闯入金融领域。随着银行利率市场化进程加速推进，金融经营及监管制度持续变革，金融脱媒化不断显现，推动科技驱动的民营银行和网络直销银行蓬勃发展。

面对互联网金融的强势冲击，传统商业银行节节败退，存款总额持续下降，越来越多的商业银行甚至出现大面积钱荒的局面，银行间拆借利率持续攀升，银行利润持续下滑。由于惨淡的市场现状，银行开始节约开支，减少非核心业务的投资，非必要的信息化建设支出被压缩或者取消。传统金融信息化供应商在萎靡的 IT 建设市场中艰难支撑，中小型的金融 IT 公司更是生存艰难。

三位合伙人心里都明白，以公司目前的状况是不会有投资基金青睐的。研发资金的投入都无法保证，更谈何产品创新？2015 年中的一天，财务经理徐锐满脸尴尬地走进杜振生的办公室，吞吞吐吐地说出公司目前资金紧张，自己压力大，有辞职的想法。面对如此困境，放弃吗？又该如何坚持？巨大的产品研发资金怎么解决？数不胜数的问题摆在了三位合伙人的面前，山穷水尽已无路。

2. 现有服务模式无法满足企业转型需求

初次创业如何破解企业经营困境？除了期待客户后续会追加新订单，就是无数次的开会讨论对策。在经营讨论会上杜振生把与 HLD 银行信息科技部曾总的通话内容与另外两个合伙人详细地复述了一遍，还特别重点强调了那句话。

"互联网金融冲击下，传统金融客户必然寻求转型升级，这也是传统金融客户亟须解决的最大问题，但目前 HY 缺乏互联网创新产品，现有的能力又无法满足传统金融客户的需求。"杜振生抛出困扰心里许久的问题。此时三位合伙人都陷入了沉思……

既然传统金融的未来是互联网创新，服务互联网金融的 IT 服务市场又处于快速成长期，是否可以搭上互联网金融的快速列车？互联网金融与传统金融有明显差异，并且在缺乏特色产品的情况下，要想获得互联网金融客户的青睐必须进行 IT 服务模式的创新。

四、模式探索

1. 模式创新，探索产品开发协同模式

2015 年 7 月 16 日晚上 11 点，杜振生在合伙人会议上抛出了创新的思路，作为创业型企业不能再继续沿用传统 IT 服务模式，我们要服务互联网金融客户。

互联网时代的设计思维是一种以人为本的思维方式，通过同理心（Empathize）、需求定义（Define）、创意动脑（Ideate）、制作原型（Prototype）、实际测试（Test）五个环节，寻求创新的解决方案，创造多元的可能性（见图 1）。互联网时代的金融创新发展趋势下，软件交付模式特征为开放、协作和共享。然而，传统 IT 交付模式已无法满足互联网金融快速创新的交付需求。针对客户的诉求，HY 公司立即开展调研，杜振生亲自带队到多家中型互联网金融科技公司深入学习，总结互联网金融产品的研发流程和产品设计模式。并与互联网金融企业一线项目主管反复沟通深入交流，详细了解客户关于互联网金融产品研发中的痛点。经过一系列的准备工作，基于客户参与的创新型 IT 服务模式—产品开发协同模式，横空出世。

2. 产品开发协同模式助力互联网金融客户

2015 年 10 月，机会来了，国家大型综合电商企业旗下 SN 金融公司（以下简称 SN 金融），准备建设一套互联网金融产品——"任性付"，即在线信用卡（类似京东白条或蚂蚁金服花呗）。当时京东金融和蚂蚁金服也在紧锣密鼓研发中，大家都在争取发布时间。但是，SN 金融缺少分期信用贷的产品设计经验，又面临各大竞争对手抢夺产品推出的时间窗口压力。SN 金融为了迅速推出"任性付"产品，决定进行 IT 服务供应商招标。

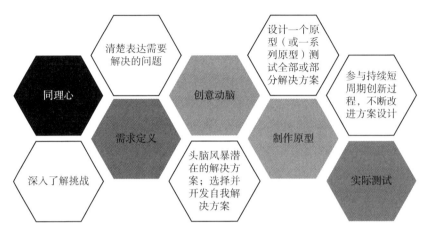

图 1　互联网产品创新思维图

　　HY 公司围绕 SN 金融的痛点制订完善的产品设计解决方案，在技术层面引进公司的金融软件产品开发平台，围绕产品开发平台模型构建互联网金融技术解决方案，并针对客户最关心的交付进度问题制订出完善、科学的项目交付方案。另外，HY 公司还引入产品开发协同模式，与客户协同构建能力共享和知识共享的价值链体系。SN 金融比较了多家供应商建设方案，最终决定选择 HY 公司提供方案。

　　为尽快提出"任性付"，SN 金融、上海银行、HY 公司的需求设计、产品设计、开发及测试团队必须全面协同，尽可能地能力共享、知识共享，从而最快捷交付产品。"任性付"项目肩负太多的期待，肩负 SN 金融与京东白条和蚂蚁金服花呗的互联网信用分期领域的版图竞争，肩负 HY 公司产品开发协同模式的成与败。

　　项目由杜振生和陈旭林亲自带队，项目团队以接近疯狂的工作模式和超强的战斗力与客户协同并肩战斗，分秒必争。为了充分发挥产品开发协同模式的优势，HY 公司成立"需求协同组""设计协同组"及"协同质量保证组"，通过合作分工和积极引导，逐步实施需求设计协同、产品设计协同，快速迭代并形成产品原型。同时，HY 公司共享信用卡业务模型，SN 金融共享互联网金融分期业务模型以及与 SN 金融团队进行协同质量保证。双方团队快速适应产品开发协同模式，SN 金融主要聚焦用户体验和用户黏度，

HY 公司重点聚焦设计的严谨和安全及业务流程的合理合规，经过快速协同改进、迭代，最终形成安全、稳定、优秀用户体验的互联网金融产品。

经过一系列努力，最终项目按时保质成功交付，SN 金融的"任性付"与京东白条和蚂蚁金服花呗同步推出。"任性付"获得 2015 年度南京市金融创新大奖和 2015 年度中国财经网金融产品创新大奖。HY 公司也凭此殊荣和产品开发协同模式成为 SN 金融金牌 IT 供应商。此模式后续在 SN 金融的多个产品创新项目上进行试验推进，均获得较好效果。

五、市场突变

1. 互联网金融突遇合规变局

凭借产品开发协同模式，HY 公司在互联网金融行业的业绩取得迅速的增长，逐步积累了消费贷、分期贷、贷后催收、便民缴费、跨境支付、智慧社区等多个互联网金融产品线，互联网金融用户也逐步增多。2017 年初，正值 HY 公司互联网金融业务线成立两周年，其营业收入已两倍于传统金融业务线，但新的危机又悄然而至。

"杜总，互联网金融业务线的客户回款速度在减缓，是咱们项目交付有问题还是客户有问题？"公司财务经理小刘最先发现此风险。为此，杜振生立即展开客户回访活动，重点调研互联网金融客户的运营情况。随着调研的深入，杜振生找到了答案。由于互联网金融经历了"野蛮生长"后暴露出了一些问题，如产品不合规、监管跟不上以及金融风险持续放大等。国家金融监管部门也逐步意识到风险，政策层面监管趋严，行业增速显著放缓（见图 2）。

2015 年末"e 租宝"案爆发，掀开了互联网金融行业无序经营的乱象，随后将互联网金融行业推向了舆论的风口浪尖。"e 租宝"披着互联网金融、高收益、高回报的外衣，在一年多的时间里竟然非法骗取了投资者超过 500 亿元的资金，超过 90 万名受害者而且绝大多数都是普通的工薪阶层，遍布全国各个省份。随后又持续出现互联网金融平台的停业、提现困难、爆仓、跑路的消息且有愈演愈烈的趋势，特别是中小型的 P2P 平台形势更加严峻。大中型的互联网金融平台即使运营稳健、相对规范且资金充盈，却也无法阻止行业增长速度日趋放缓。针对互联网金融市场的乱象，国家和地方的金融监管机构陆续出台了多份文件，2015 年 7 月，《关于促进互联网金融健康发展的指导意见》发布，标志着互联网金融行业的合规变局由此拉开，随后互联网金融行业在国家金融监管机构的严格监管下进入集中合规期，密集合规整治下的互联网金融行业经营门槛也在逐步提升。

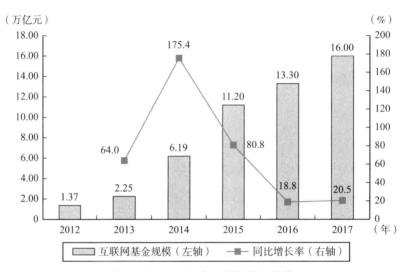

图 2　2012～2017 年互联网基金规模

资料来源：根据中国互联网金融行业发展报告数据整理。

2. 企业经营面临下行压力

2017 年中，公司市场部小李满脸愁容地拿着公司上半年的销售报表向杜振生汇报道，互联网金融业务线上半年销售额同比减少 7%，且上半年各月份的销售逐步减少，下行趋势明显；银行业务线上半年同比增加 3%，销售趋势保持稳定；互联网金融业务销售浮动太大，2016 年上半年同比增长43%。

面对小李表现的不安和焦虑，杜振生对市场部并没有进行批评，反而是充分肯定了大家的成绩和坚持。杜振生的心里非常明白，并不是市场部不够努力，也不是交付部门不够用心，行业的发展和市场的突变给 HY 公司沉重一击。

互联网金融客户面对一波接着一波的金融合规，企业经营逐渐以安全运营合理风控作为核心。另外，经过多年的野蛮生长，企业内部积累了太多问题，不良率逐年递增，持续运营风险逐步增大。大中型的互联网金融企业也受到不同程度的影响，业绩下降、投资日趋保守以及 IT 建设也逐渐减少投入。

六、模式升级，兼顾传统金融和互联网金融

1. 产品开发协同模式升级再讨论

2017 年中，公司经营分析会照常召开，公司整体的经营状况不容乐观，并且呈下行趋势。会上，陈旭林认为公司应该专注发展互联网金融信息化，把企业转变为专注于互联网金融的 IT 服务商。王凯表示风险太大，况且目前企业又处于困难期，有必要再分析分析。杜振生持不同的观点，认为互联网金融未来将很长时间处于调整趋势，业绩增长充满很大的不确定性。由于意见不一致，王凯不得不决定暂停会议，三天后再讨论。

三天后杜振生拿着厚厚的资料参加会议，里面有国家互联网金融规范化文件、多个知名专家的互联网金融发展趋势研究以及未来银行互联网创新转型研究等资料，里面有很多用红字圈起来的重点内容。"从目前公司经营状况来看，的确传统金融特别是银行业务增长缓慢，客户量也远远少于互联网金融，但是互联网金融后续的发展存在较多不确定性，今年上半年的经营状况已有反馈，互联网金融逐渐走向规范化和稳健化经营，而传统金融特别是商业银行期待经营转型升级，未来传统金融与互联网金融融合之路势不可挡。"杜振生摆明观点。

杜振生从多个方面进行了阐述，互联网金融企业自身研发能力较强并未完全依赖于 IT 服务商，未来业绩增长不可控；互联网企业自身经营风险大、政策监管影响大（合规政策将越来越多），抗风险能力弱；传统金融特别是商业银行面对互联网金融的竞争亟待进行经营转型、产品升级，提升客户服务能力，同时，传统金融 IT 服务市场规模较大，未来转型升级存在较大市场开拓空间。由此建议公司抓住传统金融或银行转型互联网创新的契机，利用传统金融、互联网金融的丰富建设经验，对产品开发协同模式进行模式升级，兼顾传统金融和互联网金融。助力传统金融客户进行金融产品创新，协助传统金融推出具备互联网金融理念的创新型产品。

2. 模式升级，助力传统金融客户互联网创新

以银行业为代表的传统金融在互联网金融浪潮中积极谋求转变，HY 公司决定抓住传统金融互联网创新转型的契机，利用传统金融和互联网金融的丰富建设经验，升级产品开发协同模式，打造传统金融与互联网金融融合发展的应用场景助力传统金融客户进行金融产品创新，推出具备互联网理念的创新型产品。传统金融无论是管理体制还是技术开发规范都与互联网金融企业差别较大。互联网金融配备专业化的产品研发中心，人员配备、管理流程和创新机制都比较规范且开放协作。而传统金融客户特别是中小型城市商业银行的信息科技部，缺乏产品研发能力。向传统金融客户提供产品开发协同模式与服务需要打破传统开发模式与 IT 服务。

杜振生将目标锁定 FX 银行。双方合作多年彼此建立了相当的信任，杜振生通过与银行领导多次的接触和沟通，探讨互联网创新思维，成功说服管理层进行互联网金融产品创新，与银行签订产品协同创新协议。双方约定了协同规范和创新管理办法以及知识产权协议等。HY 公司首先选取 FX 银行经营活动中亟待解决的痛点或者未来急于提升发展的业务方向。FX 银行几十年积累下的经营数据将是未来银行的宝贵财富，经过全面分析调研，HY 公司提出"银行数据服务门户"的概念，并引入互联网思维，让数据成为银行业务发展的"原动力"。

FX 银行与其他中小城市商业银行一样，不具备产品设计能力，没有产品经理岗，HY 公司承担了帮助银行培养产品设计人才的重任。HY 公司通过导入互联网金融的产品设计理念，关注用户体验、提高用户黏度，注重与用户沟通。通过与银行产品设计人员培养、协作、协同等，通过快速迭代反复锤炼，"数据服务门户"产品设计高质量完成。FX 银行数据服务门户产品成功交付，获得了全行的高度认可。

"银行数据服务门户"基于大数据技术依托外部数据和银行数据库形成全量数据分析，为领导提供全行经营视图以及个性化自动推送和预警，提高了银行数据管理和数据使用的效率，为 FX 银行量身打造的数据服务共享服务中心，让数据资产成为智慧的大脑，在战略指引、风险管理、财务管理、客户及营销管理、产品创新及经营与绩效管理等领域快速地创造价值。协助银行解决了"存款去哪里了""客户精准营销""社交网络有效识别""理

财到期资金流向揭秘""高价值潜在客户挖掘"等关键问题。

截至2018年中，HY公司在银行推行产品开发协同模式进展顺利，已与多家银行签署合作协议，并成功交付多个产品项目。2018年注定是HY公司不平凡的一年，银行业务线营业额增长50%。HY公司的产品开发协同模式逐步获得传统金融客户认可。

3. 模式升级，助力互联网金融客户稳健运营

"杜总，公司后续信息化建设的重点是资产风险、合规应对和创新金融场景的构建。希望贵公司能给我们提供建设思路，欢迎过来演示交流"，MY金服副总裁给杜振生打来电话。这通电话让杜振生再次陷入沉思。面对互联网金融市场持续爆出的金融问题以及国家不断加码的互联网金融合规监管政策，如何助力互联网金融企业规避风险、合规运营？如何在当前的市场环境中进一步发掘资源、发挥优势并与互联网金融客户协同直面问题、解决困难、稳健经营？

杜振生认为助力互联网金融客户规避风险、合规运营将是未来互联网金融信息化建设的重点。HY公司10多年的商业银行稳健的信息化产品设计经验，以及银行风控建设经验可以为互联网金融客户提供协助，依托在互联网金融的产品开发协同成熟模式，助力互联网金融客户提升安全合理授信、完善风控模型、提升贷后管理及催收水平。

MY金服经过多年的快速成长，累计放贷超过100亿元，然而，贷后管理混乱、催收效率低、不良贷款回收率偏低等一系列问题困扰着MY金服。HY公司建议基于产品开发协同模式与MY金服完善和提升贷后管理催收水平，协同建设贷后催收产品。HY公司引入传统金融的信贷责任认定机制和催收考核机制，MY金服团队基于互联网思维打通催收协作和大数据分析理念，HY公司与MY金服产品设计团队协同为MY金服量身定制了一款全流程贷后催收管理平台，能够高效地处理不良数据，提升催收业绩，有效地帮助客户降低不良率。

2018年11月20日，MY金服朱总特邀请杜总，一起体验协同开发的贷后催收产品。近10种催收模式，自动灵活化的规则分配，催收员的实时考核和监控机制，以及强大的大数据催收模式，充分体现基于产品开发协同模式融合了传统金融与互联网金融的科技成果。仅仅上线6个月后就创造了

MY 金服催收成功率提升 20% 的佳绩。

产品开发协同模式成为 HY 公司在互联网金融行业度过整个寒冬期的厚厚的棉衣，也助力互联网金融客户成功突破困境，持续稳健经营。2018 年底，HY 公司市场部小李再次来到杜振生办公室汇报 2018 年下半年的经营业绩："互联网金融业务线营业额增长 10%，传统金融业务线营业额增长 20%"。

七、奔向未来

在移动互联网时代，客户对金融机构的诉求不再只是渠道，而是一种生活场景。把金融服务嵌入客户的生活场景，沿着客户的生活轨迹，形成金融生态圈。HY 公司积极与传统金融客户和互联网金融客户进行持续协作，协同进行生活场景创新，共同打造可以注入金融服务生态的创新生活场景，协同共创产业价值。5 年的创业历程，HY 公司历经艰辛，最大的收获就是顺势而为，积极变革。HY 公司将继续推进产品开发协同模式，在未来金融融合趋势下更好地服务于传统金融客户和互联网金融客户。

"引导传统金融客户更加互联网化，协同创造互联网化的金融产品。""引导互联网金融客户与传统金融完美链接，协同创新更优的金融场景。""立志成为传统金融和互联网金融未来融合发展的助推器！"

上述是杜振生对未来的憧憬，充满信心和期待地迎接未来金融行业的发展与变革。但未来面临的挑战依然不容乐观，由于产品开发协同模式可复制门槛并不高，大中型传统金融 IT 服务供应商也已逐渐向现代化金融服务转型，竞争对手们拥有更雄厚的资金、更多的资源和更强的人才队伍。面对拥有强大研发能力和服务能力的竞争对手，HY 公司倍感压力……

案例分析

一、我国金融信息化行业现状

产业生命周期是指一个行业从兴起直至彻底退出所经历的时段，它展现了一个行业完整的演变过程，包括四个阶段：导入期、成长期、成熟期、衰退期。企业进入某个产业时不仅要进行外部环境分析还要根据企业的能力和资源分析其战略定位，处于成熟期或者衰退期的产业通过产业调整，引入新思维、新理念后又会站到新的时代风口，重新进入产业调整升级后的快速成长期。

1. 传统金融信息化行业现状分析

从产业生命周期角度来分析我国传统金融行业现状，以人民银行为主导，银监会全面监管，历经超过 20 年，商业银行已建成完善、安全的金融交易、清算和结算体系。目前 IT 建设已进入稳健运营时期，处于产业生命周期成熟期，市场容量相对稳定、市场需求缓慢增长、技术趋于成熟。

从市场规模看，2016～2020 年传统金融特别是商业银行 IT 支出将维持稳定增长。在完善基础 IT 设施的同时 IT 投入增长逐步放缓，未来预期增速甚至低于 10%，充分利用互联网理念、大数据和云计算等新兴技术成为银行未来 IT 建设的关键（见图 3）。从供应商结构来看，IT 基础设施建设需求主要来自金融监管机构，为了保证服务品质，大中型银行对服务商设置了严格的准入门槛，各个细分领域都有多家大中型金融软件供应商，拥有绝对的市场优势，且持续压迫着中小金融软件供应商的市场空间。从竞争形势看，面对互联网金融强势冲击，传统商业银行节节败退，存款总额持续下降，银行利润持续下滑，传统金融中介地位和资金融通的职能都遭受到互联网金融的巨大挑战。

2. 互联网金融信息化行业现状分析

从产业生命周期角度来分析互联网金融行业现状，创造庞大的用户数据入口，互联网金融植入在生活场景共同构建金融生态圈，大量的互联网理财、保险、众筹、消费贷、分期贷等为客户提供了便利、低成本、个性化、多样性的金融服务，并且依托互联网思维持续增加客户黏度。产出比重快速增长、在产业结构中的作用日益明显、市场规模快速增长，互联网金融处于产业生命周期成长期。从市场规模看，余额宝发展趋势在 2013～2014 年呈爆炸式增长（见图 4）。

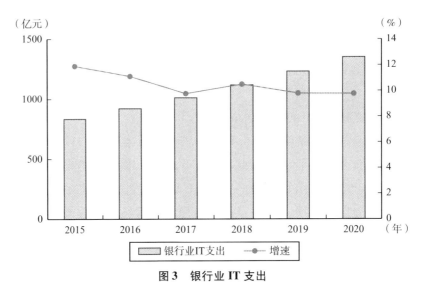

图3　银行业IT支出

资料来源：根据中国产业信息研究网数据整理。

图4　2013Q2～2016Q4余额宝规模

资料来源：根据中国互联网金融行业发展报告数据整理。

二、HY公司服务互联网金融时遇到的问题

HY公司面对经营困境，积极转型互联网金融IT服务，深入分析发现互联网金融客户期待供应商以更加积极的模式与其合作，积极构建金融业务与

互联网技术的深度融合体系，依托高协作性、高参与度和高透明度的金融服务平台构建服务大众的金融生态圈。融合互联网"开放、平等、协作、分享"的经营理念，期待供应商能够提供更加开放、更加协作、更加共享的创新型软件产品和 IT 服务模式（见表1）。金融客户期待 IT 服务商构建更加紧密、相互促进、优势共享的协作关系，HY 公司经过分析后认为传统的 IT 服务模式已无法满足客户的诉求，IT 服务模式亟待变革。

表1　　　　　　　**传统 IT 服务模式与互联网金融客户诉求对比**

关键点	传统 IT 服务模式	互联网金融客户诉求	是否符合
适用领域	已定义的产品交付项目，偏向交付大型已定义的产品	具备创新特征的 IT 产品交付，注重快速试错、快速验证	不符合
合作方式	项目外包	框架协议	部分符合
协作方式	被动接受，部分协作	开放、主动协作	不符合
思维模式	传统思维，被动接受	互联网思维、创新思维	不符合
开发协作	供应商全权设计、开发客户监督	协同设计、协同开发	不符合
交付方式	一次交付，重视功能交付	持续优化，注重生态交付	不符合
共享模式	低层次共享	全面共享	不符合
沟通协作	偏低	全面沟通、全面协作	不符合
项目管理方式	瀑布模式	快速迭代、敏捷	不符合

三、产品开发相关理论

1. 客户参与理论

客户参与是指产品或服务的生产和传递相关的精神和物质方面的具体行为、客户的努力和卷入的程度。客户参与是一种在产品或服务生产过程中客户承担一定生产者角色，并获得情感、个性化、自我创造及自我实现等方面满足的涉入性的资源（智力、精力、金钱、情绪等）的投入行为。

客户参与产品开发活动所贡献的作用取决于客户的知识、能力以及意愿的不同而不同，可以是直接作用也可以是间接作用，供应商必须具备灵活引导、积极协同和顺势而为的能力，客户可以以比较正式的方式参与产品开发的关键活动，也可以以非正式的方式、组合方式，或者允许客户采用实际参与或者虚拟参与的模式。其最终目的是供应商要因势利导、积极融合，让客户以多样化和灵活化的协同方式最大限度地全面参与到产品开发的活动中并尽可能地发挥客户能力。

2. 协同理论

协同理论认为任何一个系统都是由众多的子系统或者功能部分组合而成。项目管理者与工程师通过协同的行动，统合各子系统，促成系统内部各子系统的结构或者功能由各行其是、繁杂无序转变为系统整体的有序运行。把有序化的协同行动进行理论化提炼并形成协同理论。基于现代系统科学的观点，一个系统内部各组成要素需要通过协同组织和组合而形成系统各要素之间的平衡状态。协同是把非平衡状态的系统通过协同行动，促进各子系统之间产生相互作用最终形成协作状态，使系统本来杂乱无序的状态转变为有序、和谐的平衡状态的过程。

3. 产品开发平台理论

产品开发平台的概念建立在产品、技术知识和组织三个要素的基础上，技术变化必须从产品—活动的耦合，即产品与使用或生产这些产品的直接人类活动互相支持的组合来理解，只有这样才能理解产品、知识和组织对于技术变化是如何发生作用的。产品序列是产品开发平台的工作对象，产品开发平台的目标和方向是不断地开发产品，并以产品开发过程作为协调机制的知识和技术活动系统。

产品开发平台包含了工作对象（产品序列）、工作主体（专业研发人员）、无形支持系统和有形支持系统。企业以产品开发平台作为企业能力的基石，产品开发与市场需求变化形成动态的匹配关系，企业动态匹配性越高，其产品开发能力、产品交付能力和产品的创新能力就越强，产品开发平台是提升企业市场竞争力的强力支撑。

四、HY 公司的产品开发协同模式的要素

HY 公司基于长期的经营实践经验和持续 IT 服务过程，逐步形成了产品开发协同模式，具体包含三大要素：协同机制、共享机制和产品开发平台。其核心思想是围绕客户体验构建客户参与的 IT 协同模式，其中以客户参与

理论指导如何将客户参与到产品开发过程的关键活动中；产品开发平台理论指导企业构建平台战略，是构建产品开发协同模式的平台模型；协同理论用于指导企业与客户协同过程的有效推进，客户是关键影响因素，客户的能力、主动性、协同意愿和知识储备都直接影响到协同的效果。

1. 产品开发协同模式的协同机制要素分析

产品开发协同模式中客户参与的过程包括三个阶段：准备阶段，参与阶段和评价阶段。其中准备阶段，企业评估客户参与协同的能力和意愿，根据评估结果制订协同计划和引导策略，使客户在参与产品过程中合理发挥能力。参与阶段，客户参与产品定制化过程中的关键活动，包括：需求设计协同、产品设计协同和协同质量保证。评价阶段，产品交付后收集客户参与其中的各种信息活动，并进行协同成果的分析和总结，其目的是通过评价客户参与过程来甄别客户在产品开发协同模式中展现出的协同优势和协同劣势。

在产品开发协同模式中，HY 公司与客户的协同过程通过任务协同机制，主要是通过具体关键活动协同来体现。企业与客户共同构建协同的关键活动路径，HY 公司与客户在产品开发协同模式下执行协同活动的关键活动协同路径分析如表 2 所示。

表 2 关键活动协同路径分析

关键活动	客户	供应商
需求设计协同	协同路径： （1）成立需求设计协同组，协同业务规划、解决冲突、引导客户把模糊的需求清晰化。（2）需求设计并对需求进行分解、处理、评价，协同形成需求原型。（3）对需求原型双方协同评价并持续迭代，最终使客户满意	
	协同能力：互联网思维、产品创新力、个性化需求设计、业务痛点和用户诉求	协同能力：产品设计、开发、集成、服务、时间、质量等能力，需求设计和转化经验，金融信息化建设经验，需求管控策略
产品设计协同	协同路径： （1）成立产品设计协同组，引导客户参与定制产品设计全过程，包括产品配置、定制组件设计、产品评审等多个阶段。 （2）产品配置，产品协同设计组和专家组多次交互，依托产品开发平台以及提供丰富的金融组件库。 （3）组件属性判断，直接应用产品开发平台提供的通用金融组件，个性化定制组件进入定制化设计和开发流程。 （4）定制产品设计原型协同评价，确定设计方案，使定制产品的设计真实地体现客户的个性化需求	

续表

关键活动	客户	供应商
产品设计协同	协同能力：聚焦客户体验、个性化产品设计	协同能力：聚焦设计的严谨和安全，产品设计、开发、集成、服务、时间、质量等相关能力
协同质量保证	协同路径： （1）双方协同全程监督、查看、反馈等，全程协同确保交付产品质量。 （2）客户全程参与质量保证环节中，双方建立起较高的信任。 （3）客户全程参与需求设计过程，凝聚双方对市场需求和业务需求的创新思维和管控策略，客户在协同过程中既是设计者也是确认者，与客户诉求具有高度的一致性。 （4）客户全程参与产品设计过程，是产品原型的设计者和确认者，汇聚了客户的产品设计思维。 （5）企业交付客户产品的过程也是与客户协同进行质量保证的过程	

2. 产品开发协同模式的共享机制要素分析

产品开发协同模式中的共享要素是知识共享和能力共享。知识共享是知识的提供者根据自己利益的需要，在一定条件下将自己拥有的知识通过某种机制与知识的接受者分享的过程。同理，能力共享是能力提供者和接受者相互共享的过程。共享过程需要通过产品开发平台进行过程支撑。HY 公司与客户之间的知识共享的内容包括金融行业知识、设计思维和经验总结，能力共享的内容包括业务模型和产品组件等。

产品开发平台模型中的有形支持系统是提供过程和吸收过程的共享通道，产品开发平台模型中的无形支持系统为共享的知识，主要包括创新构思、互联网金融和传统金融 IT 建设经验。HY 公司长期金融信息化地积累，具备丰富的金融业务模型库、软件产品组件库和金融知识库。互联网金融客户也拥有丰富的金融组件库和客户金融业务模型库，产品开发平台模型通过整合双方的资源、知识和能力，既提供共享的通道也提供共享的知识。

3. 产品开发协同模式的产品开发平台要素分析

企业构建产品开发平台在很大程度上是体现一家软件企业，尤其是软件服务公司成熟度和竞争力的指标。产品开发平台是企业的战略性资产，是企业独特且不可复制的能力，也是构建产品开发协同模式的组成部分。HY 公司的产品开发协同模式中的产品开发平台能力分为专业 R&D 团队、无形技术支持系统、有形技术支持系统和外部技术支持系统四个方面，如表 3 所示。

表 3　　　　　　　　　　HY 公司产品开发平台能力

能力	能力描述
专业 R&D 团队	（1）金融产品平台级研发队伍，为定制化产品提供平台支撑服务。（2）专业金融产品设计队伍，为客户提供业务规划和产品设计
无形技术支持系统	（1）传统金融 IT 建设经验。（2）互联网金融 IT 建设经验。（3）创新设计能力，创新构思、设计、评价和反馈
有形技术支持系统	（1）开发工具平台，代码自动生成，产品自动打包部署。（2）协同工具平台，在灵活权限控制下协同开发过程管理平台。（3）分析工具平台，可视化便捷的智能数据分析工具平台。（4）产品开发平台，开发产品所必需的技术运行平台，技术组件等。（5）金融风险模型库、金融规则模型库、绩效指标库、财务指标库、金融通用组件库和特定业务组件库
外部技术支持系统	建立与 HY 公司 IT 开发所支持的外部支持，例如：Tomcat、MQ、XMind、Axure 外部软件及网络和硬件设备等

五、构建适用 IT 领域的客户参与的价值共创体系

消费者角色由价值消耗者逐步转变为价值共创参与者甚至单独价值创造者，HY 公司的产品开发协同模式的创新体现在构建了适用于 IT 领域的客户参与的价值共创体系。客户有强烈的意愿参与到产品的设计和生产活动中，以确保企业交付的产品符合客户的预期，企业也需要客户的参与确保交付的产品能适应市场的需求，即企业与客户的交互活动可以看作是价值共创的过程。HY 公司的产品开发协同模式构建了 IT 产品交付全流程中企业与客户的价值共创体系，从准备阶段、参与阶段和评价阶段构建企业与客户的价值共创过程。具体关键分析如表 4 所示。

表 4　　　　　　　　　　企业与客户价值共创分析

阶段	活动	描述	价值
准备阶段	分析评估	外在动机：客户更加注重交付效率，关心交付结果的一致性和交付质量，愿意参与 IT 生产活动。内在动机：客户的开放、协作的基因，注重知识共享和创新碰撞，愿意积极参与其中	制定与客户价值共创的策略

续表

阶段	活动	描述	价值
参与阶段	需求设计	协同业务规划、解决冲突、形成共识，需求分解、概要和详细设计、原型搭建、协同评价需求原型，业务知识和创新思维共享	经济价值：需求更符合客户期待，变更减少，经济价值提高；使用价值：需求一致性高，使用价值提升；关系价值：协作紧密、配合程度提高；体验价值：更加人性化
	产品设计	协同产品设计、解决冲突、形成共识，产品配置、定制组件设计、评审，产品设计原型协同评价，设计理念和组件共享	经济价值：交付效率提升，减少成本，提升效益；使用价值：产品可用性强；关系价值：协作紧密、配合程度提高；体验价值：交互体验提高
	质量保证	协同全程监督、查看、反馈，质量规范和管理策略共享	经济价值：降低运维成本；使用价值：可用性和安全度高；关系价值：提升信任度；体验价值：可用性强
评估阶段	总结评估	价值共创动机再评估，价值共创能力再评估	制定未来与客户价值共创的提升策略

六、产品开发协同模式与传统 IT 服务模式对比分析

产品开发协同模式与其所适应的行业发展相匹配，更加注重生态交付能力，IT 供应商与客户协同更有利于对客户所在行业的特征及趋势的理解。比较产品开发协同模式与传统 IT 服务模式差异见表 5。

表 5　　　　　　产品开发协同模式与传统 IT 服务模式对比分析

关键点	传统 IT 服务模式	产品开发协同模式	产品开发协同模式优势
合作方式	项目外包	框架协议，工作量按投入量灵活计算	减少冲突
客户角色定位	客户是使用者和监督者	客户是使用者也是生产者	客户的创造性和能动性提高
适用领域	传统行业信息化、已定义的产品交付项目，多用于交付大型已定义的产品	互联网思维的 IT 产品交付，具备创新特征的 IT 产品交付，注重快速试错快速验证	更适合互联网客户或者传统领域的互联网创新

续表

关键点	传统 IT 服务模式	产品开发协同模式	产品开发协同模式优势
业务规划	被动接受客户的方案	与客户协同规划方案	完备性提高，创新性提高，可落地性提高
需求设计	供应商需求采集，被动接受客户的需求，不主动提升需求	与客户协同设计需求，解决冲突、引导客户把模糊的需求清晰化，对需求进行分解、处理、评价	需求一致性提高
产品设计	客户较少参与，依靠供应商经验和能力	引导客户参与定制产品设计全过程，协同定制产品设计原型，双方协同评价并确定设计方案	个性化提高，交互体验提高
产品质量	供应商交付后，客户进行产品验收	双方协同全程监督、查看、反馈，督促企业确保交付产品的质量	更符合客户诉求
变更成本	变更成本高	变更成本低	成本更低
交付方式	一次交付，重视功能交付	持续优化，注重生态交付	产品品质提高
沟通协作	偏低	全面沟通、协作程度高	减少冲突；行动更加一致，协作更加紧密
项目管控	客户监督	客户全面参与项目管控过程	信任度提高
知识和能力共享	客户的知识和能力共享较弱	双方全面知识和能力共享	缩短开发时间，降低开发成本

七、模式升级后的产品开发协同模式的要素

传统金融客户积极引入互联网属性，互联网金融客户在合规经营的背景下积极引入稳健运营的属性，两者各自的延伸属性逐步融合。为适应两者关联融合场景，HY 公司对产品开发协同模式主动升级，增加了关联融合要素，由此，产品开发协同模式包含四大要素，即协同机制、共享机制、产品开发平台和关联融合。

融合是指不同产业或同一产业的不同行业之间逐步跨越原有的行业属性并进行属性延伸，相互渗透、相互交叉，具有较强的扩散和带动能力，不断

激发活力，构建新的业务增长点。产品开发协同模式是链接的关键点，链接意味着互联网金融与传统金融在某些外延属性上进行合作或者共享，构建游弋于互联网金融和传统金融的 IT 服务能力。HY 公司通过知识和能力共享提升企业创新能力和产品构建能力。分别以四大构造的维度进行分析（见表6）。

表6　　　　　　　　　　　HY 公司产品开发平台关联融合能力分析

平台构造	能力描述
专业 R&D 团队	长期横跨互联网金融和传统金融 IT 服务的专家团队，长期横跨互联网金融和传统金融 IT 项目交付的实施团队
无形技术支持系统	长期横跨互联网金融和传统金融 IT 建设经验积累，连接互联网金融和传统金融 IT 体系的技术能力，互联网金融和传统金融业务知识积累和知识库，金融融合思维的创新设计能力
有形技术支持系统	兼容互联网金融和传统金融的产品开发工具，兼容互联网金融和传统金融的产品技术平台，兼容互联网金融和传统金融的金融模型库、规则库和组件库
外部技术支持系统	与外部金融信息化领域的 ESB、中间件、数据库、金融通用组件等产品构建对接交互或者产品融合

八、产品开发协同模式的作用

1. 产品开发协同模式构建企业竞争能力

HY 公司的竞争力重塑始终围绕是否提升客户价值进行构建，产品开发协同模式的核心内涵就是企业与客户通过产品开发协同联合构建客户参与的价值体系（见图5）。

在买方市场条件下，HY 公司一致认为，当前金融信息化领域供应商之间的竞争核心是对客户的竞争，HY 公司以战略的高度，推行产品开发协同模式就是以围绕客户提升服务能力和提高客户满意度为核心任务。

（1）产品开发协同模式提升企业 IT 服务能力。产品开发协同模式的核心内涵就是与客户协同构建客户参与的价值链体系，协同规划业务、确定需求、设计产品等关键流程，以打造优质产品解决客户痛点，构建超客户预期的业务产品解决方案。在长期的传统金融和互联网金融的双线交付过程中锻

炼了一大批基于产品开发协同模式的优秀金融软件产品交付团队，锤炼出强
大的交付能力。HY 公司依托产品开发协同模式和优秀金融产品开发平台，
持续助力互联网金融稳健运营和传统金融互联网创新。

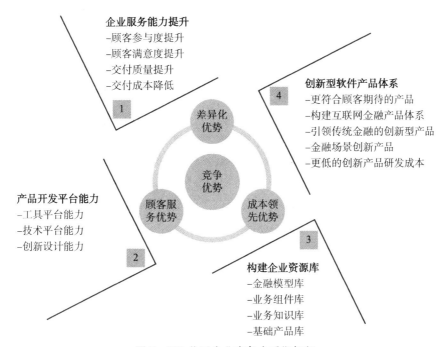

图 5　HY 公司企业竞争力重塑框架

（2）产品开发协同模式打造创新型金融软件产品体系。HY 公司与客户
密切协同，对金融行业客户的运营流程、业务痛点、产品规划、服务期待等
理解更加深刻，新产品研发更加符合客户的需求，产品推广成功率较高，并
且随着与客户联合产品开发和协同创新的项目逐渐累积，HY 公司持续积累
更多创新型金融软件产品且产品研发思路更宽更广。HY 公司经过四年经营
已形成两大产品线体系，商业银行产品线和互联网金融产品线，且互联网金
融产品线与商业银行产品线形成相互融合发展态势。

（3）产品开发协同模式持续锤炼产品开发平台能力。HY 公司产品开发
平台的诞生是企业长期知识、经验和技术积累的结晶，独特的产品开发平台
更需要持续的项目应用、产品验证、改进和提升，HY 公司产品开发平台是

导入产品开发协同模式的强力平台级支撑，同样，产品开发协同模式的持续推广与客户协同产品创新和交付，持续融合不同客户的优秀创新思想，且逐步实现商业银行和互联网金融产品的双支撑，平台能力持续增强。

（4）产品开发协同模式持续构建企业资源库。HY公司导入产品开发协同模式与传统金融客户和互联网金融客户长期协同，通过自主创新、业务积累和吸收协同客户的优秀设计或者开发资源，持续构建丰富的企业资源库。

2. 产品开发协同模式构建企业竞争优势分析

HY公司作为中小型创业型公司如何在竞争惨烈的市场中赢得经营空间且能保持快速成长？源于公司从未停止经营模式创新、产品创新，不断推出有竞争力的产品和服务。HY公司的竞争优势体现在以下几个方面。

（1）差异化优势：依托企业在金融行业所占据独特的地位，积极实施差异化的企业竞争力构建战略，其所构建的差异化能力优势可以被客户广泛地接受。HY公司的差异化包括两个方面：服务模式差异化和金融软件产品差异化。服务模式的差异化是指依托产品开发协同模式，为传统金融和互联网金融客户构建融合发展的IT服务，协同推进的独特经营模式。金融软件产品差异化是指依托产品开发协同模式，用差异化的产品助力互联网金融稳健经营和传统金融创新变革。

（2）客户服务优势：围绕专注为客户个性化定制产品服务，引导客户参与产品交付的关键活动，客户参与度、满意度比传统服务模式大幅度地提升，经过多个项目的协同合作，企业与客户最终构成知识共享、能力共享的价值链。

（3）成本领先优势：由于客户的积极参与和投入、更高的效率、更快的交付、更高质量的产品、更高的客户满意度等特点实现产品交付的服务成本降低，从而实现成本领先战略。

九、HY公司推行的产品开发协同模式的启示

1. HY公司的模式创新过程对其他企业的启示

面对惨烈的市场竞争和增长放缓的行业信息化市场趋势，大多数中小软件企业艰难经营，以HY公司经营模式转型过程案例为其他软件企业提供一些启示，主要包括以下几点。（1）积极把握时代发展趋势。以战略的高度，

积极把握时代发展趋势，勇于站在时代发展的风口，以创新型的商业模式带领企业积极开拓。（2）围绕客户体验构建服务模式。客户在生产和消费活动中的角色正在持续转变，客户更加积极地、主动地参与到产品的开发中，他们既是产品或服务的设计者、制造者也是使用者。（3）注重能力建设打造独特竞争优势。注重企业能力持续建设，提升企业客户服务能力、产品开发平台能力建设、企业资源库建设和创新型金融软件产品体系建设。（4）构建企业持续创新能力。企业经营中持续进行服务创新、技术创新、产品创新、模式创新和管理创新，构建企业的创新体系。

2. HY 公司未来的机遇和挑战

企业的战略决策就是要未雨绸缪。HY 公司希望成为传统金融与互联网金融融合的桥梁，积极帮助金融行业客户进行金融场景创新，与客户紧密协作，积极探讨服务模式的持续创新和金融软件产品的持续创新，持续构建 HY 公司的综合竞争优势。

未来面临的挑战依然不容乐观，产品开发协同模式可复制门槛并不高，大中型传统金融 IT 服务供应商也已逐渐向现代化金融服务转型，竞争对手们拥有更雄厚的资金、更多的资源和更强的人才队伍，面对拥有强大的研发能力和客户服务能力的竞争对手，HY 公司倍感压力。展望未来，HY 公司的机遇与挑战并存。

十、参考文献

［1］江诗松，龚丽敏. 产品平台的概念、模式和管理过程［J］. 管理学家：学术版，2010（10）：61 – 68.

［2］李靖，张新卫，王克勤，等. 基于企业产品开发绩效的顾客参与程度度量［J］. 计算机集成制造系统，2018，244（8）：163 – 170.

［3］路风. 论产品开发平台［J］. 管理世界，2018，34（8）.

［4］芮明杰，李想. 差异化、成本领先和价值创新——企业竞争优势的一个经济学解释［J］. 财经问题研究，2007（1）：37 – 44.

［5］孙玲. 协同学理论方法及应用研究［D］. 哈尔滨：哈尔滨工程大学，2009.

［6］温志嘉，侯亮，陈峰. 基于协同学的产品协同开发链协调机制研

究［J］. 科技进步与对策，2008，25（6）：40 – 43.

［7］［美］希尔，［美］琼斯，周长辉. 战略管理：中国版［M］.7 版.
孙忠，译. 北京：中国市场出版社，2007.

［8］Cermak D. S. P.，File K. M. Customer Participation in Service Specifica-
tion and Elivery［J］. Journal of Applied Business Research，1994，10（2）：90 –
97.

第五章

数字化转型的实践与反思

　　企业数字化转型是一项复杂的系统工程，企业在实践过程中既有成功的喜悦时刻，也会经历挫折的暗黑岁月。"实践—反思—再实践"成为企业数字化转型探索的主旋律。

　　本书结尾部分选取了一个具有代表性的企业案例，展示了制造业企业在数字化转型过程中攻克技术难关，实现自主创新的成功实践。光洋集团的案例展示了制造业企业如何利用数字化转型来打破技术壁垒，实现自主创新，并增强市场竞争力。这一转型不仅体现了企业在技术突破上的坚定决心，也揭示了数字化在推动企业自主创新能力方面的巨大潜力。通过采用先进的数字化技术和解决方案，企业能够优化生产流程，提高产品质量，加快产品创新速度，最终实现在市场中的持续领先。这一过程不仅需要企业对现有技术的深入理解和应用，还需要企业持续探索和采纳新技术，以保持其在行业中的技术优势和市场竞争力。

　　在数字化转型过程中，自主创新是企业提升竞争力的关键，它使得企业能够突破技术封锁，实现自我发展。在直面转型过程中的诸多挑战时，企业需要有系统的思考和应对策略，确保转型的顺利推进。数字化转型不是一蹴而就，而是久久为功，不是一战功成，而是步步为营。此外，在转型过程中，企业需要有前瞻性地思考和规划，找到未来发展的方向和路径，实现长远发展。希望本书抛"案"引玉，能够为读者提供有价值的参考和借鉴，助力企业在数字化转型道路上取得成功。

光洋集团：大国重器，突破封锁*

 **案例正文**

一、引言

2020 年 1 月 28 日，中央广播电视总台中国之声特别策划《在新春的建设工地上》推出《"世界之最"的神奇工厂》。这座神奇工厂由大连光洋科技集团（以下简称光洋集团）投资建设，是全世界最大的恒温恒湿"地藏式工厂"，也是我国数控机床及研究领域的第一个国家工程实验室。

听着电视机上的报道，光洋集团董事长于董不由得回想起过去 30 年来自己带领光洋集团一步步挣脱束缚、发展壮大的整个过程……

二、从无到有，突破困境

1. 缘起工控，情系数控

光洋集团最初的经营业务并不是机床行业，而是与机床行业密切相关的工业自动化控制领域，这主要源于于董的兴趣所在。于董年少时就表现出对科学技术的浓厚兴趣，常跟着热爱无线电的哥哥摆弄电子元器件，长大后曾在大连海运学院（今大连海事大学）无线电专业学习，在辽宁大连渔业公司（今辽渔集团）从事技术工作。后来抓住契机，于 1993 年成立了光洋集团。

在成立初期，企业资金短缺、业务有限，仅负责一些基本的维修业务，全部家当设备只有"五个一"：一台钻床、一台小型等离子切割机、一台手弧电焊机、一台剪折两用机床、一位技术员。除了于董这位"技术员"，公

---

* 本案例中人名做了修饰性处理。本案例笔者根据光洋集团提供的资料编写。本案例由曾德麟、欧阳桃花、叶碧奇、周放生、王秋颖、蔡家玮撰写。案例来源：中国管理案例共享中心，并经案例作者同意授权引用。作者或版权方无意说明企业成败及其管理措施的对错。

司只有三个普通技术工人。身为掌门人的于董，面对创业初期的"惨淡光景"，非但没有被吓退，反而被激起了身体中崇尚技术的斗志。即使没有自己的工厂，他也通过为客户设计解决方案，继而寻找工厂代为加工的方式完成订单。

过了一段日子，企业的业务逐渐从维修业务延伸到配套产品生产业务，例如低压电器柜和线缆槽架等，进而又扩大到电气工程安装和加工电气工程零部件等生产业务。光洋集团依照客户需求设计配件，做专业化的配套生产，尽管没有形成批量生产的规模，但是能够为用户提供自动化产品的专业设计，先后为三洋、丰田、东芝等企业，研发配套了自动控制产品，获得了一批客户的信任与资金来源，实现了自身的不可替代性。随着业务范围的进一步扩大，光洋集团开始建造厂房并购进专业化设备，搭建起自主化工业控制加工制造平台。

2. 采购遇限、师夷长技

随着厂房扩建，企业产能上去了，技术越来越成熟，企业发展得越来越红火，随之而来的是对生产工艺越来越高的要求。1999年，光洋集团管理层经过商议并对市面上的机床厂家进行比较后，决定由采购总监杨总带领团队前往某日本公司总部进行机床订购，以满足更高的生产需求。但是却遇到了棘手的情况。日本的公司要求一次性支付高昂的设备费用，而且还表示他们的产品自带移动监测功能，如未经他们确认移动机器，设备将停止运行，造成任何损失，后果自负。

2000年，英国600集团到大连设厂生产数控机床，经过反复的筛选对比，他们最终选择了光洋集团为他们做生产配套。这本是一件好事，但是整个合作下来后的总结大会上，市场总监林总却提出自己的想法："我国数控机床的需求量非常大，国内生产厂家大多只生产床身铸件等附加值较低的部件，而安装的数控系统则几乎全部依赖进口，我国生产的每台机床上，仅数控系统部分就要占据40%的成本。如果我们没有自主知识产权，我们的生产过程将永远受制于人。"这一席话令于董心潮澎湃，萌生出一个想法，那就是动手研发我们中国人自己的高档数控系统，让我们的机床产业永不再任人摆布。

几天以后，经过深思熟虑的于董便组织管理层就自主研发这一问题展开讨论，将自己的决心传达给了各部门主管人员。大家鉴于此前的种种经历，对于董这一决心纷纷表示赞成。

就这样，光洋集团通过多方努力先后引进瑞士百超的激光切割机和德国、日本的一系列机器，提高了钣金加工能力；2001 年设立了技术部，采用先进的计算机控制技术及软件技术大力开发，掌握了工业自动化的各项基础核心技术，完成了智能化液晶触摸式监控系统的研发和设计。同时，光洋还从英国、瑞典、德国引进设备组成表面组装技术（Surface Mounted Technology，SMT），是电子组装行业里最流行的一种技术和工艺生产线，开始进入新的生产加工领域。2002 年初，公司自发研制的"远程控制操作台系统"等 5 项产品获得软件产品等级证书，标志着光洋集团开始正式进入了产品研发领域。

3. 构建团队、攻克系统

随着对国外先进技术的引进与学习，光洋集团在工控领域硬件与软件的自主研发水平和设计制造能力达到了行业领先水平，但是一直没有进入数控领域。于董心里明白，要想实现从工控领域到数控领域的跨域，必须要有一支强有力的研发队伍。为此，于董亲自到高校寻找技术骨干，吸引年轻人成为研发队伍中的主力军，逐渐壮大研发队伍。借助从德国购买的中高档数控系统，在硬件方面，研发团队凭借在工控领域多年的经验，很快就突破了芯片设计的瓶颈。在软件方面，完全要靠研发团队自行钻研。为了弄清原理，研发人员研究了大量的文献和知识产权，不仅包括中文文献资料，还有很多英文资料。终于，凭借自身的技术优势与已掌握的芯片技术，光洋集团于2004 年成功研制首个 ARM 平台 + MCX413 架构的数控系统 GT200，2005 年相继推出了第一代五轴联动数控系统 GTP8000E，实现了在高档数控系统领域从零到一的跨越。

三、再遇坎坷，破釜沉舟

1. 验证被限，决心自研

随着光洋集团成功研发出第一代高档数控系统，又一项艰巨的任务摆到眼前—采购关键功能部件进行功能验证。因为光洋集团前期开发的系统只是广义的数控系统中的一部分，要想真正实现数控机床的功能，还需配套电机、传感器及转台、铣头等关键功能部件，对数控系统的功能和性能进行验证。

2006 年 5 月，光洋集团管理团队就如何进行系统验证进行了讨论，最后得出了一致的结论：由采购总监杨总负责向美国、德国企业采购转台、铣头的业内尖端产品。原因很简单，因为光洋集团研发的数控系统定位高端，需要对标市面上最高端的产品。为了保证买到最匹配的关键功能部件，采购部的同事们在联系多个厂家后最终决定从美国哈斯公司（HAAS）采购。杨总特意组建了一支专业技术小组与美国哈斯公司的中国代理商进行商务谈判。鉴于此前采购过程中的曲折经历，杨总同中国代理商进行了充分的沟通交流，尽力满足哈斯公司提出的各种条件。但不幸的是，无论哈斯中国代理商如何积极争取，美国哈斯公司始终不肯向光洋集团出售其转台产品，而不卖的原因竟是，该技术产品不能用于帮助中国企业开发和验证数控系统五轴加工技术，这属于瓦森纳协定的出口管制条款。在美国采购受挫的杨总并未就此放弃，而是转向其他国家的尖端制造商寻求交易，但四处碰壁。在此危急关头，于董召集公司的管理层，就"如何实现系统验证"进行讨论。最终，决定自己制造关键功能的部件。

2. 内外兼修，云开见日

尽管光洋集团已经决心研发关键功能部件，但是在很长一段时间内都没有进展，这让大家一筹莫展。因为即使有自主研发数控系统的经历，但却不适用于关键功能部件的开发。因为数控系统是技术高度密集的产品，总的来说偏向于电子技术，而关键功能部件则更考验机械技术。

直到有一天，研发部刘总兴冲冲地敲响了于董办公室的门，迫不及待地说道，眼下光洋集团正与德国舍弗勒集团下的依纳（INA）公司进行合作，购买轴承用于工控部门。该公司还为其他公司提供机床功能部件的解决方案。自此，光洋集团根据依纳公司提供的部件原理图不断改进方案，制造硬件产品雏形，并在实际应用中逐步迭代，成功掌握了转台和铣头的原理和工艺，实现了自主生产。

转台与铣头的研发成功了，接下来就是攻克数控机床的电机和传感器。他们如同存在于机器间的神经通道，为机床的运转与信息传递提供动力与反馈。为了实现这两个关键功能部件的研发，大家又一次聚在会议室商量对策。研发部刘总首先建议在已有研发团队的基础上建立电机方面的专业研究团队，专注于这一领域的研发工作。采购总监杨总点点头，补充道，在研发过程中与外界的合作也是必不可少的。可以换个视角，先寻找国内资源进行合作。接着，大家对以上两条建议进行了补充与完善，会议结束后各部门针对自身的职责制订了详细的研发计划。

随后，光洋集团成立了专门的电机研究所，并联合哈工大、沈工大等高校教授一起进行技术攻关。为寻找突破口，团队走访了国内几家知名的电机生产商，评估了他们的技术来源，但结果并不理想。经过再三思量，研究团队决定购买现有的尖端产品进行研究，自行制造配套电机。于是，光洋集团先后购买了德日主流各类产品作为研究对象，每款产品都买了两台，只为能够在研发过程中拆一台了解制造工艺、留一台与自研产品对标。之后，经过对数百台电机的拆解研究，以及在反复试验中不断融入新的技术，光洋集团终于研发出具有自主产权的各类电机产品。其间，团队还通过逆向分析和反复实验掌握了激光干涉技术，克服了传感器方面的难题，完成了传感工艺的实现。

3. 人才助力，系统升级

即使关键功能部件获得了一定突破，但光洋集团在整体的系统规划与升级上仍有所欠缺。面对这种情境，于董心里明白，只有不断增强自身的研发能力才能让国内各大厂家心甘情愿地与光洋集团合作。虽然研发团队在不断扩大，但是仍缺少一个实力超强的研发带头人。此时，于董想到了深耕该领域多年的陈博士。毕业于清华大学机械制造自动化专业的他深耕数控领域多年，此时已是行业内赫赫有名的系统规划师，对光纤总线式数控技术的掌握具有行业顶尖水平。于董苦于找不到一个合适的研发团队带头人，而陈博士也正犹豫不知如何回应美国加州大学的邀请。同怀产业报国情怀的两个人一见如故，于董邀请陈博士来光洋参观，而陈博士这一看就再也没舍得离开。

在2008年的公司年度总结大会上，陈博士对自己来到光洋集团后的研发成果进行了梳理与总结，表示，如今系统研发的架构与规划得以明确，在此基础上，我们对标国际一流机床的特性和功能，先后攻关了多项系统研发工程，并以极短的时间推出了"全数字总线开放式数控系统"。该系统的软件、硬件、伺服驱动器等全部具有自主知识产权，书写了五项历史。另外，2018年光洋集团联合其他四家数控系统单位成立了数控系统现场总线技术联盟，这意味着光洋集团将从行业标准的执行者转变成行业标准的制定者。

四、合作共生，入市成功

1. 部门合作，实现破局

光洋集团自主研发的五轴数控系统打破了我国高端数控机床严重依赖国外进口的局面，受到了行业内的广泛关注。在行业交流会上，包括沈阳机床、大连机床等在内的多家主流厂商对光洋集团表示了赞叹和恭贺，但是每当光洋集团提出与对方进一步合作时，都无一例外地被拒绝了。对于这种情况，光洋集团焦急万分但又不得不理解。确实依据以往的惯例，国内企业生产高端机床时，一般都由最终用户指定采购德国或日本的数控系统进行配套。在大家看来，国外系统已经使用了很多年，性能稳定、工艺可靠，没有必要冒险选择光洋集团自主研发的国产数控系统。

僵持的局面之下，光洋集团及时召开了决策会，并且作出了令人吃惊的决定—造机床！有了几番自主研发的经历，几位部门负责人也心潮澎湃，开始规划起光洋集团的机床研发布局。为了按时完成项目，研发团队从一开始就投入了全部的精力，高度集中科研攻关。前期设计总体结构图，设计组成员连续加班加点了四周，共计完成各项部件图纸一百多张；系统开发组、电气设计组、驱动组等技术部门则依照部件需求分别行动，不同专业技术和部门的配合在此期间实现了高效的无缝对接。

经过光洋集团二百多位技术人员几个月的通力协作，两台车铣复合加工中心成功完成模拟试切。这两台机床的关键部件均为光洋集团自主生产，配备光纤总线式数控系统、直驱式电机，最多可实现三十二轴有效协同，转台和铣头精度可以达到万分之一。双机一周后被运送到北京，准时参加了国际机床展览会，获得了业内同行和行业领导的一致好评，也为光洋集团后面与无锡透平叶片厂的合作埋下了伏笔。

2. 合作共生，对标需求

无锡透平叶片有限公司（以下简称无锡叶片）是享誉世界的透平叶片供应商，隶属于上海电气集团，生产的叶片主要应用于电力能源、船舰航海、石油化工等领域及汽轮机、航空发动机等透平动力装备。无锡透平叶片认为光洋集团的产品有加工大型叶片的潜能，想要推进双方在叶片类零件加工方面的合作。

于董时时关注着光洋集团与无锡叶片的合作进展。2009 年 6 月，研发总监刘总向于董汇报，虽然研制出的第一台五轴数控机床 KDW－4200FH 已经达到了世界一流水平的精度，但是经过无锡叶片技术团队评估，仍不符合他们此类能源机叶片的制造工艺。不过该设备有非常广阔的改进前景，且无锡叶片承诺会无偿提供工装卡具、刀具、毛坯等基础设备和价格高昂的原材料，还会派遣数控机床生产专家亲临现场指导加工。所以接下来会在此基础上进行改进，相信很快就会有进展。

2011 年，经过与无锡叶片专家的协同攻关，光洋集团终于取得阶段性成果，第三代 KDW－4600FH 五轴卧式车铣复合加工中心抵达用户现场。但是又出现新的问题，无锡叶片在将其投入生产过程中发现，此时的第三代 KDW－4600FH 虽然能满足加工要求，但加工效率偏低，加工大直径叶片有限。光洋集团的技术团队不抛弃、不放弃，继续在前三代产品基础上，结合无锡叶片用户工艺，与无锡叶片联合，最终在 2015 年形成了用户专用机 KTurboM 3000 五轴叶片铣削加工中心，这是国际最大规格的五轴叶片加工机，其核心功能部件均由光洋集团自主配套。该代产品的成功研发，意味着光洋集团参与组建完成了透平叶片国产设备生产线，实现了透平叶片的产业化。

3. 推陈出新，实现超越

与无锡叶片的成功合作增加了光洋集团与国内企业合作研发的信心，光洋集团由此打算进一步凝练自身核心技术，扩大市场份额。通过对国内高档数控机床历年进口量的了解，光洋集团最终选择与株洲钻石切削刀具股份有限公司（以下简称株钻）合作研发五轴刀具磨床。

六个月以后，两家公司合作研制的第一台五轴数控工具磨床正式面世，突破了光洋集团数控机床历史上的最快纪录。根据株钻对光洋集团五轴数控工具磨床提出的优化建议，光洋集团在硬件与软件方面均进行了多次改进。在两家的积极合作下，光洋集团成功研发出第五代五轴工具磨床产品 KToolG3515，解决了用户的批产制造工艺需求。产品研发成功的同时，光洋集团还申报专利 15 项，软件著作 4 项，发表论文 24 篇，制定标准 15 项，取得了突出的成就。因与德国瓦尔特、澳大利亚安卡水平相当且具有明显价格及售后服务优势，客户纷至沓来。

而与中国航天科工集团三院 31 所（以下简称 31 所）合作更是帮助光洋集团获得了市场青睐，短短三年完成航空航天用五轴机床订单超过 200台。2016 年底，光洋集团下属的科德数控为 31 所组建了我国首条飞航导弹发动机零件生产线，自主化率高达 85% 的 22 台 6 种类型 10 种规格的精密五轴数控机床全部顺利交付并投入使用。该生产线组建前，由于前期国产数控设备无法满足产品加工要求，31 所仅能依靠进口高端设备，价格高、备件服务昂贵、售后响应慢。因此，该生产线的诞生不仅意味着高端数控设备取得突破，国防军工制造工艺有所提升，还同时增强了航天航空等军工单位使用国产五轴数控机床的信心，推动了高端装备制造业军民融合并向更高水平持续发展。

五、尾声

诚然，光洋集团经过几十年的技术突破，逐渐掌握数控系统、关键功能部件及整机制造技术，突破了国外企业的垄断，不断扩大了自身产能。但是，这也给光洋集团未来发展带来新的考验。一方面，光洋集团能否在扩大产能的同时持续保证产品的质量稳定？另一方面，产能扩大必然要求扩展市场，面对德国、日本、瑞士等机床行业强国，光洋集团如何突破重围，在国际市场中占有一席之地？历经近 30 年风雨，光洋集团未来依然需要不断学习，砥砺前行。

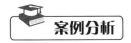 **案例分析**

一、光洋集团成立背景

机床行业是典型的技术、资金、人力密集型行业，是关系国家经济的战略性产业，是装备制造业的加工母机，也是加工制造的关键装备，几乎所有金属切削、成形过程均需借助机床实现。机床是先进制造技术的载体和装备工业的基本生产手段，是装备制造业的基础设备，主要为汽车、军工、农机、工程机械、电力设备、铁路机车、船舶等行业服务。机床的加工复杂度、精度、效率和柔性直接决定了这个国家的制造水平，在装备制造业中战略地位突出，对国家整体的工业竞争力和综合国力也有着重大影响。

由于机床行业对国防军工和制造业竞争力的关键作用，我国政府已将机床行业提高到战略性位置，把发展大型、精密、高速数控设备和功能部件列为国家重要的振兴目标之一。随着一系列扶持性政策的陆续出台，未来几年我国机床行业有望在延续快速增长态势的同时，在技术能力上实现质的突破，在高端机床领域形成国际竞争力，并诞生出以齐重数控装备股份有限公司、北京第一机床厂为代表的世界知名头部机床企业。总体上看，我国机床市场的中长期发展势头依然会比较强劲，中国机床行业在未来几年将步入发展的战略机遇期。相比于数控技术行业的发达国家，我国数控技术的发展源于 20 世纪 50 年代，在"六五"期间引进了数控技术，随后不断进行技术攻关。尽管经过长期努力，我国数控机床行业取得了一定进步，并连续多年成为世界机床第一消费国和第一进口国，是世界第三大机床生产国，机床需求不断增加，机床工具行业总产值也不断提高。但在很长时间内还是依赖国外先进技术，尤其是我国的中高档机床及其绝大多数的关键功能部件均依赖进口。

二、光洋集团的基本背景

光洋集团成立于 1993 年，成立最初企业规模小、企业的设备与资金都非常匮乏，掌握的技术也仅仅包括工业自动化控制的有关技术，主要业务是为车间生产配套产品、提供自动化产品的设计。随着企业规模逐渐扩大，光洋集团实现了技术、人才、财富的积累，决心进入数控机床领域。在这一过程中，光洋集团深切感受到与国外公司合作过程中对方的不友好以及国外数控机床领域技术严重限制了我国数控机床行业的发展。于是，光洋集团开始了自主研发之路。最初是通过与国外公司合作借助对方的数控系统雏形合作研发打造数控系统。此后，光洋集团一方面组建自己的研发队伍，逐步实现技术攻关；另一方面通过与国内外优秀企业、科研院所积极合作不断进行技术升级。经过持续的自主研发过程，光洋集团依次开发出高级数控系统关键功能部件及五轴数控机床，打破了我国机床行业的关键技术被国外企业垄断与限制的被动处境。

　　根据光洋集团的研发重心可以将其发展阶段划分为四个阶段，分别是工业自动化技术积累期、数控系统研发期、关键功能部件研发期以及整机研发期，其中第一阶段属于技术积累期，后三个阶段是企业真正进入自主研发的阶段。每一发展阶段的时间节点与主要事件如表 1 所示。

表 1　　　　　　　　　　光洋集团时间节点及主要事件

发展阶段	关键事件
工业自动化技术积累期（1993 ~ 2003 年）	企业成立不久，涉及的领域局限于工业自动化控制技术，逐步积累了人力、技术与财富，为后续发展奠定了基础
数控系统研发期（2003 ~ 2006 年）	企业实现从工业自动化技术到数控技术的转移并成功研发了高级数控系统
关键功能部件研发期（2006 ~ 2008 年）	由于无法购买到关键功能部件进行数控系统的测试，决心进行关键功能部件的技术攻关并获得成功
整机研发期（2008 ~ 2021 年）	自主研发的数控系统在市场上不被看好，光洋集团开始研制数控机床用于系统应用，最终研制出五轴数控机床并不断进行改善

三、光洋集团所处机床行业特征

　　首先，可使用五力模型作为工具分析数控机床的行业特征。第一，从数控机床行业内竞争的角度分析，该时期我国的数控机床行业市场长期由德、日、美等外资企业占据主导地位，他们的产品用户认可度高，企业竞争能力非常强，而中国的机床企业数量不少但生产数控系统和数控机床的企业相对薄弱，主要产品集中在低端数控机床和机床配件，几乎不具有高水平数控技术，竞争力较弱。第二，从供应商的议价能力角度分析，数控机床是机械生产和工业制造的战略性物资，采购数控机床时，国外供应商有非常强的议价能力；一些生产数控机床的企业以生产机身采购数控系统配套的形式在市场中运营时，数控系统成本占比高，供应商不仅具有定价权，还具有主导权。第三，从购买者的议价能力角度分析，数控机床购买量随着我国数字化率提高而逐渐提升，中低端数控机床生产厂家繁多，产品差异不大，数控系统和机床市场情况取决于终端用户的需求和选择，购买者议价能力相对较高。第四，从新进入者的威胁角度分析，数控机床行业由于涵盖多门类多层次不同学科的科学技术，进入壁垒相对较高，威胁较弱。第五，从替代产品和服务的角度分析，数控机床是现代工业中的重要基础，会随着技术进步而不断革新一代又一代功能全面和完善的产品，行业内部产品存在替代的可能，但是对于数控系统和机床整体而言，没有可替代品，因此也不存在威胁。

其次，可以从行业的一般特征出发对数控机床的行业特征进行分析。第一，从行业技术能力来看，在数控系统方面少数大型企业能够掌握部分核心技术进行高端系统的研发，大多数企业仍然依赖国外进口。在主机开发方面，我国大多数机床行业专注于低档数控机床，技术差异性小、竞争激烈；少数大型企业能够实现主机开发，但是与世界领先的国家相比仍然有差距。在关键功能部件方面，由于技术支撑不到位，我国相关企业掌握的核心技术较少，大量依赖进口。第二，从产业壁垒来看，数控机床行业对于资金、技术、人力等要求较高，企业成长周期长，需要长期的积累才能获得进步。首先，从技术壁垒而言，机床产品结合了机械、气动、光学、液压、电子电气等多个领域的知识与技术，产品的制造链比较长，对产品的技术与质量要求高，需要不断培养技术人员进行自主研发才能实现用户的定制化需求。其次，数控机床行业有着较高的品牌壁垒。数控机床本身是一项周转时间较长的固定资产投资，客户对产品的质量、服务等方面都会有较高的要求，这是需要时间积累与沉淀的。新进入者难以在短期内获得品牌优势。从资金壁垒与管理壁垒而言，数控机床的生产对于资金的需求量大，在生产的每一环节都对管理水平提出了较高的要求，如果没有长期的管理经验积累，也是很难进入这一行业的。

四、光洋集团技术创新各个阶段的特征

现有研究将组织知识分为知识异质性与知识质量。异质性侧重于描述创新伙伴类型或创新资源类型的种类的差异程度。异质性可以通过多种路径推动创新（Song et al.，2003），促进成员之间的主动交流，从而促进知识的流动和资源的优化配置，弥补企业创新所需的知识、资源、技术等条件，推动创新的实施和创新绩效的达成。高异质性知识的组织可以激发更多的创意，做出高质量的决策，提高创新能力（Smith & Tushman，2005）。对于知

识质量的研究，学者更多地将其与组织成员间的关系强度相联系起来。知识质量指的是企业所能接触和获取的网络信息的价值本身以及企业通过这些关系获取的信息的本质，能够反映企业整体的联盟经验以及与现有合作者的合作历史。还有学者（Roberts，2000）认为，强关系所产生的信任机制有利于企业获取高质量的知识。在相对可靠的强关系背景下，成员企业更加愿意去共享知识和相互帮助合作，此时提供的知识质量会相对较高，从而实现资源和利益的共享。企业要想进行技术创新，就必须不断获取与吸收新的知识，我们从企业创新过程中知识异质性与知识质量两个维度对光洋集团技术创新过程进行分析（见表2）。

表2　　　　　　　　　　　　　企业组织知识特征内容

发展阶段	组织知识特征	
	构成维度	具体的构成内容
数控系统研发期	知识异质性低	激光切割技术、钣金加工技术、智能化液晶触摸式监控系统、SMT 表面组装技术、ARM 平台 + MCX413 架构的数控系统 GT200
	知识质量高	瑞士百超、德国 Power Automation 公司、英国 600 集团、科研开发队伍
关键功能部件研发期	知识异质性低	配套电机工艺、传感技术、转台和铣头的原理和工艺、激光干涉技术
	知识质量高	德国舍弗勒集团下的依纳公司、专门的电机研究所
整机研发期	知识异质性高	光纤总线式数控技术、直驱式电机技术、模拟试切技术、五轴数控工具磨床、刀具批产制造工艺
	知识质量高	公司内部多部门合作、无锡透平叶片有限公司、株洲钻石切削刀具股份有限公司

　　首先，我们对光洋集团在其自主研发过程中组织知识特征的知识异质性进行分析。在数控系统研发阶段，光洋集团获取到的异质性知识资源包括国外优秀的激光切割技术、钣金加工技术等；在关键功能部件研发阶段，光洋集团获取到的异质性知识资源包括向德国伊娜公司学习到的转台与铣床的相关技术、拆解市面上的一流电机进行分析学到的电机技术等；在整机研发阶段，光洋集团掌握了光纤总线式数控系统、直驱式电机技术，通过与国内相关领域的企业进行合作，掌握了叶片加工工艺、制成国际最大规格五轴叶片

加工机等。

其次，我们对光洋集团在其自主研发过程中组织知识特征的知识质量进行分析。在数控系统研发阶段，企业没有足够的自主研发经历，其最重要的任务就是一方面通过自身积累的工控技术进行技术突破，另一方面通过引进国外先进的机器、生产线，进行模仿创新。企业能够接触的知识资源包括前往高校寻找技术骨干构建最初的创新队伍进行技术攻关，在硬件方面引进瑞士、德国、英国的机器与生产线掌握芯片技术最终实现系统研发。在关键功能部件研发阶段，知识质量体现在合作伙伴伊娜公司提供的转头与铣台的部件原理图、构建专业的电机研究所进行专注研发、购买国外最尖端的产品进行研究、研发团队对产品进行逆向分析掌握核心工艺、领域内专家作为技术负责人进行技术攻关等。在整机研发阶段，知识质量包括组织内部多个技术与专业方向二百多名技术成员的通力协作、专门的车铣复合加工中心的研发，也包含机床研制成功后与无锡透平叶片有限公司的合作以及与株洲钻石切削刀具股份有限公司的合作，这两家企业根据其积累的技术与经验对于光洋集团机床技术的完善与升级发挥了重要作用。综合上述分析，光洋集团知识异质性与知识质量的变化趋势如图1所示。

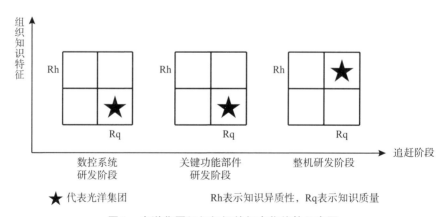

图1 光洋集团组织知识特征变化趋势示意图

五、光洋集团在其技术创新阶段呈现的动态特征

组织学习是企业的一种核心能力。组织学习能力是企业获取持续竞争优

势的重要来源。马奇（March，1991）首先提出了探索式学习与利用式学习的概念。其中探索往往意味着搜索、变化、灵活和创新等，而利用则意味着改进、决策、实施、执行、应用等。探索能够促进新知识的创造，利用能够支持现有知识的改进与使用。探索式学习与利用式学习需要不同的过程、战略与文化，对组织绩效能够产生不同的影响。利用式学习建立在企业对已有知识和相似知识的本地搜索上，通过对已有知识的改进和应用提升组织效率。探索式学习则需要克服已有规则与惯例的压力，通过超本地搜索新的知识从而促进探索价值的产生。然而过度强调利用式创新不利于企业适应外界环境的变化，过度强调探索式创新不利于企业现有能力的提升与完善（许晖和李文，2013）。组织学习是后发企业实现自主创新的必要途径。依据现有理论基础，利用式学习与探索式学习是组织学习的主要方式。根据企业对组织知识特征的分析，能够选择利用式学习抑或探索式学习的组织学习方式实现自主创新。

在数控系统研发阶段，光洋集团内部自身掌握的核心技术非常有限（只有前期积累的工控技术），与国际同行业差距较大。企业要想实现技术创新，必须依赖于对国外先进技术的引进与吸收。所以在这一阶段，光洋集团通过引入德国、日本等一系列机器，提高了钣金加工的能力；同时还引入英国、瑞典、德国的生产线用于生产经营；为了保证数控系统的正常研发，光洋集团还斥巨资购买了中高档数控系统。即使在这一阶段光洋集团开始建立自己的研发队伍，但是研发队伍的主要研发任务是通过对国外先进技术的分析实现自主创新。通过成熟技术的模仿、学习和复制的开发学习，光洋集团提升了现有技术与能力，这是典型的利用式学习。

在关键功能部件研发阶段，光洋集团内部已经掌握了中高端数控系统的相关技术，自身研发队伍也已经积累了一些经验。原本光洋集团也想通过利用式学习的方式即引进国外先进的关键功能部件进行系统功能验证，但是四处碰壁，无奈之下只能选择通过自己的研发队伍进行研发，不得不采取探索式学习。虽然该阶段与上一阶段的知识异质性和知识质量特征是相同的，本应采取利用式学习方式，但相比之下已经有了研发的经验，所以在此阶段采取探索式学习是有基础支撑的。光洋集团的研发队伍通过参考伊娜公司的转台、铣头在内的多种功能部件的原理图制订了多套方案，制造出硬件产品的需求雏形。经过多次迭代，光洋集团实现了转台与铣头的自主生产。此外，光洋集团成立了专门的电机研究所，并与多所研究院所一起进行技术攻关，最终形成了具有自主产权的多种机电产品。在传感器方面，光洋集团的研发队伍通过对产品的逆向分析和反复试验最终完成传感工艺的实现。可以看出，在这一阶段，随着企业技术水平与国际领先企业的技术水平差距逐渐缩小，企业使用探索式学习的方式进行自主创新。

在整机研发阶段，光洋集团所能接触的知识资源质量高。同时，企业的研发任务也不仅仅局限于单体技术，而是要完成整机的研发。这时不仅需要与其他企业的合作，更需要自身技术的探索。在这一过程中，光洋集团仍然重视对国外优秀技术的引进与学习。光洋集团积极促成与无锡透平叶片有限公司的合作，无锡叶片在世界范围内都享有盛誉。无锡透平依据自身的经验对光洋集团叶片加工工艺提出建议并派出专家进行现场指导，光洋集团的研究团队也刻苦钻研、不言放弃，最终实现了新一代机床的升级。此外，为了满足五轴数控工具磨床的市场需求，光洋集团积极寻求与株洲钻石切削刀具股份有限公司的合作。株钻公司基于多年的进口设备使用经验和制造工艺的技术积累，对光洋集团开发的五轴数控工具磨床无偿、无保留地提出了全面改进建议。在两家企业的积极合作下，光洋集团对五轴数控工具磨床的软件与硬件均进行了改进。同时，光洋集团始终不忘对研发团队的投入与支持，正是研发团队始终如一的钻研，才促成了光洋集团的成功。由此看来，光洋集团在整机研发阶段采用的是利用式与探索式学习相结合的组织学习方式。

六、突破国外技术的"卡脖子"困境的措施

后发企业指的是在采用出口导向的市场竞争战略中既面临技术劣势又面临市场劣势的现有或潜在的制造业企业（刘洋等，2013）。后发企业在出口导向性市场战略下缺乏主流市场和客户，通常只能面对低端、小范围本地以及简单的市场和客户。由于起步较晚，尤其是在资本密集型、技术密集型行业，我国的制造企业长期受到外国技术的封锁，对于国外技术的技术依赖较强，这就会导致中国企业长期在国际竞争中处于被动地位。学者对于后发企业技术追赶的研究最先聚焦在组织学习视角，即后发企业如何通过自身努力

进行技术创新。技术创新能够提升企业在价值链中的控制力，不再受制于国外技术的封锁。组织学习视角的研究表明处在复杂竞争环境中的后发企业需要不断创新组织学习方式获取自身进步。在这一过程中后发企业能够通过技术联盟、合资合作、企业并购等方式实现技术引进，并且在此基础上通过消化吸收形成技术能力，从而快速获取知识推动组织创新。此外，后发企业也能够通过利用企业自身已有资源，通过企业的研发队伍进行现有技术完善、对先进技术进行攻关，从而获取竞争优势。

当前全球贸易竞争越发激烈，我国企业发展过程中往往面临着来自发达国家与发展中国家的双重挤压，一方面我国由于工业发展较晚、技术积淀较少而处于全球价值链的中低端，另一方面众多发展中国家由于其劳动力成本远远低于中国而对我国的低端制造业形成威胁。在这一情况下，唯有后发企业通过技术追赶形成自身的核心竞争能力才能抵御外部压力。后发企业如何成功实现技术创新根据前文中的案例分析，可以归结成根据组织知识特征选择适合的组织学习方式使自主创新得以实现。以光洋集团为例，企业实现技术追赶分别经历了数控系统研发、关键功能部件研发以及整机研发三个自主创新的过程。经过案例分析，我们可以发现在自主创新的过程中，光洋集团首先选择通过优秀技术的引进与吸收进行了利用式学习；其次通过不断吸引优秀人才、支持自身的研发团队，利用研发团队的持续科研工作进行探索式学习；最后根据市场需求及技术突破点选择利用式学习与探索式学习相结合的学习方式实现自主创新。

七、参考文献

［1］曹勇，肖琦，刘弈，等. 知识异质性与新产品开发绩效：转化式学习的中介作用与高管支持的调节效应［J］. 科学学与科学技术管理，2020，41（12）：20-34.

［2］刘洋，魏江，江诗松. 后发企业如何进行创新追赶？——研发网络边界拓展的视角［J］. 管理世界，2013（3）：96-110，188.

［3］许晖，李文. 高科技企业组织学习与双元创新关系实证研究［J］. 管理科学，2013，26（4）：35-45.

［4］姚明明，吴晓波，石涌江，等. 技术追赶视角下商业模式设计与

技术创新战略的匹配——一个多案例研究 [J]. 管理世界，2014 （10）：149 – 162，188.

[5] Amabile T M, Conti R, Coon H, et al. Assessing the work environment for creativity [J]. Academy of Management Journal, 1996, 39 (5): 1154 – 1184.

[6] Hu M C, Mathews J A. China's national innovative capacity [J]. Research policy, 2008, 37 (9): 1465 – 1479.

[7] Lee K, Lim C, Song W. Emerging digital technology as a window of opportunity and technological leapfrogging: catch-up in digital TV by the Korean firms [J]. International Journal of Technology Management, 2005, 29 (1 – 2): 40 – 63.

[8] Leonard – Barton D. Core capabilities and core rigidities: A paradox in managing new product development [J]. Strategic Management Journal, 1992, 13 (S1): 111 – 125.

[9] March J G. Exploration and exploitation in organizational learning [J]. Organization Science, 1991, 2 (1): 71 – 87.

[10] Mathews J A. Competitive advantages of the latecomer firm: A resource-based account of industrial catch-up strategies [J]. Asia Pacific Journal of Management, 2002, 19 (4): 467 – 488.

[11] Roberts J. From know-how to show-how? Questioning the role of information and communication technologies in knowledge transfer [J]. Technology Analysis & Strategic Management, 2000, 12 (4): 429 – 443.

[12] Smith W K, Tushman M L. Managing strategic contradictions: A top management model for managing innovation streams [J]. Organization science, 2005, 16 (5): 522 – 536.

[13] Song J, Almeida P, Wu G. Learning-by-hiring: When is mobility more likely to facilitate interfirm knowledge transfer? [J]. Management science, 2003, 49 (4): 351 – 365.

总　　结

　　企业数字化转型不仅是技术的应用之变，更是企业战略与组织结构、产品与服务的价值创造模式，市场与客户的触达方式的全方位的整合之变。每一个成功转型的案例背后都有着深刻的战略思考和精细的执行过程。由此可以提炼出一些启示和洞见：首先，企业在数字化转型过程中，必须战略先行，将技术与业务深度价值融合；其次，企业要持续优化组织运营模式，善用创新型组织惯例，优化不适应市场变化的组织惯例，以提升组织的敏捷性、柔韧性、穿透性；再次，企业结合产品特征善用数字化手段精准了解客户需求，寻求新的产品与市场匹配点，增强市场规模化成长能力，促成多条价值增长曲线协调增长；最后，企业要遵循"实践—反思—实践"的路径，知行合一，以数字新技术创造商业新价值。

　　总的来说，数字化转型是企业在应对新时代竞争中，"绕不开"的坎、"必须走"的路、"定要闯"的关。风物长宜放眼量，价值增长为主线。企业需要建构数据飞轮，并融于企业的价值增长。我们希望本书能够为广大企业管理者和研究人员提供有益的启示和帮助，助力企业在数字化时代，走好发展与创新之路。

附 录

2022 年中小企业数字化指数报告

一、前言

2023 年亚太经合组织领导人旧金山宣言中提出：我们重申致力于为企业和消费者创造良好、包容、开放、公平、非歧视的数字生态系统。我们欢迎落实《亚太经合组织互联网和数字经济路线图》，为所有人打造包容性的数字经济。我们鼓励各经济体加快落实该路线图，包括在数据隐私、云计算、电信网络、促进交互操作性、信息和通信技术安全、数字贸易、电子商务、新兴技术以及促进创新、应用赋能技术和服务等领域。为充分释放数字技术潜力，公平分享数字技术红利，降低风险，我们将探索制定协同一致的应对政策，促进数字技术领域国际合作，欢迎就数字技术治理开展国际讨论。我们强调，必须为中小微企业和初创企业开辟发展道路，包括通过各种机会提高"专精特新"能力。支持中小微企业拓展区域和全球市场，包括通过融入全球价值链、推动大中小企业融通创新、加快中小微企业数字化转型、鼓励提供"小快轻准"数字化产品和解决方案。

中小企业数字化转型一直是 APEC 各经济体最为重视的领域，APEC 中小企业信息化促进中心在牵头编制了《2021 年中小企业数字化指数报告》的基础上，根据专家和社会意见，在 2023 年对 2021 年指标体系进行了一定的调整和完善，形成了《2022 年中小企业数字化指数报告》。在编写过程中，APEC 中小企业信息化促进中心联合北京航空航天大学经管学院、阿里云研究院、钉钉、南方科技大学、清华大学互联网产业研究院、中国互联网协会、中国工业合作协会、中国中小企业协会、中国轻工业信息中心、中国机械工业联合会信息中心、建筑材料工业信息中心、中国电子工业科学技术交流中心、北京智源人工智能研究院、先进制造商学院、华为、中科全联等高等院校、科研机构和数字化服务中心共同开展了相关研究工作。

二、指标体系设计

为充分保证体系设计的系统性、完整性、层次性，本报告从组织数字化指标、业务数字化指标和产业链数字化指标三个方面构建中小企业数字化指数指标体系（见表 1），评估中小企业数字化发展程度。

表 1　　　　　　　　　中小企业数字化指标体系

一级指标	二级指标	三级指标
组织数字化	组织管理数字化	是否拟定和实施了数字化战略
		人事管理是否实施了数字化
		财务管理是否实施了数字化
		是否拥有数字化办公资产
		沟通协同是否采用了数字化手段
	数字化能力建设	是否有专门的数字化投入资金
		是否有专门的数字化实施人员
		企业是否上云
		是否有数字化应用开发
业务数字化	设计开发数字化	产品设计是否采用了数字化手段
		流程设计是否进行了数字化升级
	采购管理数字化	采购管理是否实施了数字化
		库存管理是否实施了数字化
	生产运作数字化	生产/运作管理是否实施了数字化
		设备管理是否实施了数字化
		质量管理是否实施了数字化
		营销管理是否实施了数字化
		销售管理是否实施了数字化
产业链数字化	产业链信息交互	企业间信息交互是否实施了数字化
	产业链业务协同	企业间业务协同与一体化是否实施了数字化
	产业链信用管理	企业信用管理是否实施了数字化
		经营风险管理是否实施了数字化

三、数据来源

本次中小企业数字化指数编制数据来源为：近 4600 万中小企业的工商、专利权、商标权、著作权、征信等地级市层面分析汇总数据，以及相关数字化服务商近 2000 万的中小企业数字化指标地级市层面分析汇总数据，数据维度为 2022 年 1 月至 12 月。

在编制过程中，本报告基于区县（市）的企业个数对数据进行加权汇总，实现中小企业数字化指数由区到市、由市到省的测算。指数编制结果覆盖了 31 个省（区、市）、333 个地级以上城市以及约 2900 个县的中小企业。

四、指数分析结果

1. 综合指数排名

中小企业数字化综合指数详细排名如表 2 和表 3 所示，在对百强城市排名时，去除了北京市、上海市、天津市以及重庆市这四个直辖市，以增加城市间指标的可比性。

表 2 　　　　2022 年中小企业数字化综合指数省（区、市）排名

排名	省（区、市）	指数值	排名	省（区、市）	指数值
1	北京市	87.61	12	湖南省	53.24
2	上海市	84.41	13	河北省	51.02
3	广东省	80.59	14	安徽省	48.28
4	浙江省	77.38	15	陕西省	45.00
5	江苏省	76.19	16	天津市	40.78
6	福建省	75.13	17	江西省	35.83
7	山东省	71.12	18	辽宁省	30.88
8	四川省	67.8	19	云南省	29.75
9	河南省	64.69	20	广西壮族自治区	29.17
10	湖北省	58.76	21	贵州省	27.65
11	重庆市	56.28	22	海南省	26.79

续表

排名	省（区、市）	指数值	排名	省（区、市）	指数值
23	山西省	25.69	28	宁夏回族自治区	20.12
24	吉林省	24.14	29	新疆维吾尔自治区	19.72
25	黑龙江省	22.88	30	青海省	17.59
26	内蒙古自治区	22.03	31	西藏自治区	15.93
27	甘肃省	20.95			

表 3　　　　　　　　　2022 年中小企业数字化综合指数百强市排名

排名	市	指数值	排名	市	指数值	排名	市	指数值
1	深圳市	85.5	21	南通市	55.45	41	哈尔滨市	36.68
2	广州市	83.46	22	温州市	54.49	42	南宁市	35.30
3	杭州市	82.81	23	烟台市	53.72	43	中山市	34.94
4	苏州市	80.46	24	徐州市	53.26	44	洛阳市	33.81
5	成都市	78.22	25	唐山市	51.93	45	临沂市	32.80
6	武汉市	77.27	26	昆明市	51.55	46	漳州市	31.83
7	南京市	76.18	27	大连市	50.39	47	贵阳市	31.65
8	宁波市	74.19	28	沈阳市	49.94	48	济宁市	30.92
9	无锡市	73.54	29	泉州市	48.76	49	惠州市	30.70
10	长沙市	72.35	30	绍兴市	48.37	50	襄阳市	29.84
11	青岛市	70.29	31	长春市	48.06	51	太原市	29.61
12	佛山市	68.22	32	石家庄市	47.66	52	宜昌市	29.15
13	郑州市	64.04	33	扬州市	45.47	53	镇江市	28.70
14	东莞市	63.61	34	嘉兴市	44.73	54	榆林市	27.61
15	济南市	62.70	35	盐城市	43.13	55	淮安市	27.53
16	福州市	62.14	36	南昌市	42.01	56	芜湖市	27.11
17	合肥市	61.79	37	潍坊市	41.95	57	岳阳市	26.72
18	西安市	60.27	38	金华市	40.30	58	南阳市	26.53
19	厦门市	57.42	39	台州市	38.91	59	遵义市	25.76
20	常州市	56.18	40	泰州市	38.00	60	淄博市	25.38

排名	市	指数值	排名	市	指数值	排名	市	指数值
61	常德市	25.35	75	茂名市	20.96	89	东营市	16.49
62	沧州市	25.13	76	连云港市	20.91	90	汕头市	15.75
63	珠海市	25.09	77	周口市	19.91	91	商丘市	15.54
64	赣州市	24.65	78	江门市	19.60	92	曲靖市	15.35
65	邯郸市	24.06	79	九江市	18.98	93	泰安市	14.92
66	乌鲁木齐市	24.01	80	柳州市	18.66	94	龙岩市	14.77
67	衡阳市	23.42	81	威海市	18.43	95	阜阳市	14.04
68	菏泽市	23.40	82	株洲市	18.40	96	海口市	13.48
69	鄂尔多斯市	22.40	83	德州市	17.83	97	宜宾市	13.42
70	保定市	22.26	84	湛江市	17.80	98	宜春市	13.40
71	许昌市	22.003	85	滁州市	17.08	99	莆田市	13.33
72	廊坊市	21.78	86	兰州市	16.97	100	银川市	13.11
73	湖州市	21.41	87	新乡市	16.95			
74	宿迁市	21.01	88	绵阳市	16.78			

2. 中小企业数字化指数分析

（1）数字化综合指数分析。

2022 年中小企业数字化综合指数平均值为 45.40，其中 14 个省份指数值高于平均水平，北京市以 87.61 的指数值超越广东，跃居中小企业数字化指数第一名，上海市、广东省、浙江省、江苏省、福建省紧随其后，中小企业数字化指数头部省市基本确定，引领中小企业数字化发展。

本报告讨论了 31 个省（区、市）的中小企业数字化水平与地区经济实力、经济开放度、创新活力、数字普惠金融水平、政府关注度之间的关系。

图 1 为 31 个省（区、市）中小企业数字化综合指数与人均 GDP 之间的散点图。中小企业数字化建设程度与人均 GDP 之间具有较强的正相关性。一方面，经济发达的地区能够为数字化发展提供更多的资金和资源支持，同时拥有更多高素质人才、更加完善的产业体系，为数字化提供了强大的智力支持以及广阔的应用场景和市场需求。另一方面，区域数字化水平的提高可

以提高企业的组织生产效率，推动传统产业的高端化、智能化、绿色化升级，促进创新创业，改善营商环境，从而促进地区经济发展。

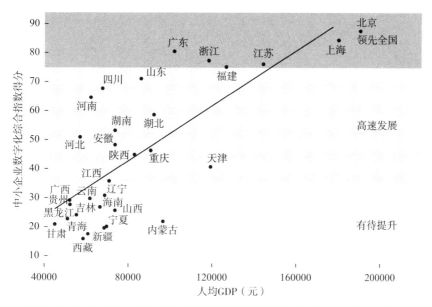

图 1　31 个省（区、市）中小企业数字化综合指数与人均 GDP 关系散点图

图 2 为 31 个省（区、市）中小企业数字化综合指数与进出口贸易额之间的散点图。中小企业数字化综合指数和进出口贸易额间存在正相关。一方面数字化技术可以提高企业的生产效率、降低成本、拓展市场等，从而提升企业的进出口贸易竞争力。另一方面，进出口贸易的发展也会推动企业对数字化技术的需求和应用，促进企业数字化水平的提高。

专精特新"小巨人"数是指各个省（区、市）在前五批发布的国家级专精特新"小巨人"名单中的累计企业数量，反映了省份在推动中小企业专业化、精细化、特色化和新颖化方面的成效，也能在一定程度上衡量地区的经济质量、效率、产业升级以及政策导向与效应。中小企业数字化综合指数与每万亿元 GDP 培育的"小巨人"数存在正向相关（见图 3）。高度数字化的企业通常能够更有效地获取市场信息、优化生产流程、提升产品质量和创新速度，将数字化技术与企业的专业化服务或产品相结合，创造独特的竞争优势，这些都是成为专精特新"小巨人"的重要条件。

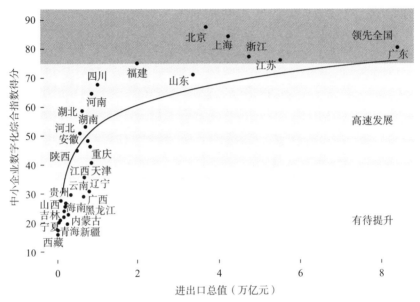

图2　31个省（区、市）中小企业数字化综合指数与进出口贸易额关系散点图

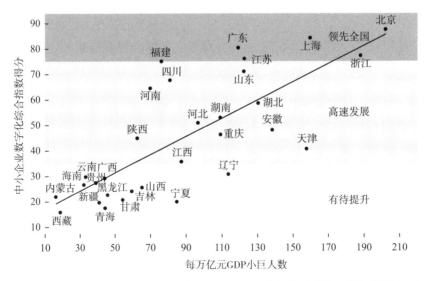

图3　中小企业数字化综合指数与每万亿元 GDP 专精特新"小巨人"数散点图

资料来源：基于工信部前五批专精特新"小巨人"企业名单整理。

使用北京大学发布的最近一期数字普惠金融指数测度不同省（区、市）的数字普惠金融发展程度（见图 4）。数字普惠金融，作为一种创新的金融服务形式，为中小企业提供了更为便捷、高效且低成本的金融服务解决方案，可以显著降低中小企业的融资成本，优化融资环境。数据显示，在相同的数字化指数水平下，上海、天津、海南、江西等地的数字普惠金融水平较高，在普惠金融的助力下，这些地区的中小企业数字化水平提升潜力巨大，随着中小企业数字化能力的提升，金融机构对其信贷风险的评估成本也会降低，可以带动区域金融服务的整体效能提升。

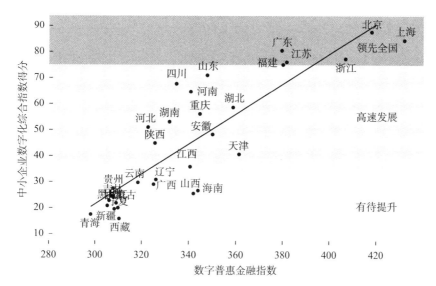

图 4　中小企业数字化综合指数与数字普惠金融指数散点图

资料来源：北京大学数字普惠金融指数 2021（最新数据截至 2021 年）。

本报告统计了 31 个省（区、市）2022 年政府工作报告中数字化相关词汇的出现频次（见图 5）。这一数据在一定程度上揭示了地方政府在推进数字化建设方面的愿景与决心。从中小企业数字化建设的实际成效来看，部分地区的政府对数字化建设的愿景强烈，但目前的建设成果尚未充分显现。值得注意的是，东北三省与内蒙古自治区的数字化水平在全国范围内相对落后，但政府对于数字化建设态度积极，如果能够找到适合自身发展的转型路径，在政策持续有力的支持下，未来这些地区的数字化水平将会有所提升，带动地区经济的转型升级。

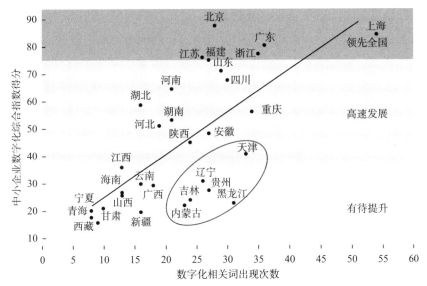

图5 中小企业数字化综合指数与政府工作报告中数字化相关词频散点图

资料来源：各省（区、市）政府门户网站整理得到。

依照中小企业数字化综合指数梯队划分（见表4），在第一梯队中，北京市、上海市、广东省、浙江省、江苏省、福建省在经济发展上位于全国领先地位，在组织数字化、业务数字化、产业链数字化方面都有强劲表现，各行业中小企业数字化发展也起到了行业标杆作用，成为引领示范梯队。

表4　　　　　　　　　　　中小企业综合数字化指数梯队划分

梯度	省份
第一梯队	北京市、上海市、广东省、浙江省、江苏省、福建省
第二梯队	山东省、四川省、河南省、湖北省、重庆市、湖南省、河北省、安徽省、陕西省、天津市

续表

梯度	省份
第三梯队	江西省、辽宁省、云南省、广西壮族自治区、贵州省、海南省、山西省、吉林省、黑龙江省、内蒙古自治区、甘肃省、宁夏回族自治区、新疆维吾尔自治区、青海省、西藏自治区

第一、第二梯队中小企业数字化发展具有突出的区域聚集特征，京津冀、长三角、珠三角成为中小企业数字化发展的核心区域。这一方面是由于三地经济发达，为中小企业数字化发展提供了充分的人才、资金、技术等方面的支持；另一方面三地扎实的各行业发展基础，也为数字化与各行业中小企业的融合发展提供了广阔的空间。位于第三梯队的省（区、市）的区域基本位于东北、西北、西南等地区，随着"一带一路"政策实施，东西部产业转移和产业链优化布局稳步推进，第三梯队正积极拥抱数字化发展红利，加速推进传统中小企业数字化转型；未来，随着资金网络、商业信息网络、物流网络等数字基础设施的建设和普及，中小企业数字化将会进一步突破地理条件限制，逐渐改变我国传统的中小企业发展模式和资源配置方式，为缩小东西部差距注入新的活力。

基于对各城市中小企业数字化综合指数得分情况，中小企业数字化指数百强市分为引领示范、强力增长、潜力发展三个梯队（见表5）。第一梯队包括深圳市、广州市、杭州市、苏州市、成都市、武汉市、南京市、宁波市、无锡市、长沙市、青岛市十一个城市，中小企业数字化指数全国领先；第二梯队包括21个城市，平均得分均在45.40分以上，中小企业数字化转型水平相对较强，处于强力增长阶段；第三梯队包含68个城市，中小企业数字化水平相对较弱，处于潜力发展阶段。

表5 中小企业综合数字化指数梯队划分（百强市）

梯队	百强市
引领示范梯队	深圳市、广州市、杭州市、苏州市、成都市、武汉市、南京市、宁波市、无锡市、长沙市、青岛市

续表

梯队	百强市
强力增长梯队	佛山市、郑州市、东莞市、济南市、福州市、合肥市、西安市、厦门市、常州市、南通市、温州市、烟台市、徐州市、唐山市、昆明市、大连市、沈阳市、泉州市、绍兴市、长春市、石家庄市
潜力发展梯队	扬州市、嘉兴市、盐城市、南昌市、潍坊市、金华市、台州市、泰州市、哈尔滨市、南宁市、中山市、洛阳市、临沂市、漳州市、贵阳市、济宁市、惠州市、襄阳市、太原市、宜昌市、镇江市、榆林市、淮安市、芜湖市、岳阳市、南阳市、遵义市、淄博市、常德市、沧州市、珠海市、赣州市、邯郸市、乌鲁木齐市、衡阳市、菏泽市、鄂尔多斯市、保定市、许昌市、廊坊市、湖州市、宿迁市、茂名市、连云港市、周口市、江门市、九江市、柳州市、威海市、株洲市、德州市、湛江市、滁州市、兰州市、新乡市、绵阳市、东营市、汕头市、商丘市、曲靖市、泰安市、龙岩市、泉州市、阜阳市、海口市、宜宾市、宜春市、莆田市、银川市

中小企业数字化百强城市的数量呈现出一定的地域分布特点（见图6）。江苏省表现尤为突出，其管辖的 13 个城市均成功入围百强城市，展现出中小企业数字化水平的高质量均衡发展。山东省的 17 个城市中有 12 个入围，广东省的 22 个城市中有 10 个城市入围，浙江省的 11 个城市中有 8 个入围，这四个省份获批国家级专精特新"小巨人"企业数也领先全国，数字化水平整体较强；宁夏、吉林、山西、内蒙古、黑龙江、甘肃、海南、新疆这八个省份（自治区）的省会城市成功入榜百强市，而西藏、青海地区没有能够带动地区数字化的示范城市。

（2）综合指数排名变动。

2022 年度各地区中小企业数字化指数平均分为 45.4，相较 2021 年（34.5）提高 30.7%，31 个省（区、市）的中小企业数字化程度均有所提升，但提升幅度不同，排名略有变动。其中，海南省由于其在中小企业业务数字化、产业链数字化指数上的提高，排名上升明显（见表6）。

深圳市连续两年中小企业数字化指数位居全国第一。在"数字深圳"战略支持下，深圳市许多中小企业已经开始采用云计算、大数据、人工智能等新兴技术，并且在数字化营销、供应链管理、物流配送等方面取得了显著成效，在组织数字化、业务数字化、产业链数字化三个指标上都全国领先。青岛市相较去年，排名有小幅度下跌，但数字化指数有明显上涨，得分超过

70 分，跻身第一梯队，中山市在组织数字化、业务数字化、产业链数字化三个维度上都有显著提高，排名上升明显，而去年并未上榜百强城市的海口市，今年在业务数字化以及产业链数字化上表现提升明显，跻身潜力发展梯队，带动海南省中小企业数字化发展。去年位列第 99 名和第 100 名的滨州市和包头市，今年未上榜（见表7）。

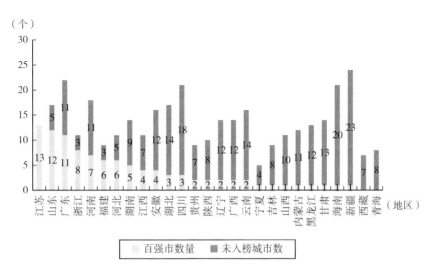

图6　27 个省（自治区）中小企业数字化百强城市数量

表6　　　　　　　　中小企业数字化综合指数省（区、市）排名变动

省（区、市）	2022 年排名	排名变化	省（区、市）	2022 年排名	排名变化
北京市	1	↑1	湖北省	10	—
上海市	2	↑1	重庆市	11	↑3
广东省	3	↓2	湖南省	12	
浙江省	4	↑1	河北省	13	↓2
江苏省	5	↓1	安徽省	14	↓1
福建省	6	↑1	陕西省	15	—
山东省	7	↓1	天津市	16	
四川省	8	—	江西省	17	
河南省	9	—	辽宁省	18	↑1

续表

省（区、市）	2022 年排名	排名变化	省（区、市）	2022 年排名	排名变化
云南省	19	↑1	内蒙古自治区	26	—
广西壮族自治区	20	↑1	甘肃省	27	—
贵州省	21	↓3	宁夏回族自治区	28	↑1
海南省	22	↑6	新疆维吾尔自治区	29	↓4
山西省	23	↓1	青海省	30	—
吉林省	24	↓1	西藏自治区	31	—
黑龙江省	25	↓1			

表 7　　　　　中小企业数字化综合指数百强市排名变动

市	2022 年排名	排名变化	市	2022 年排名	排名变化	市	2022 年排名	排名变化
深圳市	1	—	西安市	18	↓1	盐城市	35	↓1
广州市	2	—	厦门市	19	↑1	南昌市	36	↑1
杭州市	3	—	常州市	20	↑1	潍坊市	37	↓2
苏州市	4	—	南通市	21	↓3	金华市	38	↑6
成都市	5	—	温州市	22	↑3	台州市	39	—
武汉市	6	↑1	烟台市	23	↓1	泰州市	40	↓2
南京市	7	↓1	徐州市	24	↓1	哈尔滨市	41	↓1
宁波市	8	—	唐山市	25	↓1	南宁市	42	↑3
无锡市	9	↑2	昆明市	26	↑1	中山市	43	↑34
长沙市	10	—	大连市	27	↓1	洛阳市	44	↓3
青岛市	11	↓2	沈阳市	28	↑2	临沂市	45	↓3
佛山市	12	—	泉州市	29	↓14	漳州市	46	↓3
郑州市	13	—	绍兴市	30	↑1	贵阳市	47	↑1
东莞市	14	↑5	长春市	31	↓3	济宁市	48	↓2
济南市	15	↓1	石家庄市	32	↑1	惠州市	49	↑1
福州市	16	↑4	扬州市	33	↓1	襄阳市	50	↓3
合肥市	17	↓1	嘉兴市	34	↑2	太原市	51	↑1

续表

市	2022 年排名	排名变化	市	2022 年排名	排名变化	市	2022 年排名	排名变化
宜昌市	52	↓3	鄂尔多斯市	69	↓1	兰州市	86	↑3
镇江市	53	↓2	保定市	70	↓1	新乡市	87	↓1
榆林市	54	↓1	许昌市	71	↓1	绵阳市	88	↓1
淮安市	55	↓1	廊坊市	72	↓1	东营市	89	↓1
芜湖市	56	↑1	湖州市	73	↑3	汕头市	90	↑3
岳阳市	57	↓2	宿迁市	74	—	商丘市	91	↓1
南阳市	58	↓2	茂名市	75	↓3	曲靖市	92	↓1
遵义市	59	↓1	连云港市	76	↓3	泰安市	93	↑1
淄博市	60	↑1	周口市	77	↓2	龙岩市	94	↓2
常德市	61	↓2	江门市	78	↑1	阜阳市	95	—
沧州市	62	↓2	九江市	79	↓1	海口市	96	↑8
珠海市	63	↑2	柳州市	80	—	宜宾市	97	↓1
赣州市	64	↓2	威海市	81	↑3	宜春市	98	↓1
邯郸市	65	↓2	株洲市	82	↓1	莆田市	99	↓1
乌鲁木齐市	66	—	德州市	83	—	银川市	100	↑2
衡阳市	67	↓3	湛江市	84	↓2			
菏泽市	68	↓1	滁州市	85				

（3）分指标指数分析。

31 个省（区、市）的分指标得分显示，在总体趋势上，中小企业数字化水平较高的地区通常在组织数字化、业务数字化、产业链数字化三个维度上均有优势（见图 7）。

①组织数字化指数分析。

从中小企业组织数字化指数百强市来看（见表 8），在引领示范梯队，深圳、杭州、广州、苏州、南京、成都、武汉、长沙、青岛、宁波仍保持领先位置，佛山市较去年提升较高，跻身第一梯队，佛山市数字经济产业以电子信息、互联网、人工智能等为主，拥有多家知名的数字经济企业，政府设立数字经济产业基金、建设数字产业园区，带动中小企业数字化发展。

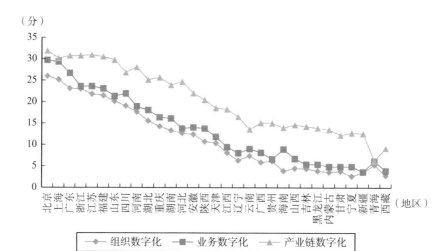

图7　31省（区、市）中小企业分指标得分

表8　　　　　　　　　　　中小企业组织数字化指数百强市梯度分布

梯队	百强市
引领示范梯队	深圳市、杭州市、广州市、苏州市、南京市、成都市、佛山市、武汉市、长沙市、青岛市、宁波市
强力增长梯队	郑州市、无锡市、东莞市、西安市、济南市、合肥市、厦门市、温州市、常州市、昆明市、福州市、泉州市、金华市、石家庄市、南通市、南昌市、沈阳市、嘉兴市、南宁市、贵阳市、扬州市、绍兴市、盐城市、台州市、中山市、银川市、惠州市、烟台市、哈尔滨市、潍坊市、太原市、徐州市、大连市、长春市、珠海市、临沂市、芜湖市、菏泽市
潜力发展梯队	湖州市、洛阳市、济宁市、乌鲁木齐市、淮安市、鹤壁市、淄博市、唐山市、聊城市、江门市、枣庄市、兰州市、廊坊市、晋城市、威海市、德阳市、漳州市、宜昌市、许昌市、濮阳市、曲靖市、泰州市、汕头市、襄阳市、镇江市、遵义市、海口市、沧州市、泰安市、德州市、秦皇岛市、东营市、防城港市、绵阳市、株洲市、呼和浩特市、鄂尔多斯市、保定市、衢州市、连云港市、包头市、邯郸市、新乡市、宜春市、南阳市、宿迁市、赣州市、柳州市、榆林市、滁州市、龙岩市

②业务数字化指数分析。

从中小企业业务数字化指数百强市来看（见表9），在引领示范梯队，

深圳市以在信息传输、软件和信息技术服务业领域优势稳居第一；长沙市凭借其完善的产业体系，特别是电子信息、装备制造、新材料等领域雄厚的产业基础，为中小企业数字化转型提供了有力的支撑，东莞市以其在电子信息、电气机械、纺织服装、家具制造等产业的集聚效应为数字化转型提供了良好的产业生态，这两个城市今年跻身业务数字化第一梯队。

表 9 中小企业业务数字化指数百强城市梯度分布

梯队	百强市
引领示范梯队	深圳市、广州市、杭州市、成都市、苏州市、南京市、武汉市、长沙市、宁波市、东莞市
强力增长梯队	无锡市、佛山市、青岛市、济南市、郑州市、西安市、合肥市、厦门市、温州市、常州市、福州市、昆明市、泉州市、金华市、石家庄市、南通市、南昌市、沈阳市、嘉兴市、南宁市、贵阳市、扬州市、银川市、绍兴市、盐城市、台州市、中山市、海口市、惠州市、烟台市、哈尔滨市、潍坊市、太原市、徐州市、大连市、长春市、珠海市、临沂市、芜湖市、菏泽市
潜力发展梯队	鹤壁市、湖州市、聊城市、洛阳市、枣庄市、济宁市、晋城市、乌鲁木齐市、德阳市、淮安市、淄博市、濮阳市、唐山市、江门市、兰州市、廊坊市、威海市、许昌市、漳州市、宜昌市、曲靖市、泰州市、汕头市、秦皇岛市、襄阳市、镇江市、防城港市、遵义市、呼和浩特市、沧州市、泰安市、衢州市、驻马店市、德州市、东营市、绵阳市、保定市、株洲市、连云港市、鄂尔多斯市、包头市、邯郸市、新乡市、宜春市、南阳市、宿迁市、赣州市、柳州市、榆林市、滁州市

③产业链数字化指数分析。

从中小企业产业链数字化指数百强市来看（见表 10），深圳、广州、杭州、苏州、成都、武汉、南京、长沙、西安、青岛、宁波位列第一梯队。从具体指数数据分析来看，中小企业越是在知识产权、著作权、企业信用排名靠前的城市，在产业链数字化指数排名方面也越靠前，说明中小企业在产业链强链、补链、延链中发挥着积极作用、主动攻坚克难，成为大企业有力的配套和补充，在推动经济实现高质量发展中起着重要的基础作用。

表10 中小企业产业链数字化指数百强城市梯队分布

梯队	百强市
引领示范梯队	深圳市、广州市、杭州市、苏州市、成都市、武汉市、南京市、长沙市、西安市、青岛市、宁波市
强力增长梯队	郑州市、东莞市、佛山市、济南市、合肥市、无锡市、厦门市、泉州市、福州市、漳州市、温州市、金华市、常州市、昆明市、淮安市、南通市、绍兴市、南阳市、嘉兴市、南宁市、淄博市、烟台市、菏泽市、大连市、南昌市、宿迁市、沈阳市、石家庄市、台州市、周口市、徐州市、临沂市、江门市、贵阳市、太原市、中山市、湛江市、潍坊市、惠州市
潜力发展梯队	绵阳市、东营市、长春市、扬州市、哈尔滨市、泰州市、济宁市、珠海市、乌鲁木齐市、洛阳市、盐城市、湖州市、兰州市、威海市、芜湖市、保定市、唐山市、汕头市、镇江市、许昌市、连云港市、泰安市、廊坊市、赣州市、滨州市、沧州市、邯郸市、宜昌市、莆田市、遵义市、襄阳市、德州市、鄂尔多斯市、新乡市、柳州市、阜阳市、商丘市、滁州市、榆林市、株洲市、龙岩市、岳阳市、宜春市、常德市、茂名市、九江市、曲靖市、衡阳市、宜宾市、三明市

（4）各行业指数分析。

不同行业的数字化水平存在显著差异（见表11和图8）。制造业和互联网/信息技术行业的综合数字化水平表现最为突出，制造业企业通过数据分析和预测，可以提高供应链的透明度和可视性，优化物流运输，降低成本和风险，使用数字化技术系统管理客户信息、库存信息、销售数据等，还能通过数据挖掘更好地了解市场需求和客户行为，及时调整生产和销售策略，提高市场竞争力，数字化转型动力更强。互联网/信息技术行业由于其天然的技术优势，更容易接触到云计算、大数据等先进技术，更注重技术创新和研发，灵活性、跨地域性更强，在数字化建设方面具有得天独厚的优势。

表11 各行业中小企业数字化指数排名

排名	行业	指数值	排名	行业	指数值
1	制造业	80.35	5	建筑业	59.25
2	互联网/信息技术	78.49	6	医疗医药	58.45
3	服务业	67.79	7	房地产业	53.07
4	贸易/批发/零售	64.09	8	教育行业	51.41

续表

排名	行业	指数值	排名	行业	指数值
9	金融业	51.37	16	政府/事业单位	21.94
10	文体/娱乐/传媒	47.05	17	电/热/燃气/水供应	21.09
11	科研服务	44.13	18	开采业	19.28
12	商业服务/租赁	43.40	19	培训服务	20.95
13	运输/物流/仓储	42.13	20	农/林/牧/渔	20.49
14	公共/环境	36.75	21	社会组织	18.62
15	居民服务	25.77			

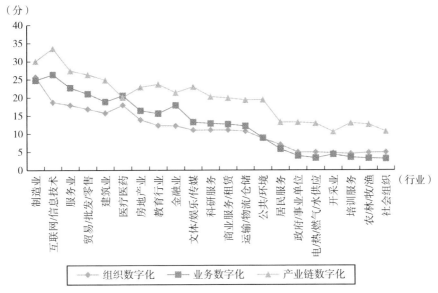

图8　行业分指标得分

　　不同行业在数字化建设中的优势有差异，其中制造业在组织数字化方面走在前列，而互联网/信息技术行业在业务数字化和产业链数字化方面表现更好，整体发展更为均衡。医疗医药行业在组织数字化、业务数字化方面表现优秀，但产业链数字化有待提高；与之相对，文体/娱乐/传媒在产业链数字化的表现较好。公共/环境、居民服务、政府/事业单位、电/热/燃气/水供应、开采业、培训服务、农/林/牧/渔、社会组织行业的数字化水平相对较低。这些行业的特点是与基础民生联系紧密，承担较高的社会责任，营利性相对较弱，其核心目标是满足社会需求，提高公众的生活质量，这些行业的中小企业可能更注重传统的管理模式和业务模式，对数字化转型缺乏足够的了解和重视。

表12总结了31个省（区、市）中小企业数字化最高的三个行业，制造业、互联网/信息技术以及服务业的出现频次最高。一般而言，某一地区在特定行业的规模和成熟度往往对该地区该行业的中小企业数字化转型产生积极的推动作用。在前两个梯队的省份中，北京市和上海市在互联网/信息技术行业的中小企业数字化程度最为突出。相比之下，广东、浙江、江苏和福建这四个以制造业为主导的省份，则表现出制造行业较高的数字化水平。然而，在第三梯队的省份中，各行业的数字化水平普遍较低。即便是在这些地区的强势行业里，数字化高水平的行业也较为分散，这反映了不同地区的区域特色和发展重点。例如，云南省的服务业、医疗医药以及贸易/批发/零售行业的数字化程度最高；海南省则在服务业、贸易/批发/零售以及房地产业展现出较高的数字化水平。西藏自治区在各行业的数字化水平相对较低，特别是在互联网、服务业等新兴行业的发展上相对滞后。

表12　　　　2022年各省（区、市）中小企业数字化程度前三的行业

梯队	省（区、市）	地区行业排名	行业	综合得分	梯队	省（区、市）	地区行业排名	行业	综合得分
第一梯队	北京	1	互联网/信息技术	128.37	第一梯队	浙江	1	制造业	114.41
		2	制造业	113.18			2	互联网/信息技术	96.43
		3	服务业	110.71			3	贸易/批发/零售	96.29
	上海	1	互联网/信息技术	121.44		江苏	1	制造业	109.33
		2	制造业	114.98			2	建筑业	91.88
		3	贸易/批发/零售	109.52			3	互联网/信息技术	91.53
	广东	1	制造业	102.21		福建	1	制造业	97.15
		2	互联网/信息技术	100.20			2	互联网/信息技术	90.37
		3	贸易/批发/零售	96.20			3	服务业	86.65

续表

梯队	省（区、市）	地区行业排名	行业	综合得分	梯队	省（区、市）	地区行业排名	行业	综合得分
第二梯队	山东	1	制造业	96.07	第二梯队	天津	1	制造业	65.55
		2	互联网/信息技术	84.01			2	互联网/信息技术	61.04
		3	建筑业	82.53			3	服务业	60.39
	四川	1	制造业	80.98	第三梯队	江西	1	制造业	52.54
		2	互联网/信息技术	74.40			2	互联网/信息技术	48.41
		3	建筑业	73.54			3	服务业	42.72
	河南	1	互联网/信息技术	83.78		辽宁	1	制造业	45.03
		2	制造业	76.27			2	互联网/信息技术	38.41
		3	服务业	74.75			3	服务业	37.21
	湖北	1	制造业	75.79		云南	1	服务业	36.84
		2	互联网/信息技术	66.77			2	医疗医药	35.34
		3	服务业	66.56			3	贸易/批发/零售	34.71
	重庆	1	制造业	79.73		广西	1	制造业	39.31
		2	服务业	71.91			2	服务业	39.29
		3	互联网/信息技术	69.74			3	房地产业	36.17
	湖南	1	制造业	68.99		贵州	1	服务业	38.27
		2	服务业	60.67			2	制造业	37.81
		3	互联网/信息技术	60.26			3	贸易/批发/零售	33.50
	河北	1	互联网/信息技术	68.20		海南	1	服务业	38.67
		2	制造业	59.73			2	贸易/批发/零售	33.84
		3	建筑业	57.67			3	房地产业	33.64
	安徽	1	制造业	72.65		山西	1	制造业	36.06
		2	互联网/信息技术	60.23			2	互联网/信息技术	32.55
		3	服务业	56.31			3	建筑业	30.87
	陕西	1	互联网/信息技术	56.91		吉林	1	制造业	37.29
		2	服务业	52.25			2	服务业	30.13
		3	建筑业	51.79			3	贸易/批发/零售	29.75

续表

梯队	省（区、市）	地区行业排名	行业	综合得分	梯队	省（区、市）	地区行业排名	行业	综合得分
第三梯队	黑龙江	1	医疗医药	30.95	第三梯队	新疆	1	服务业	25.06
		2	互联网/信息技术	27.77			2	互联网/信息技术	24.83
		3	服务业	27.17			3	贸易/批发/零售	24.58
	内蒙古	1	互联网/信息技术	29.46		青海	1	服务业	21.63
		2	服务业	28.76			2	贸易/批发/零售	21.48
		3	制造业	26.79			3	房地产业	20.96
	甘肃	1	建筑业	29.07		西藏	1	电/热/燃气/水供应	25.85
		2	互联网/信息技术	27.72			2	服务业	20.56
		3	制造业	27.58			3	公共/环境	19.39
	宁夏	1	制造业	32.03					
		2	服务业	30.11					
		3	互联网/信息技术	26.21					

五、主要结论及政策建议

1. 主要结论

（1）数字化转型成为经济发展新动力。中小企业作为经济的重要组成部分，其数字化转型对于整体经济的增长和产业结构的优化升级具有显著影响。生产过程的自动化和智能化能够提高企业生产效率；大数据分析和智能决策系统帮助实现资源的优化配置和高效利用；数字技术的不断进步和应用，可以推动新产品、新服务和新业态的涌现，为经济增长注入新的活力；数字经济与传统产业的深度融合与发展，推动传统产业的转型升级和新兴产业的快速发展，推动经济的高质量发展。

（2）国际化程度越高、进出口贸易越发达的省份、城市中小企业数字化程度越高。2022年我国进出口总额为42.07万亿元人民币（合6.31万亿美元），环比增长7.7%，约占当年GDP总数（1210207亿元人民币）的34.8%。其中，出口总额23.97万亿元，增长10.5%；进口总额18.1万亿元，增长 4.3%。据海关统计，2022 年，我国外贸结构持续优化，一般贸易进出口 26.81 万亿元，比 2021 年增长 11.5%。2022 年中小企业数字化指数排名前十强的城市中，深圳市进出口贸易额为 3.67 万亿元人民币，相较去年稳步增长，广州市、杭州市、苏州市、成都市、武汉市、南京市、宁波市、无锡市、长沙市、青岛市的进出口贸易额也都在全国名列前茅。随着物联网、人工智能等技术的普及和应用，进出口贸易正经历着从传统商业向数字化转型的深刻变革，贸易内容、贸易模式、贸易结构以及服务贸易的提供方式都发生了重大变化，传统的商业已经开始向数字平台和信息网络为载体的新型商业转变，通过促进新型生产要素数据的跨境流动，实现远程跨境交付。数据化、电子商务、跨境支付、物流信息化等数字化能力可以帮助中小企业降低成本、提高效率、拓展市场，而进出口贸易的发展也可以为企业提供更多的市场机会和业务增长空间，从而促进企业数字化转型的步伐。

（3）区域发展不均衡问题依然存在。虽然中小企业数字化发展在全国范围内呈现出积极态势，但区域之间的发展不均衡问题依然突出。根据中小企业数字化综合指数区域排名，我国中小企业数字化水平呈现出东高西低、南强北弱的特点。长三角、珠三角等经济水平较高的地区，中小企业数字化整体水平相对较高，而西南、西北地区中小企业数字化整体水平相对较低。核心区域在资源、技术、人才等方面具有明显优势，而其他地区在数字化转型过程中面临诸多挑战。因此，需要制定差异化的发展策略和政策措施，以促进区域间的协调发展。

（4）中小企业数字化转型需兼顾统一性和差异化。不同区域、不同业务类型、不同规模的中小企业数字化程度有明显差异。制造业和互联网/信息技术行业的综合数字化水平最高，而公共/环境、居民服务等与基础民生联系紧密、营利性较弱的行业数字化水平有待提升，这些行业的中小企业可能更注重传统的管理模式和业务模式，对数字化转型缺乏足够的了解和重视；不同行业的数字化水平也体现了不同地区的区域特色和发展重点，某一地区在特定行业的规模和成熟度往往对该地区该行业的中小企业数字化转型产生积极的推动作用。结合区域特点、行业类型、企业规模等因素，综合设计中小企业数字化转型路径，将有助于在更广层面上提升中小企业数字化转型成效。

（5）产业链融通发展有助于提升中小企业数字化整体水平。中小企业数字化转型过程中，单一环节的转型难以帮助企业开拓市场、解决经营困难或构建核心竞争力。而产业链上下游数据的融会贯通、市场和业务订单的对接，能够有效助力中小企业在数字化转型中实现市场的拓展，从而实现可持续、有动力的数字化转型。

2. 政策建议

（1）加大中小企业数字化转型资金支持。充分发挥政府资金的种子作用，以税收优惠、专项基金、扶持资金池为牵引，建立政府资金效应评价和追踪问责机制，使资金投入和使用效率最大化。发挥地方政府专项资金作用，支持对中小企业转型带动作用明显的"链主"企业和转型成效突出的"链星"中小企业。同时积极推进数字普惠金融建设，鼓励金融机构和各类平台利用大数据技术，实时监控企业的财务状况和经营情况，为中小企业提供信用评估、信用贷款、融资租赁、质押担保等金融服务，定制面向中小企业数字化转型的专项产品服务，通过风控体系优化、增信赋能、投贷联动等方式拓展中小企业数字化转型资金来源并降低转型成本。

（2）鼓励提供"小快轻准"数字化产品和解决方案。鼓励和支持中小企业设备上云、业务系统向云端迁移，帮助中小企业从云上获取资源和应用服务，将中小企业使用协同办公、低代码开发、SaaS 应用等投入纳入企业上云补贴。通过推广数字化技术应用，增强中小企业的竞争力和创新力，促进产业升级和转型，推动经济高质量发展。数字化转型服务商要聚焦中小企业转型痛点难点，提供"小快轻准"的产品和解决方案，降低中小企业数字化转型门槛。鼓励数字化转型服务商研发推广低代码产品服务，助力中小企业自行创建、部署、使用和调整数字化应用，提升中小企业二次开发能力和需求响应能力。

（3）构建多层次、差异化的中小企业公共服务体系。构建面向中小企业的多层次公共服务体系，针对不同转型阶段的中小企业提供差异化的公共服务，实施目的明确、精准可操作的政策体系；鼓励和支持平台企业深入了解不同规模、不同行业、不同地域、不同数字化水平的各类中小企业数字化需求，创新数字化转型解决方案，开发更具有针对性、价格更低、兼容性更广、实用性更强的第三方应用产品，精准助力中小企业数字化转型，提升中小企业运营效率和发展潜力；提升中小企业数字化转型产品服务供给水平，研制可满足中小企业个性化、差异化的解决方案。

（4）完善数字化转型标准体系。完善中小企业数字化转型评价标准、评价指标体系、中小企业数字化转型指导性文件。通过安全的数据交换实现知识共创和共享，打破部门数据割裂局面，同时确保数据安全和企业信息保护。从技术创新、法律体系、行业规范和自律等角度协同推进，合理平衡数据安全与数字化和智能化发展需求和发展阶段，健全完善数据安全监管体系，提高监管能力和技术水平，强化数据安全体系建设，增强网络安全防护能力和重要数据安全保障水平，切实有效防范各类数据安全风险。充分发挥我国海量数据规模和丰富应用场景优势，激活数据要素潜能，做强做优做大数字经济，增强经济发展新动能，构筑国家竞争新优势。

（5）加强数字化转型人才队伍建设。加强"政、企、校"三方合作，积极鼓励多主体、多平台参与数字技术研发，实现政企产学研协同效应，共建中小企业数字化人才实训基地，完善数字化人才的培养与共享机制，培育既懂业务又懂技术的复合型数字人才；加强对中小企业经营管理者的数字化转型培训，从而强化企业数字化转型自上而下的推动力和决策力；设立中小企业数字化转型人才专项，通过财政补贴或税收优惠，引导企业加大对现有人才队伍数字素养与数字技能的在职培训，夯实数字化转型的人才基础，提升中小企业转型内驱动力。

（6）深化大中小企业数字化协同应用生态。加强数字生态圈建设，逐步完善大中小企业融通发展生态，促进产业链不断创新发展。通过精细化地整合各类企业间的资源，整合产业链上下游资源，打通各类企业间的信息壁垒，深化全链条全流程数字化生态，助力中小企业数字化转型。按照大企业建平台、小企业用平台的思路，引导链主和龙头企业建设数字平台，赋能全产业链协同转型，建议积极推动龙头企业数字化能力外溢，实现创新能力共享，实现大中小企业在技术创新、供应链创新、产品创新等多维度的多触点成果转化和品牌协同，建立风险共担、利益共享的协同创新机制，形成具有创新驱动力的产业发展模式；按照区域产业优势，建设空间上高度集聚、上下游紧密协同、供应链集约高效的产业集群，通过整合供应链资源，实现资源共享、风险分担和效率提升，推动整个产业向数字化转型迈进。

注释：关于印发中小企业划型标准规定的通知
（工信部联企业〔2011〕300 号）

为贯彻落实《中华人民共和国中小企业促进法》和《国务院关于进一步促进中小企业发展的若干意见》（国发〔2009〕36 号），工业和信息化部、国家统计局、发展改革委、财政部研究制定了《中小企业划型标准规定》。

中小企业划型标准规定

一、根据《中华人民共和国中小企业促进法》和《国务院关于进一步促进中小企业发展的若干意见》（国发〔2009〕36 号），制定本规定。

二、中小企业划分为中型、小型、微型三种类型，具体标准根据企业从业人员、营业收入、资产总额等指标，结合行业特点制定。

三、本规定适用的行业包括：农、林、牧、渔业，工业（包括采矿业，制造业，电力、热力、燃气及水生产和供应业），建筑业，批发业，零售业，交通运输业（不含铁路运输业），仓储业，邮政业，住宿业，餐饮业，信息传输业（包括电信、互联网和相关服务），软件和信息技术服务业，房地产开发经营，物业管理，租赁和商务服务业，其他未列明行业（包括科学研究和技术服务业，水利、环境和公共设施管理业，居民服务、修理和其他服务业，社会工作，文化、体育和娱乐业等）。

四、各行业划型标准为：

（一）农、林、牧、渔业。营业收入 20000 万元以下的为中小微型企业。其中，营业收入 500 万元及以上的为中型企业，营业收入 50 万元及以上的为小型企业，营业收入 50 万元以下的为微型企业。

（二）工业。从业人员 1000 人以下或营业收入 40000 万元以下的为中小微型企业。其中，从业人员 300 人及以上，且营业收入 2000 万元及以上的为中型企业；从业人员 20 人及以上，且营业收入 300 万元及以上的为小型企业；从业人员 20 人以下或营业收入 300 万元以下的为微型企业。

（三）建筑业。营业收入 80000 万元以下或资产总额 80000 万元以下的为中小微型企业。其中，营业收入 6000 万元及以上，且资产总额 5000 万元及以上的为中型企业；营业收入 300 万元及以上，且资产总额 300 万元及以上的为小型企业；营业收入 300 万元以下或资产总额 300 万元以下的为微型企业。

（四）批发业。从业人员 200 人以下或营业收入 40000 万元以下的为中小微型企业。其中，从业人员 20 人及以上，且营业收入 5000 万元及以上的为中型企业；从业人员 5 人及以上，且营业收入 1000 万元及以上的为小型企业；从业人员 5 人以下或营业收入 1000 万元以下的为微型企业。

（五）零售业。从业人员 300 人以下或营业收入 20000 万元以下的为中小微型企业。其中，从业人员 50 人及以上，且营业收入 500 万元及以上的为中型企业；从业人员 10 人及以上，且营业收入 100 万元及以上的为小型企业；从业人员 10 人以下或营业收入 100 万元以下的为微型企业。

（六）交通运输业。从业人员 1000 人以下或营业收入 30000 万元以下的为中小微型企业。其中，从业人员 300 人及以上，且营业收入 3000 万元及以上的为中型企业；从业人员 20 人及以上，且营业收入 200 万元及以上的为小型企业；从业人员 20 人以下或营业收入 200 万元以下的为微型企业。

（七）仓储业。从业人员 200 人以下或营业收入 30000 万元以下的为中小微型企业。其中，从业人员 100 人及以上，且营业收入 1000 万元及以上的为中型企业；从业人员 20 人及以上，且营业收入 100 万元及以上的为小型企业；从业人员 20 人以下或营业收入 100 万元以下的为微型企业。

（八）邮政业。从业人员 1000 人以下或营业收入 30000 万元以下的为中小微型企业。其中，从业人员 300 人及以上，且营业收入 2000 万元及以上的为中型企业；从业人员 20 人及以上，且营业收入 100 万元及以上的为小型企业；从业人员 20 人以下或营业收入 100 万元以下的为微型企业。

（九）住宿业。从业人员 300 人以下或营业收入 10000 万元以下的为中小微型企业。其中，从业人员 100 人及以上，且营业收入 2000 万元及以上的为中型企业；从业人员 10 人及以上，且营业收入 100 万元及以上的为小型企业；从业人员 10 人以下或营业收入 100 万元以下的为微型企业。

（十）餐饮业。从业人员 300 人以下或营业收入 10000 万元以下的为中小微型企业。其中，从业人员 100 人及以上，且营业收入 2000 万元及以上的为中型企业；从业人员 10 人及以上，且营业收入 100 万元及以上的为小型企业；从业人员 10 人以下或营业收入 100 万元以下的为微型企业。

（十一）信息传输业。从业人员 2000 人以下或营业收入 100000 万元以下的为中小微型企业。其中，从业人员 100 人及以上，且营业收入 1000 万元及以上的为中型企业；从业人员 10 人及以上，且营业收入 100 万元及以上的为小型企业；从业人员 10 人以下或营业收入 100 万元以下的为微型企业。

（十二）软件和信息技术服务业。从业人员 300 人以下或营业收入 10000 万元以下的为中小微型企业。其中，从业人员 100 人及以上，且营业收入 1000 万元及以上的为中型企业；从业人员 10 人及以上，且营业收入 50 万元及以上的为小型企业；从业人员 10 人以下或营业收入 50 万元以下的为微型企业。

（十三）房地产开发经营。营业收入 200000 万元以下或资产总额 10000 万元以下的为中小微型企业。其中，营业收入 1000 万元及以上，且资产总额 5000 万元及以上的为中型企业；营业收入 100 万元及以上，且资产总额 2000 万元及以上的为小型企业；营业收入 100 万元以下或资产总额 2000 万元以下的为微型企业。

（十四）物业管理。从业人员 1000 人以下或营业收入 5000 万元以下的为中小微型企业。其中，从业人员 300 人及以上，且营业收入 1000 万元及以上的为中型企业；从业人员 100 人及以上，且营业收入 500 万元及以上的为小型企业；从业人员 100 人以下或营业收入 500 万元以下的为微型企业。

（十五）租赁和商务服务业。从业人员 300 人以下或资产总额 120000 万元以下的为中小微型企业。其中，从业人员 100 人及以上，且资产总额 8000 万元及以上的为中型企业；从业人员 10 人及以上，且资产总额 100 万元及以上的为小型企业；从业人员 10 人以下或资产总额 100 万元以下的为微型企业。

（十六）其他未列明行业。从业人员 300 人以下的为中小微型企业。其中，从业人员 100 人及以上的为中型企业；从业人员 10 人及以上的为小型企业；从业人员 10 人以下的为微型企业。

五、企业类型的划分以统计部门的统计数据为依据。

六、本规定适用于在中华人民共和国境内依法设立的各类所有制和各种组织形式的企业。个体工商户和本规定以外的行业，参照本规定进行划型。

七、本规定的中型企业标准上限即为大型企业标准的下限，国家统计部门据此制定大中小微型企业的统计分类。国务院有关部门据此进行相关数据分析，不得制定与本规定不一致的企业划型标准。

八、本规定由工业和信息化部、国家统计局会同有关部门根据《国民经济行业分类》修订情况和企业发展变化情况适时修订。

九、本规定由工业和信息化部、国家统计局会同有关部门负责解释。

十、本规定自发布之日起执行，原国家经贸委、原国家计委、财政部和国家统计局 2003 年颁布的《中小企业标准暂行规定》同时废止。

编写委员会

主任：

高新民　APEC 中小企业信息化促进中心名誉理事长，中国互联网协会副理事长

常务副主任：

黄澄清　APEC 中小企业信息化促进中心理事长，中国互联网协会副理事长

副主任（按聘任时间先后顺序排序）：

张辉东　APEC 中小企业信息化促进中心秘书长

叶　军　钉钉（中国）信息技术有限公司总裁

刘湘雯　阿里云市场部总裁

车海平　华为公司高级副总裁，首席数字转型战略官

郑海涛　北京航空航天大学经管学院党委书记

朱　岩　清华大学产业互联网研究院院长

田玉萍　中国工业合作协会理事长

朱　玉　中国中小企业协会专职副会长

郭和生　中国轻工业企业管理协会副理事长兼秘书长

江　源　中国建材工业规划研究院副院长

刘功效　机械工业信息中心副主任

翟燕驹　中国纺织工业联合会信息化部主任

马晓雄　中国林业产业联合会副秘书长

李树翀　中国电子信息产业集团电子云副总裁

冯　钢　中国电子工业科学技术交流中心执行董事、赛迪集团高级副总裁

林　溪　厦门曦联集团有限公司董事长

孙会峰　北京智源人工智能研究院创新中心主任

田　丰　商汤科技智能产业研究院院长

张向东　歌尔创新研究院原院长

智　振　中工互联（北京）科技集团有限公司董事长

姜延宾　先进制造商学院副院长

谢朝建　中科全联科技（北京）有限公司

成　员（按姓氏拼音先后顺序排序）：

曹纬、崔维平、范叶明、封涛、韩凯、胡杰、胡小挺、胡雅涵、李峰白、李国辉、李健、李美微、李朋轩、李耀华、廖美健、林海、林宇平、吕勤晓、穆飞、齐苑苑、万家华、王赫、王思澄、吴振昊、肖剑、谢婷敏、熊超、翟传璞、张晨阳、张帆、张李红、张振东